元史探微

袁冀著

文史哲學集成
文史哲出版社印行

國家圖書館出版品預行編目資料

元史探微 / 袁冀著. --初版 -- 臺北市：文史哲, 民 98.09
頁； 公分（文史哲學集成；553）
參考書目：頁
ISBN 978-957-549-913-6 (平裝)

1.蒙古族 – 文化 – 論文, 講詞等 2.文化史 – 中國 – 元（1260-1368）論文,講詞等

635.357 99011830

文史哲學集成 553

元史探微

著者：袁冀
出版者：文史哲出版社
http:// www.lapen.com.tw
e-mail：lapen@ms74.hinet.net
登記證字號：行政院新聞局版臺業字五三三七號
發行人：彭正雄
發行所：文史哲出版社
印刷者：文史哲出版社
臺北市羅斯福路一段七十二巷四號
郵政劃撥帳號：一六一八〇一七五
電話886-2-23511028・傳真886-2-23965656

實價新臺幣五二〇元

中華民國九十九年（2009）七月初版再刷
中華民國一〇四年（2015）三月增訂再版

ISBN 978-957-549-913-6 00553

元史探微 目次

元代宮廷大宴考

元代宮廷大宴之資料，頗爲缺乏。然元代文翰之吟詠中，卻保存殊多珍貴之紀錄。其中尤以宴饗之地點，及其飲食、儀禮、音樂、歌舞、與夫特有之習俗爲然。所以，謹就元詩，及史志雜錄所載，試考其宮廷大宴之情形。

一、時間與地點

元代凡有慶典，如新正受朝賀、皇帝即位、天壽節、群臣上皇帝尊號、冊立皇后、上太皇太后尊號、上皇太后尊號、加上太皇太后尊號、以及宗王外藩來朝，春水返京，上巳節，巡幸上都之前，召開選汗（帝）之宗親大會，冬至，均舉行大宴。（注一）每歲巡幸上京，抵達之始，多在五月。南返燕京之前，六月至八月。以及返抵懷來，留京官守，迎候之時，與夫駐蹕上京期間，行樂之賽馬大會、端陽節、圍獵、賜宴及第進士，亦均舉行大宴。（注二）其中尤以召開選汗之宗親大會、新君即位、及賽馬大會，最爲隆重。由早期太宗繼位時，「開大會之首三日，大設宴饗。」憲宗即位時，「命是日，人皆休業息爭，宴樂終日……。次日，蒙哥在廣帳中設大宴，諸王等坐於右，諸妃主等坐於左……，大宴七日。」可以概見。至於賽馬大會之詐馬宴，其盛大之情形，周伯琦曾記之云：「國家之制，乘輿北幸上京，歲以六月吉日，命宿衛大臣及近侍，服所賜只孫珠翠金寶衣冠、腰帶，盛飾名馬，清晨自城外，各持綵仗，列隊馳入禁中。于是上盛服御殿臨觀，乃大張宴爲樂。惟宗王戚里，宿衛大臣，前列行酒，餘各以所職，敘坐合飲。諸坊奏大樂，陳百戲，如是者三日而罷。」此外，據馬哥孛羅言：「照大可汗的命令，一年有十二節期」，「用隆重儀式賀節」，「某種高官被邀請參加所有的宴會」。所以，每年除上陳舉行大宴之慶典外，尚有十二節期，亦大行宴饗，請參閱東方雜誌復刊二十二卷五期拙作「從元詩論元代蒙人節慶的漢化」。（注三）

大宴凡在燕京舉行者，如新正受朝賀，皇帝即位，天壽節，群臣上皇帝尊號，册立皇后，上皇太后尊號、上太皇太后尊號、加上太皇太后尊號等，均宴於大明殿。按大明殿爲登極、正旦、壽節、期會之所，建築極爲雄偉瑰麗。殿凡十一間，東西二百尺，高九十尺。有柱廊七間，深二百四十尺，廣四十四尺。正殿殿基，高可十丈，前爲殿陛，納爲三階，繞置龍鳳白石欄，欄下每柱壓以鰲頭，虛出欄外，四繞於殿。殿楹四向皆方柱，大可五六尺，飾以起花金龍雲。楹下皆白石龍雲，花頂高可四尺，楹上分開，仰爲鹿頂斗拱，托頂中，盤以黃金雙龍，四面皆緣紅金。瑣牕間貼金鋪，中設山字玲瓏金紅屏台。台上置金龍床，兩旁有二毛皮伏虎，機動如生。又設后坐，諸王百僚侍宴之坐床，亦重列左右。置燈漏，飾以眞珍，內爲機械。以小木偶人十二，捧十二相屬。每辰初刻，偶人相代開小門，出燈外板上，直御床，立捧辰所屬以報時。

若有突發之喜慶，或宴於興聖殿，亦稱興聖宮，西宮。如泰定帝崩於上都，丞相倒沙剌等，立皇太子，即位於上都，改元天順。時燕鐵木兒在大都，掌環衛事，乃迎立文宗，改元天曆。倒沙剌遂分道犯大都，燕鐵木兒迎戰，屢敗之。十月丙申，凱旋入朝，帝即賜宴於興聖殿，盡歡而罷。及齊王月魯帖木兒等，圍上都，倒沙剌肉袒，奉皇帝御寶出降。帝即御興聖殿，大宴群臣，受齊王所獻皇帝之璽。張昱、柯九思有詩以記之：

「親王捧寶送回京，五色祥雲抱日明。錫宴大開興聖殿，盡呼萬歲賀中興。」

「親王上璽宴西宮，聖祚中興慶會同。對捲珠簾齊仰聖，瑞雲捧日御天中。」註謂：「天曆元年……十月二十三日，上都送寶來的時分，興聖殿御宴，其間有五色祥雲，捧日當殿……，郁郁紛紛，非霧非煙，委是卿雲現……。」

殿凡七間，東西一百尺，深九十七尺。有柱廊六間，深九十四尺。殿內，四面朱懸瑣牕，文石甃地，籍以毳裀。中設展屏榻，張白蓋，簾帷皆錦繡爲之。諸王百僚宿衛官，侍宴之坐床，重列於左右。殿宇白玉重陛，朱欄塗金冒楯，覆白瓷瓦，碧琉璃飾其簷，亦極莊嚴富麗。

三月三日上巳節，則大宴於萬歲山，柯九思亦有詩以誌之：

「花明畫錦柳絲搖，仙島陪鑾濯禊時。曲水番成飛瀑下，逶迤銀漢接清池。」註謂：「故事，上巳節，錫宴於萬歲山。」

歲幸上京之前，亦大宴百官於此。按萬歲山，在大內西北太液池之陽，金人名瓊花島，中統三年繕之，至元八年賜今名。其山皆疊玲瓏石爲之，峰巒隱映，松檜隆鬱，秀若天成。引金水河至其後，轉機運斛，汲水至山頂，出石龍口，注方池，伏流至仁智殿後，有石刻蟠龍，昂首噴水仰出。然後，由東西流入太液池。此外，延春閣亦爲大宴之所，蓋文宗曾宴大臣於此。按延春閣，在寶雲殿後，凡九間，東西一百五十尺，深九十尺，高一百尺，三簷重屋。有柱廊七間，廣四十尺，深一百四十尺，高五十尺。前有延春門，凡五間，東西七十尺，三門，重簷。至於位居萬歲山頂之廣寒殿，殿中置黑玉石酒瓮一。玉有白章，隨其形，刻爲魚獸出沒於波濤之狀，其大可貯酒三十餘石，故亦當爲大宴之所。否則，又安用此巨大之酒器？唯何時何事，始大宴於此？待考。疑上巳節大宴於萬歲山，即在此舉行。按廣寒殿，七間，東西一百二十尺，深六十二尺，高五十尺。重阿藻井、文石甃地。四面瑣窗，板密其裏，徧綴金紅雲，而蟠龍矯蹇於月楹之上。中有小玉殿，內設金嵌玉龍御榻，左右列從臣坐床。在山兩旁稍下，復建兩亭，山下積石爲門，門前有橋，橋有石欄如玉。前有台，上建圓殿，繚以黑粉墻，如太湖石狀。台東西皆板橋，橋東接皇城，西接興聖宮，水光之影，恍惚天上。（注四）

此外，春水返京，亦大宴於大明殿。按春水，乃攜鷹隼海青，獵鵝鴨水禽於湖河之濱，亦稱飛放。初畋於近郊，如大興縣城南二十里，廣四十頃，方一百二十里之下馬飛放泊，亦稱南海子。

縣東南，廣六十頃之北城店飛放泊。縣西，廣三十頃之黃埃店飛放泊。後遂以㴒州、柳林，爲飛放之地。蓋以此地，多河川湖泊，富鵝鴨水禽也。舊㴒州南二十五里之飛放泊，西南二十五里之栲栳堡飛放泊，北八里馬家庄飛放泊，當爲斯時春蒐之地。至元十八年，曾詔建行宮於柳林。築晾鷹台於㴒州南三十五里，台高數丈，圍一頃。至治元年，更別建行宮於柳林。至大元年，復築呼鷹台於㴒州澤中，今之放鷹台，或即其舊址。至順元年，調集衛卒，築㴒州柳林海子堤堰。三年，修柳林海子橋道。然亦嘗遠畋於保定之新安，疑新安城西五里，廣四十頃之大殷淀，即古之大渥淀，亦名泥淀。城西南之洺王淀，即其飛放之所。張昱、朱櫄、袁桷，有詩以記其盛。

「天朝習俗樂從禽，爲按名鷹出柳蔭。立馬萬夫齊指望，半空鵝影雪沈沈。」

「湖上駕鵝映水湖，海清常是內官擎。三宮皇后隨鑾駕，輦內開簾看放鷹。」

「天鵝頸瘦身重肥，夜宿官蕩成群圍。蘆根啑啑水蒲滑，翅足蹩曳難輕飛。參差旋地數百尺，宛轉培風借雙翮。翻身入雲高帖天，下陋蓬蒿去無跡。五坊手擎海東青，側眼光透瑤台層。解條脫帽窮碧落，以掌疾摑東西傾。離坡交旋百尋衰，蒼鷹助擊隨勢遠。初如風輪舞長竿，未若銀毬下平坡。蓬頭喘息來獻官，天顏一笑催傳餐。不如家雞，柵中生死守。免使羽林，春秋水邊走。」

關於巡幸上京時之大宴，或宴於行殿。按行殿，即昔剌斡耳朶、柳貫曾有「觀失剌斡耳朶御宴回」，迺賢亦有「錫喇鄂爾多觀詐馬宴奉次貢泰甫授經先生韻」以記之。復按昔剌，亦即失剌、實剌、錫喇、意爲黃。斡耳朵，亦即斡兒朵、斡魯朵、斡里朵、窩裏陀、兀里朵、窩里朵、鄂爾多，意爲行宮、宮殿、移蹕之所。故昔剌斡耳朵，意即黃色宮帳、行殿、幄殿、帳殿，亦即金帳。薩都剌、楊維禎、馬臻有詩以吟之：

「行殿參錯翡翠光，朱衣花帽宴親王。繡簾齊捲薰風起，十六天魔舞袖長。」

「北幸和林幄殿寬，鈎麗女侍婕妤官。君王自賦昭君曲，勑賜琵琶馬上彈。」

「黃道無塵帳殿深，集賢引見羽衣人。步虛奏徹天顏喜，萬歲聲浮玉座春。」

深廣可容千人，外施白氈，塗以油脂以防雨。內以黃金抽絲，與彩色絲線，或毛線織成之納失石，元史通稱之金織、金錦、金緞爲衣。柱與門閾，悉以金裹，釘以金釘。因以金裹，故稱金帳。世祖以降，更外覆獅皮，內以銀鼠、黑貂、紫貂爲飾。柱用香木，精雕粉金，並用千百條，綵色絲繩維之。不唯金碧輝煌，價値連城，更深廣更容數千人。張昱、柳貫有詩以讚之：

「壁衣面面紫貂爲，更繞腰欄挂虎皮。大雪外頭深一尺，殿中風力豈曾知。」

「毳幕承空拄繡楣，彩繩亘地掣文霓。辰旗忽動祠光下，甲帳徐開殿影齊。芍藥名花圍簇坐，葡萄法酒折封泥。御前賜酺千官醉，恩覺中天雨露低。」註：「車駕駐蹕，即賜近臣灑馬奶子御宴，設氈帳昔剌斡耳朵，深廣容數千人。」（注五）

或宴於棕殿，周伯琦曾記之云：「車駕既幸上都，以是年六月十四日，大宴宗親世臣環衛官於西內棕殿。」袁桷亦有詩以言之：

「沈沈棕殿內門西，曲宴名王舞馬低。桂蠹除煩來五嶺，冰蠶卻暑貢三齊。金罌醅重凝花露，翠釜膏浮透杏泥。最愛禁城千樹柳，歸鴉揀盡不曾棲。」

按棕殿，亦稱棕毛殿，蓋以棕毛代陶瓦故名。楊允孚、薩都剌，均有詩以記之：

「北極修門暫不開，西行宮柳護蒼台。有時金鎖因何擎，聖駕棕毛殿裏回。」註：「棕毛殿在大斡耳朵」。

「上苑棕毛百尺樓，天風搖曳錦絨鈎。內家宴罷無人到，面面珠簾夜不收。」

又稱棕櫚殿，貢師泰曾有詩以歌之：

「棕櫚別殿擁仙曹，寶蓋沈沈御座高。丹鳳啣珠裝腰裹，玉龍蟠甕注葡萄。百年典禮威儀盛，一代衣冠意氣豪。中使傳宣捲珠箔，日華偏照鬱金袍。」

疑建於宮中西隅，龍岡餘脈高亢之處，許有壬有詩以示之：

「翠樓天際鬱崢嶸，粉澤龍岡壯帝京。地勢遠連棕殿起，簷牙高並鐵竿撐。蔥蔥佳氣歸環極，穆穆期昌見迓衡。長樂退朝容緩轡，斷雲收雨半山明。」

或宴於水晶殿，蓋殿起水中，通用玻璃為飾，日光回彩，宛若水宮故名。薩都剌、周伯琦亦有詩以詠之：

「一派簫韶起半空，水晶行宮玉屏風。諸工舞蹈千官賀，高捧葡萄壽兩宮。」

「睿思閣下瑣牕幽，百寶明珠絡翠裘。內署傳宣來準備，大庭盛宴先初秋。」註：「右詠水晶殿。」

或宴大安閣，張昱曾有詩以述之：

「祖宗詐馬宴灤都，挏酒啍啍載憨車。向晚大安高閣上，紅竿雉帚掃珍珠。」

蓋詐馬宴於此舉行，歌舞盛會，美女如雲，以致珠飾脫落甚衆，故需「紅竿雉帚掃珍珠」。按大安閣，即故宋汴京之春熙閣，至元三年遷建於此，亦即馬哥孛羅所謂之「竹宮」。悉用巨竹所建，通風清涼，可拆散，可重建。內部塗金，飾以鳥獸之繪畫。柱亦塗金，每一柱頂，皆雕巨龍，龍首支閣頂，尾則盤柱上，腳爪外伸。頂以巨竹劈開，每節爲瓦二，髹以漆，以防雨。爲其牢固，以彩色絲繩綑之。按所謂「巨竹」，當即產於廣南交州之棘竹，又稱刺竹。叢生，有數十莖，圍兩尺，肉厚，上有芒刺。安南有刺竹關，遍植此竹，以爲屏障。許有壬有詩以歌之。

「大安閣是廣寒宮，尺五青天八面風。閣中敢進竹枝曲，萬年千秋文軌同。」（注六）

此外，奎章閣亦爲大宴之所。蓋文宗元統二年，曾宴侍臣於此。按奎章閣，天歷二年，建於宮廷之西。復據周伯琦「越三日奏進士牓名作」詩云：「太平天子策賢良……，凌晨金牓出明光。」按「明光」，即燕京之大明殿，蓋大明殿，爲朝會及舉行重大慶典之所，進士牓當出自於此。故所謂「明光」，並非殿名，實爲吟詠之便，用以代大明殿。再據周伯琦「上幸西內，望北方諸陵，酹新馬酒，彝典也。樞密知院奉旨課駒，以數上，因賦七言」云：

「皇輿吉日如西內，馬酒新羞白玉漿。遙酹諸陵申典禮，旋聞近侍宴明光……。」

故上京之大明殿，亦宮廷大宴之所。蓋蒙古早期，祭祖後，即舉族大宴。故所謂「近侍宴明光」，即遙祭陵園後，諸王大臣近侍，大宴於大明殿。按口北三廳志，曾詳載元代上京之宮殿，然前陳之昔剌斡耳朵、棕殿、水晶殿、大安閣、奎章閣、大明殿，除棕殿僅知其在「西內」，或「內門西」，奎章閣在宮廷之西外，其餘宮殿，其方位，及其相互之關係，均待考。據袁桷、楊允孚詩云：

「伏日瓊林宴，名王總內朝。帽尖花壓翠，衣角錦團貂。炙熱牛酥芼，酪深馬乳澆。柘枝旋舞急，宛轉稱纖腰。」

「葡萄萬斛壓香醪，華屋神仙意氣豪。酬節涼糕獨未品，內家先散小絨絛。」註「重午節也。」

可知，賜宴及第進士之恩榮宴，亦即唐宋之瓊林宴，與端陽節之大宴，亦在上京舉行。唯宴於宮廷之何處，亦待考。（注七）

至於歲幸上都，秋必校獵於東涼亭、西涼亭、北涼亭、鴛鴦泊、察罕泊、昂兀諾爾、狼山、湯山、旺兀察都、散不剌川、雪泥愓部等地。大獵既畢，亦行大宴。唯大宴之地點，多不在宮廷，而宴於圍獵之所。如武宗至大元年，曾巡狩至東涼亭，既而大宴於萬歲山。按萬歲山，蒙語爾几圖爾賓俄蘭山，在獨石口東北二百五十里。復按東涼亭，在上都東五十里。西涼亭，在上都西一百五十里。二地皆饒水草，富禽魚山獸，置離宮，巡狩至此，歲必校獵焉。西涼亭，俗呼蕭后梳粧樓。其制，內外皆方，以磚爲之。高二丈餘，頂如平台，半圯。門東南向，左右兩房，各有石牕。其外四面，各廣三丈，其內下方，中爲八角，上圓起花，如覆盂然。外有繞垣，其址尚存。鴛鴦泊，在張北縣西北八十里，即今之安固里諾爾。周八十餘里，東西寬三十里，南北長三十里。自遼金，即爲飛放之所。昂兀諾爾，在張北縣北三里。長約三里，寬十餘丈，名東大諾爾。金時爲伊克諾爾，元爲懷禿諾爾。旺兀察都，在張北縣北十餘里，今名銀沙背，元時建中都於此。察罕諾爾，在上都西南，大青山之北，亦曰長水海子，漢言白海。水濼汪洋，深不可測。有行宮，設雲需總管府。駐蹕於此，秋必校獵。湯山，在昌平縣東南三十八里，下有湯泉。狼山，在懷來縣城西一十五里。永樂中，車駕駐蹕於此，改名良山。散不剌川，亦譯廿不剌川、三不剌川、噶布拉川、賽音布拉克川，在上都西北七百里外。北涼亭、百查兒川、雪泥愓部，皆在開平以外，確址不詳。耶律楚材，耶律鑄，王惲均有詩，以誌秋山大獵之壯盛：

「天皇冬狩如行兵，白旄一麾長圍城。長圍不知幾千里，蟄龍震慄山神驚。長圍佈置如圓陣，方騎雲屯貫魚進。千郡野馬雜山羊，赤熊白鹿奔青麞。壯士彎弓殞奇獸，更驅虎豹逐貪狼。獨有中書倦遊客，放下氈簾讀周易。」

「扈從車駕，出獵狼山，圍既合，奉詔悉宥之，因作是詩：君不見武皇校獵長楊裏，子雲作賦誇奢靡。又不見開元講武驪山傍，盧陵修史譏禽荒。二君所爲不足法，徒令千載人雌黃。吾皇巡狩行周禮，長圍一合三千里。白羽飛空金鏑鳴，狡兔雄狐應弦死。翠華駐蹕傳絲綸，四開湯網無掩群。天子恩波沐禽獸，狼山草木咸忻忻。」

「翠華東出萬安宮，獵獵旌旗蔽碧空。鷞鶄杯停縱金勒，鸘鸘裊袒控雕弓。塞鴻驚帶鵝毛雪，野馬塵飛羊角風。萬騎身邊驚霹靂，一聲鳴鏑暮山紅。」

「二年幽陵閱丘甲，詔遣謀臣連夜發。春蒐秋獮是尋常，況復軍容從獵法。一聲畫鼓肅霜威，千騎平岡捲晴雪。長圍漸合湯山東，兩翼閃閃牙旗紅。飛鷹走犬漢人事，以豹取獸何豈雄。馬蹄蹴塵欻左興，赤絛撤鏇驚龍騰。錦雲一縱飛塵起，三軍耳後秋風生。豹雖遺才不自惜，雨血風毛摧大敵。風煙慘淡遠歸來，思君更上單于台。血埋萬甲戰方銳，爪牙正籍方剛才。古人以虎喻天下，得失中間係眞假。元戎玆獵似開先，我軍車攻補周雅。大笑南朝曹景宗，誇獵空驚弦霹靂。何曾夢見北方強，竟墮閉車甘偃息。揚鞭回首漢家營，一點槍纓野煙碧。」

文宗亦嘗大宴於南坡，楊允孚有詩以陳之：

「霜寒塞月青山瘦，草實平坡黃鼠肥。欲問前朝開宴處，白頭宮使往還稀。」註謂：「文宗曾開宴於南坡，故云。」

然何時何事大宴於此？元史不載。僅本紀謂：天歷二年，文宗北迎明宗，曾駐蹕於此。按南坡，在上京南三十里，故又名三十里店，亦稱望都舖。爲歲幸上都，東出西回之輦道所必經，故又爲「納寶」之地。按「納寶」，又稱「納鉢」、「巴納」，遼史謂之「捺鉢」。猶漢言行在所，亦即車駕行幸，宿頓之所。復按許有壬「龍岡賜燕」云：

「至元新制漢官儀，萬馬東西歷翠微。袀服盛裝三日燕，和鈴清振九斿旂。明珠火齊輝棕殿，上醞珍羞及布衣。但願普天均此樂，莫拘千里詠邦畿。」

可知上京北三里之龍岡，即臥龍山，亦爲大宴之所。（注八）

二、坐次與衣著

凡有慶典，先行朝賀。儀禮之隆重肅穆，張昱曾有詩以敘之：

「只孫官樣青紅錦，裹肚圓文寶相珠。羽杖執金班控鶴，千人魚嚴振嵩呼。」

「户外班齊大禮行，小臣鳴贊立朝廷。八風不動丹墀靜，聽得宮袍舞蹈聲。」

如有貢品，即獻陳玉陛、朱橚有詩以吟之：

「諸方貢物殿前排，召得鷹坊近露台。清曉九關嚴虎豹，遼陽先進白雕來。」

唯蒙人尚九，故凡有獻禮，均須九數之九倍始可。朝賀既畢，遂佈安坐次，據馬哥孛羅稱：

「皇帝的席，是比別人的高些。他坐在北邊，面朝南向，靠近他的左邊，坐的是他第一位妻子。在他右邊略低的地方，坐著他的兒子孫子，以及所有屬於皇族的親屬。他們的頭，和大可汗的腳一樣高。皇太子坐在比別人稍高一點的地方。其次，別的達官顯宦，坐在更低的桌上。他左邊較低的地方，坐著他有的兒子孫子，以及親屬的媳婦。再次就是達官顯宦和武將的妻子，坐在更較低的地方……。（地位更低者）都坐在大廳地氈上吃，亦沒桌子。宴席如此佈置，使大可汗可以看見每一個人。」

所以，大體而論，地位愈低，則坐位亦愈低，去皇上亦愈遠。而位高者，則有榻有几。次者有坐褥有几，再次者，則蓆地而坐。蓋蒙人有榻、几、坐褥，而無椅。至於其座次之排列，由前述馬哥孛羅之言，以及魯不魯克紀行：拔都帳，門南開，其南方淨空，不准設帳。帳左右設二帳，其餘帳，悉分列汗帳東西左右之後方。普蘭迦兒賓紀行：拔都之寶坐甚高，諸王百官，坐帳中央，位卑者在其後，均男右女左。陶宗儀「宮闕制度」：侍宴坐床，重列左右推論，若宴於宮殿，則帝面南背北，坐於大殿後山墻前之中央，南向至殿門淨空。左爲后妃公主，右爲皇子皇孫。其坐榻皆南北向，較帝坐爲低。故皇家坐位，東西成爲一列。帝之左右前方，自北而南，自近及遠，設坐榻若干行，皆東西向。其後，設几，有坐褥，若干排。一几坐二人，上置酒瓮一，有柄之酒杓各一，以便取酒暢飮。再後，則蓆地而坐。故與宴之百官近侍，分左右兩長方陣列坐。若宴於昔剌斡耳朶，因深廣可容數千人，故其坐次之排列，亦如宴於宮殿然。復設止雨壇於殿偶，由番僧作法，以便宴樂免於風雨，楊允孚嘗有詩以詠之：

「雍容環珮肅千官，空設番僧止雨壇。自是半晴天氣好，螺聲吹起宿雲寒。」註謂：「西番類不一，每即殊禮。宴饗大會，則設止雨壇於殿隅。」

倘爲新正，則盛飾駱駝象隊，經御前，以載運大宴所需之器皿。如爲天壽節，則諸教僧侶，皆於

殿中設壇焚香誦經，以爲皇上祈福。（注九）

至於衣著，皆服質孫衣。亦稱只孫衣，直孫衣，漢言一色服也。凡內廷大宴則服之，冬夏之服不同，然無定制，凡勳戚大臣近侍，賜則服之。下至樂工衛士，皆有其服。精粗之制，上下之別，雖有不同，皆謂之質孫衣。朱㰖有詩以言之：

「健兒千隊足如風，隨從南郊露未晞。鼓吹聲中春日曉，御前盛著只孫衣。」

計天子冬季之質孫衣，凡十有一等。夏之服，凡十有五等。皆金織爲之，飾以珠寶，嵌以奇珍。大德中，回回富商，以紅剌一塊，重一兩三錢，獻之於官，估値十四萬錠。一錠五十兩，計合中統鈔，七百萬兩。嵌於帝冠之頂，累朝每於正旦、萬壽節，大宴則服用之。又有鴉忽、剌者，出自西域，嵌之御衣，値數十萬錠。柯九思有詩以歌之：

「官家明日慶生辰，準備龍衣熨帖新。奉御進呈先取旨，隋珠錯落間奇珍。」註：「御服多以大珠盤龍形，嵌以奇珍。曰鴉忽，曰剌者，出自西域，有値數拾萬錠者。」

貴族之服飾，均以彩色絲線，或金絲，於領、袖、肩、胸、前襬，繡以各種圖形，元史統稱之爲繡衣。迺賢有詩以吟之：

「詔下天門御墨題，龍岡開宴百官齊。路通禁籞聯文石，幔隔香塵鎮水犀。象輦時從黃道出，龍駒牽向赤墀嘶。繡衣珠帽佳公子，千騎揚鑣過御堤。」

天曆年間，御衣則多繡，池塘小景，曰滿池嬌。柯九思、張昱有詩以述之：

「觀蓮太液泛蘭橈，翡翠鴛鴦戲碧苕。說於小娃牢記取，御衫繡作滿池嬌。」註：「天曆年間御衣，多爲池塘小景，名曰滿池嬌。」

「鴛鴦鸂鶒滿池嬌，綵繡金華日幾條。早晚君王天壽節，將要著御大明朝。」

百官之質孫衣，冬服凡九等，夏服十有一等，亦以珍珠金玉爲飾。復繫以金帶、玉帶、玻璃帶，七寶玉帶，七鵰玉帶，金鞶帶等。其華貴之情形，柯九思有詩以言之：

「萬里名王盡入朝，法宮置酒奏簫韶，千官一色眞珍襖，寶帶攢裝穩稱腰。」

唯大宴數日，其服日易一色。全年節慶，亦各易其色。究爲臨時命令，抑或業已成俗，屆時人人皆知，待考。僅知元旦新正，皆服白色之質孫衣。故馬哥孛羅稱之爲「白宴」。蓋蒙人尚白，以白爲吉也。（注一〇）

三、儀禮與飲食

宴饗之初，必有一二大臣，稱成吉思汗皇帝以爲敬。陳大札薩，即大雅薩法典以爲訓。柯九思、張昱，均有詩以記之：

「萬國貢珍陳玉陛，九賓傳贊卷珠簾。大明前殿筵初秩，勳貴先陳祖訓嚴。」註：「凡大宴，世臣掌金匱之書，必陳祖宗大札薩以爲訓。」

「至元典禮當朝會，宗戚前將祖訓開。聖子神孫千萬世，俾知大業此中來。」

並命近臣「敷宣王度，以爲告誡」。如太宗後王察八兒，率諸王內服，武宗曾詔賜大宴。脫脫即奉命，陳東西諸藩始終離合之由，去逆效命之義。辭旨明暢，聽者傾服。復行「喝盞」之禮，於焉大宴盛開。按「喝盞」，據陶宗儀言：「天子凡宴饗，一人執酒觴立於右階，一人執拍板立於左階。執板抑揚其聲，贊曰：斡脫克。執觴者，如其聲和之，曰打弼。從而王侯卿相，合坐者坐，合立者立。於是，衆樂皆作，然後進酒詣上前，上飲畢，授觴，衆樂皆止。別奏曲以飲陪位之官，謂之喝盞。」虞集亦謂：「凡宴饗，自天子至親王，舉酒將釂，則相禮者贊之。謂之喝盞，非近臣不得執其政。」姚從吾先生謂之：乃漢人之敬酒•或稱觴上壽之意。然馬哥孛羅則謂：大汗每飲，侍者獻盞後，退三步，跪伏地，諸臣亦然。諸樂咸奏，飲畢乃止，群臣起立。每飲，執禮皆如是。若爲新正朝賀，群臣就位後，贊禮官唱曰：跪拜，群臣立跪伏，以首觸地。贊曰：聖躬萬福。群臣齊答曰：如所祝。復贊曰：祈天增洪福，保佑百姓安寧，全國隆盛豐贍。群臣齊答謂：如所祝。禮畢，便至一壇前，壇上置一朱碑，上寫大汗名，碑前置一美麗金爐，焚香，諸人大禮參拜畢，各歸原位。此外，凡給役左右者，皆用納石失緞，掩其口鼻，並覆蓋御用器皿之上，以免菜肴爲彼等所污染。薩天錫有詩以記之。（注一一）

「退朝西殿承平日，一片春雲奏鳳笙。白面內官供玉食，卻將黃帕覆銀鐺。」

至於飲食，皇家大宴，自有其珍奇之佳肴，如酥中極品之醍醐，耶律鑄、周伯琦、迺賢有詩以吟之。

「衆珍彈壓倒淳熬，甘分教人號老饕。饕大名非癡醉事，待持杯酒更持螯。」註：「《周禮》，八珍第一曰淳熬。注曰：煎醢加於陸稻上沃之以膏，曰淳熬。」

「寶花千樹影扶疏，曲檻回垣碧草腴。內豎飯牛開北苑，玉甌日日進醍醐。」

「上苑含桃熟暮春，金盤滿貯進楓宸。醍醐漬透水漿滑，分賜堦前儤直人。」（注一二）

駝蹄羹，駝鹿唇，耶律鑄有詩以讚之。

「康居南鄙，伊麗（按：伊犁）迤西，沙磧斥鹵地，往往產野駝，與今雙峰家駝無異。肉極美，蹄爲羹，有自然絕味：獨擅千金濟美名，夤緣遺味更騰聲。不應也許教人道，衆口難調傳說羹。」

「駝鹿北中有之，肉味非常，唇珠絕美，上方珍膳之一也：麟脯推教冠八珍，不甘滕口說猩唇。終將此意須通問，曾是和調玉鼎人。」註：「世號猩唇冠八珍之首，呂氏春秋伊尹說曰：肉之美者，猩猩之唇。」（注一三）

天鵝炙，爲春水時之尚食。按天鵝即鵠，似鵝而頸長，金頭者爲上。張昱，柯九思有詩以誌之。

「駕鵝風起白毰毸，秋夏跟隨駕往回。聖主已開三面網，登盤玉食自天來。」

「元戎承命獵郊坰，敕賜新羅白海青。得雋歸來如奏凱，天鵝馳送入宮廷。」（注一四）

合駝乳糜，紫玉漿，元玉漿及麆沆，號行帳八珍，亦稱塞北八珍。耶律鑄有詩序以述之，白斑，許有壬有詩以顯之。

「往在宜都，客有請述行帳八珍之說，則行廚八珍也。一曰醍醐、二曰麆沆、三曰駝蹄羹、四曰駝鹿唇、五曰駝乳麋、六曰天鵝炙、七曰紫玉漿、八曰元玉漿。」

「八珍肴龍鳳，此出龍鳳外。荔枝配江䖳。徒跨有風味。」註：「謂迤北八珍也。所謂八珍，則醍醐、麆沆、野駝蹄、鹿唇、駝乳麋、天鵝炙、玄玉漿、紫玉漿也。」

「涼亭雨過長蒲草，使者求魚月向東。黃鼠頓肥秋後草，海青多逸曉來風。庖羞水陸八珍聚，琛貢梯航萬國通。射獵寧非男子事，莫言丁字勝強弓。」（注一五）

復有黃羊，以腹色帶黃得名，杜甫曾謂其「飫而不羶」，爲北陲異品，楊允孚，吳當有詩以譽之。

「嘉魚貢自黑龍江，西域葡萄酒更良。南土至奇跨鳳髓，北陲異品是黃羊。」註：「黑龍江產哈八都魚也。鳳髓、茶名。黃羊，北方所產，御膳用。」

「羽獵長年從翠華，麋鹿生茸草生芽。射得黃羊充內膳，更喜江南新貢茶。」（注一六）

黃鼠乃灤京珍珠，因色黃，似鼠而大得名。用羊乳飼之，用供上膳。許有壬、柳貫，楊允孚有詩以美之。

「北產推珍味，南來怯陋容。瓠肥宜不武，人拱若爲恭。發掘憐禽彌，招徠或水攻。君勿急盤饌，幸自勿穿墉。」

「塞雨初乾草未黃，穹廬秋色滿沙場。割鮮俎上薦黃鼠，獵獻腰間懸白狼。別部烏桓知幾族，他山稽落在何方。長雲西北天如水，想見旌旗瀚海光。」

「怪得家僮笑語回，門前驚見事奇哉。老翁攜鼠街頭賣，碧眼黃髯騎象來。」註：「黃鼠，灤京奇品。」（注一七）

因產量甚豐，故民間亦獵而食之。貢師泰，張昱，迺賢有詩以證之。

「蕎麥花深野韭肥，烏桓城下行客稀。健兒掘地得黃鼠，日暮騎羊齊唱歸。」

「對朋角飲目相招，黃鼠生燒入地椒。馬湩飲輪金鐸刺，頂寧割髮不相饒。」

「馬乳新挏玉滿缾，沙羊黃鼠割來腥。踏歌盡醉營盤晚，鞭鼓聲中按海青。」（注一八）

此外，駝峰與熊掌齊進，袁桷，胡助有詩以稱之，周密有文以讚之。

「棕殿沈沈曉日清，靜鞭初徹四無聲。挏官玉乳千車送，酒正瓊漿萬甕行。肯以駝峰專北膳，不須瑤桂詫南烹。先皇雄略函諸夏，擬勝周家宴鎬京。」

「綵絲絡頭百寶裝，猩血入纓火齊光……。挏官庭前列千斛，萬甕葡萄凝紫玉。駝峰熊掌碧釜珍，碧實冰盤行陸續……。」

「江海詞源正瀰漫，南屏老翠幾回看。花驄蹴踏雪消盡，宮錦淋漓酒吸乾。鑾夜承恩揮寶札，駝峰沾賜出冰盤。英才得展當年治，誰說冷官魚上竿。」（注一九）

「駝峰之雋，列於八珍。然駝之壯者，兩峰堅聳，其味甘脆。如熊白妳房而尤勝。若駝之老者，兩峰偏嚲，其味淡韌，如嚼敗絮然。所烹者，皆老而不任負重者，而壯有力者，未始以爲饌也。」

鹿尾與哈八都魚，即鱘魚，亦名鱣魚兼陳，耶律楚材，楊允孚有詩以誇之。

「鑾輿秋彌獵南岡，鹿尾分甘賜尚方。濃色般般紅玉髓，微香馥馥紫瓊漿。韭花酷辣同蔥薤，芥屑差辛類桂薑。何似饘根蘸濃液，流匙滑飯大家嘗。」按哈八都魚，見前引楊允孚詩。（注二〇）

夏則有冰，以解酒渴，而消酷暑，柯九思，薩天賜，袁桷有詩以詠之。

「玉碗調冰雪花飛，金絲纏扇繡紅紗。綵箋御製題端午，敕送皇姑公主家。」

「院院翻經有呪僧，垂簾白晝點酥燈。上京六月涼如水，酒渴天廚更賜冰。」

「身如病鶴倦梳翎，往事猶存舊汗青。伏日賜冰來上苑，晚風傳竹度疎櫺。承恩裁詔心抽繭，落筆誅奸眼拔釘。悵悵當飲人物論。披衣危坐望晨星。」（注二一）

酒則初有葡萄酒、馬湩、蜜酒、米酒。按米酒，頗類歐洲之葡萄酒。後世又有白酒、翠濤飲、露囊飲，瓊華汁、玉團春、石涼春、葡萄春、鳳子腦、薔薇露、綠膏漿，以及玄霜酒、醁醽酒，醽綠酒等。懷來之玉液泉，察罕諾爾之沙井，泉水甘潔，故皆置官務，釀酒以供尚用。至於原料，除葡萄酒、馬湩、蜜酒外，似多用黑黍、糯米釀成，張翥有詩以歌之。（注二二）

「野散千軍帳，雲橫萬里川。寒多雨是雪，日近海為天。黑黍供甘釀，黃羊飽割鮮。廣文但少客，寧慮坐無氈。」

宮中酒類雖繁，然宴饗則多用葡萄酒與馬湩。葡萄酒，周權、朱橚有詩以吟之。

「翠虬天嬌飛不去，頷下明珠脫寒露。纍纍千斛晝夜舂，列甕滿浸秋泉紅。數宵醞月清光轉，穠腴芳髓蒸霞煖。酒成快瀉宮壺香，春風吹凍玻璃光。甘逾瑞露濃欺乳，麴生風味難通譜。縱教典卻鷫鸘裘，不將一斗博涼州。」

「棕殿巍巍西內中，御筵簫鼓奏薰風。諸王駙馬咸稱壽，滿酌葡萄吹玉鐘。」（注二三）

馬湩、侯克中、張昱、楊允孚有詩以言之。

「馬湩甘寒久得名，飲餘香繞牙齒生。草青絕漠供春祭，燈暗穹廬破宿酲。冷貯草囊和雪杵，光凝銀榼帶酥傾。漢家屢有和親好，恨不當時賜長卿。」

「相官馬湩盛渾脫，騎士題封抱送來。傳與內廚供上用，有時直到御前開。」

「內宴重開馬湩澆，嚴程有旨出丹霄。羽林衛士桓桓集，太僕龍車款款調。」（注二四）

又號⿸麻重沆，奄蔡語，乃馬乳所釀，挏製而成，耶律鑄有詩以讚之。

「⿸麻重沆，馬酮也。漢有挏馬，注曰：以韋革爲夾兜盛馬乳，挏治之，味酢可飲，因以爲官。又禮樂志：大官挏馬酒，注曰：以馬乳爲酒，言挏之味酢則不然，愈挏治則味愈甘，挏之萬杵，香味醇濃甘美謂之⿸麻重沆。⿸麻重沆，庵蔡語也，國朝因之：玉汁溫醇體自然，宛如靈液漱甘泉。要知天乳流膏露，天也分甘與酒仙。」

故又稱馬酒，許有壬、薩天賜、馬祖常有詩以詠之。

「味似融甘露，香疑釀醴泉。新醅撞重白，絕品挹清玄。騾子飢無乳，將軍醉臥氈。挏官聞漢史，鯨吸有今年。」

「祭天馬酒洒平野，沙際風來草亦香。白馬如雲向西北，紫駝銀甕賜諸王。」

「羅纁垂垂扇奩歇，守宮持紅不數蝎。挏官馬酒銀流澌，內饔餅啖酥凝雪……。」（注二五）

亦稱湩酒，張昱有詩以證之。

「儒臣奉詔修三史，丞相銜兼領總裁。學士院官傳賜宴，黃羊湩酒滿車來。」

或號挏酒，張昱有詩以誌之。

「祖宗詐馬宴灤都，挏酒啍啍載憨車。向晚大安高閣上，紅竿雉帚掃珍珠。」

「漭然路失龍沙西，挏酒中人軟似泥。馬上毳衣歌剌剌，往還都是射雕兒。」

因取白馬乳釀成，故又名白馬酒，周伯琦有詩以羨之。

「頗黎瓶中白馬酒，酌以碧玉蓮花杯。帝觴餘瀝得沾丐，洪禧殿上因裴回。」（注二六）

復因其色青，故又稱青馬湩、黑湩，亦稱黑馬奶，即黑嬭、朱櫄、許有壬有詩以詠之。

「雨順風調四海寧，丹墀天樂奏優伶。季季正旦將朝會，內殿先觀玉液青。」

「馬駝如蟻散千岡，帳室風來日草香。瓈盞泛酥皆黑湩，癭盤分炙是黃羊。」

又稱忽迷思、馬奶子、馬嬭子。耶律楚材又稱之爲馬乳，且有詩以美之。

「天馬西來釀玉漿，革囊傾處酒微香。長沙莫吝西江水，文舉體空北海觴。淺白痛思瓊液

冷，微甘酷愛蔗漿涼。茂陵要酒塵心渴，願得朝朝賜我嘗。」（注二七）

至於阿剌吉酒，亦稱燒酒、火酒、白干，元代所創始。其法，用濃酒和糟入甑，蒸令氣上，用器承取其滴即成。後惟用糯米，或粳米，或黍，或秫，或大麥，蒸熟，和麴，釀甕中七日，以甑蒸取。清澈無色，味甘辣，極醇烈，少飲即醉。黃玠，朱櫹有詩以吟之：

「阿剌吉，酒之英，清如井泉花，白於寒露漿，一酌嚨胡（按：喉）生剌芒，再酌肝腎猶沃湯，三酌顛倒相扶將。身如瓠壺水中央，天地日月爲奔忙，經宿不解大蒼黃。阿剌吉，何可當。」

「獨木涼亭賜宴時，季季巡幸孟秋期。紅妝小伎頻摧酌，醉倒胡兒阿剌吉。」（注二八）

蒙人善飲，故憲宗時，和林萬安宮，御坐附近，置有噴酒銀樹。樹頗高大，銀製，四銀獅承之。獅口分吐馬湩，葡萄酒，蜜酒，米酒。樹頂立一天使，手執喇叭，酌酒於外，酒通樹下，喇叭則鳴。世祖之世，大明殿，則置有木質銀裹，巨大漆瓮一。金雲龍繞，高一丈七尺，貯酒可五十餘石。雕象酒桌一，長八尺，闊七尺。然元史世祖本紀則謂：至元二十二年，造大樽於殿，樽以木爲質，內裹以銀，外鏤以雲龍，高一丈七寸。馬哥孛羅則謂：設巨大方櫃，每邊寬三步，中置純金大酒罈，誤。復因與宴者衆，故酒肉之供應，數量殊爲驚人。憲宗即位，大宴三日，日供馬牛三百頭，羊五千隻，酒兩千車。所以，袁桷、周伯琦有詩，以「萬甕」、「萬羊」、「千車送」，而盛讚美酒佳肴之豐盛，並非誇張，誠乃記實也：

「棕殿沈沈曉日清，靜鞭初徹四無聲。挏官玉乳千車送，酒正瓊漿萬甕行。肯以駝峰專北饌，不須瑤桂詫南烹。先皇雄略函諸夏，擬勝周家宴鎬京。」

「天子方御龍光宮……，大宴三日酣群悰。萬羊臠炙萬甕醲，九州水陸千官供……。」

天子大宴竟日，入夜方罷。故與宴者，多扶醉歸。迺賢、張昱均有詩詠之：

「上林宮闕淨朝暉，宿雨清塵暑氣微。玉斧照廊紅日近，霓旌夾杖彩霞飛。錦翎山雉攢遊騎，金翅雲鵬織賜衣。宴罷天階呼秉燭，千官爭送翠華歸。」

「黃金酒海贏千石，龍杓梯聲給大宴。殿上千官多取醉，君臣胥樂太平年。」（注二九）

四、音樂歌舞及雜技

大宴時，上每飲，諸樂皆作，以興隆笙領之。按：興隆笙，在大明殿下，其制，植衆管於柔韋，以象大匏土鼓。二韋橐按其管，則簧鳴。簨首爲二孔雀，笙鳴機動，則應而舞。凡燕會之日，此笙一鳴，衆樂皆作，笙止樂亦止。復按元代宴樂之器，除興隆笙外，尚有琵琶、箏、火不思、胡琴、方響、龍笛、笙、箜篌、雲璈、簫、戲竹、鼓、杖鼓、札鼓、和鼓、⿱竹秦、羌笛、拍板、水盞，凡廿一種。樂工則有漢人、河西、回回三者。至於歌曲，則有蒙古大曲：哈巴爾圖、口溫，也葛儻兀、輝和爾、閔古里、起土苦里、跋四土魯海、舍舍弼、搖落四、蒙古搖落四、閃彈搖落四、阿耶兒虎、桑哥兒苦不丁（江南謂之孔雀雙手彈）、答罕（白翎雀雙手彈）、苦只把失（品弦），凡十五種。小曲：阿斯蘭扯弼（回盞雙手彈）、阿林捺（花紅）、哈兒火失哈赤（黑雀兒叫）、洞洞伯、曲律買（新元史謂曲買）、者歸、牝疇兀兒、把擔葛失、削浪沙、馬哈、相公、仙鶴、阿下水花，凡十三種。回回三種：伉里、馬黑某當當、清泉當當。漢人二十三種：歡年歡、長春柳、吉利牙、新水令、沽美酒、太平令、山荊子帶妖神急、水仙子、青山口、金字西番、賀新涼、龍歸雲洞、讚佛樂、弄月曲、香桂長秋曲、採蓮曲、採菱曲、水面剪青、惜春詞、鳴睢曲、鴻韶樂。新聲兩種：白翎雀、海清拏天鵝，總計五十四種。其中新水令、沽美酒、太平令、水仙子、青山口、弄月曲、水面剪青、採蓮曲、惜春曲，均有詞，可歌可舞。此外更有軍歌，楊允孚、張憲均有詩以吟其新聲。

「爲愛琵琶調有情，月高未放酒杯停。新腔翻得涼州曲，彈得天鵝避海青。」註謂：「海青拏天鵝，新聲也。」

「檀槽䜌䜌鳳凰鍔，十四銀環柱冰索。摩訶不作兜勤聲，聽奏筵前白翎雀。」（注三〇）

至於歌舞，則男女並用，舞姝則中西兼備。舞時，盛裝花冠而出。人皆傾城，樂似天音。張昱、楊允孚曾有詩以譬之：

「西方舞女即天人，至手曇花滿把青。舞唱大魔供奉曲，君王常在月宮聽。」

「儀鳳伶官樂既成，仙風吹送下蓬瀛。花冠簇簇停新舞，獨善簫韶奏太平。」註謂：「儀鳳司，天下樂工隸焉。每宴，教坊美女，必花冠錦繡，以備供奉。」

「教坊女樂順時秀，豈獨歌傳天下名，意態由來看不足，揭簾半面已傾城。」

且歌舞曼妙，柘枝霓裳，皆混然天成。復體態輕盈，香氣襲人，誠極聲色之娛！迺賢、袁桷，皆有詩以稱之：

「珊瑚小帶佩豪曹，壓轡鈴鐺雉尾高。宮女侍筵歌芍藥，内官當殿出葡萄。柏梁競喜詩先捷，羽獵爭傳賦最豪。一曲霓裳纔舞罷，天香浮動翠雲袍。」

「伏日瓊林宴，名王總内朝。帽尖花壓翠，衣角錦團紹。炙熱常酥芼，醅深馬乳澆。柘枝旋舞急，宛轉稱纖腰。」

按柘枝舞，因唐教坊曲柘枝引而得名。舞用二女童，帽施金鈴，抃轉有聲。其來也，藏二蓮花中，花坼而後見。對舞相占，賓舞中之雅妙者。復按霓裳羽衣舞，亦因曲而得名。唐開元中，羅公遠有秘術。嘗與玄宗至月宮，見仙女數百，皆素練霓裳，舞於廣庭。問曲名，曰霓裳羽衣。及歸，僅記其半。會西涼節度使楊敬述，進婆羅曲，聲調相符，遂以月中所聞，爲散序，改楊敬述所進曲，名霓裳羽衣曲。然古今圖書集成，文獻通考，均謂西涼節度使楊敬忠進婆羅曲。任半塘且謂：霓裳羽衣曲，乃道家仙女舞服，爲法曲。婆羅門曲，乃佛家緋衣錫杖舞服，爲梵曲，二者非一。更有月照臨舞、八展舞、朱戚舞，以及面具舞、化裝舞。或帶孔雀明王、紅髮青面、毗沙、鐵王之面具。或扮金甲武士，以及烏鴉、龜鶴、金翅雕、飛天夜叉、五方菩薩、文殊、普賢、如來等神佛、鬼怪、禽獸之像。不僅隊形變化繁富，隨音樂起舞。且歌舞相和，載歌載舞。其音樂舞蹈之美，貢師泰、張昱並有詩以彰之：

「舞轉星河影，歌騰陸海濤。齊舞才起合，頓足復分曹。急管摧瑤席，繁弦壓紫槽……。」

「西天法曲曼聲長，瓔珞垂衣稱艷裝。大宴殿中歌舞上，華嚴海會慶君王。」（注三一）

復有翻冠飛屐舞，順帝時，官妓凝香兒所創。舞時冠屐皆翻覆飛空，尋如故，少頃復飛。一舞中，屢飛屢復，雖百試不差。天魔舞，以宮女十六人舞之，其中尤以三聖奴爲翹首。首垂髮數辮，戴象牙佛冠，身披纓絡，大紅綃金長短裙，金雜襖，雲肩，合袖天衣，綬帶鞋襪，各執加巴剌般之器，內一人執鈴杵奏樂。又宮女十一人，練槌髻，勒帕，常服，或用唐帽、窄衫，所奏樂，用龍笛，頭管，小鼓，箏、纂、琵琶，笙、胡琴、響板、拍板，以宦官長安迭不花管領，遇宮中讚佛，則按舞奏樂。朱櫄、張翥均有詩以歌之：

「十六天魔按舞時，寶妝纓絡鬥腰肢。就中新有承恩者，不敢分明問是誰。」

「隊裏惟誇三聖奴，清歌妙舞世間無。御前供奉蒙恩寵，賜得西洋塔納珠。」

「按舞嬋娟十六人，內園樂部每承恩。纏頭例是宮中賞，妙樂文殊錦最新。」

「十六天魔女，分行錦繡圍。千花織步幛，百寶貼仙衣。回雪紛難定，行雲不肯歸。舞心挑轉急，一一欲空飛。」

以及回紇之杯舞，楊允孚有詩以記之：

「東京亭下水濛濛，敕賜遊船兩兩紅。回紇舞時杯在手，玉奴歸去嘶馬風。」按東京亭，疑爲東凉亭之誤。

按天魔舞，本西藏禮佛之舞樂。元代自河西傳之大部，朱橚有詩以言之：

「背番蓮掌舞天魔，二八嬌娃賽月娥。本是河西參佛曲，把來宮苑席前歌。」

然至元十八年，曾詔令：「今後不揀甚麼人，十六天魔舞休唱者，雜劇里休做者，休吹彈者。四大天王休妝扮者，骷髏頭休穿戴者。如有違犯，要罪過者。」明令禁止，違者處罰。順帝之世，哈麻密荐西蕃僧伽眞于帝，此僧善密宗法，帝大習之。其法亦名雙修法，皆房中術也。於是，帝日從其法，廣取婦女，惟淫戲爲樂。又選采女爲十六天魔舞，宮中宦官，受戒者得入，餘不得預。所以，由世祖明令禁之，其法亦名雙修法，皆房中術，舞時，不受戒者，不得預之而論，故天魔舞之舞姿，疑與男女雙修似不無關係。不唯盛行於宮中，即民間亦習之。楊維禎有詩以誌之：

「十六天魔教已成，背反蓮掌若嫌生。深夜不管俳場歇，尚向燈前蹋影行。」（注三二）

此外，尚焚異香，盛陳奇獸，迺賢、楊允孚均有詩以述之，陶宗儀有文以記之：

「繡綺新裁雲母帳，玉鉤齊上水晶簾。鳳笙屢聽伶官奏，馬湩頻煩太僕添。風動香煙飄閶殿，日使花影上雕檐。金盤禁臠纔供膳，階下傳呼索井鹽。」

「錦衣行處狻猊習，詐馬宴前虎豹良。特敕雲和罷弦管，君王有意聽堯鋼。」註謂：「詐馬宴開，盛陳奇獸。」

「國朝每宴諸王大臣，謂之大聚會。是日盡出諸獸於萬歲山，若虎豹熊象之屬，一一列置訖，然後獅子至。身才短小，絕類人家所畜金毛猱狗。諸獸見之，畏懼俯伏不敢仰視，氣之相壓也如此。及各飼以雞鴨野味之類，諸獸不免以爪按定，用舌去其毛羽，惟獅子則以掌擎而吹之，毛羽紛然脫落，有若燖洗者，此其所以異於諸獸也。古云獅子吼，蓋不易於吼，一吼則百獸爲之辟易也。」

更魔術與角力俱進，奇技與雜耍並陳，賽馬與鬥駝兼施，百戲之賞心悅目，實乃目不暇給。宴享之樂，可謂極矣！周伯琦、許有壬、朱橚亦有詩以誇之：

「華鞍鏤玉連錢驄，彩暉簇轡珠英重。鉤膺障顱鞶鏡叢，星鈴綵校聲瓏瓏。高官艷服皆王公，良辰盛會如雲從。明珠絡翠光龍蔥，文繪鏤金紆晴虹。犀毗萬寶腰鞓紅，揚鑣迅策無留縱。一躍千里眞游龍，渥洼奇種皆避鋒……。上京六月如初冬……。天子方御龍光宮……，大宴三日酣群悰……，曼延角觝呈巧雄……。」

「吁嗟呼駝，爾軀孔碩，爾能實多。龍斯天矯，山斯嵯峨……。虎賁執纆，兩兩目睨。騰蹙傾奔，砉欻徒倚。……始翿頸而鄭躅，復摩肩如委靡。乍分立以邛隙，遽挑釁於駏駃。飄忽若飛燕，盤旋如磨蟻。劃然踴躍，人立對起。波湏土墳，雷轟電駃。持久跕跕，勝負未分。貂璫聲援，陛楯皆裂……。」

「大宴三宮舊典謨，珍羞絡繹進行廚。殿前百戲皆呈應，先向春風舞鷓鴣。」

按百戲，即蹴球，踏索，踏蹻，藏挾，雜旋、弄槍、碗、瓶、齪劍，尋撞，筋斗，拗腰、透劍門，

飛彈丸女技等。（注三三）

五、結　論

總之，元代宮廷大宴，除隆重之儀禮外，仍多用其本俗，亦極聲色口腹之享受。同時，在文化上，更顯示蒙古文化、中原文化、中亞文化，並陳兼用，與夫融合之情形。於此亦可概見，蒙古宗族，心胸之寬廣，與對異族文化之包容。

附記：拙作計引元詩一百一十四首，其中三首，因取材之觀點不同，各引用兩次。第八頁、二十三頁之「祖宗詐馬宴灤都」詩，一重宴于「大安閣」，一重宴用「挏酒」。第九頁、二十六頁之「伏日瓊林宴」詩，一重「瓊林宴」，一重「柘枝舞」。第十九頁、二十三頁之「棕殿沈沈曉日清」詩，一重宴用「駝峰」，一重用酒「千車送」，謹加說明。

（原載民國七十八年九月，東方雜誌二十三卷三期。二〇〇四年八月，應邀參加內蒙古大學召開之第四次國際蒙古學術討論會，加以增補，於大會提出報告。二〇〇五年六月載於蒙古史學會主編之蒙古史研究第八輯。）

注釋

注一：元史卷六十七「禮樂志」，馬哥孛羅遊記一八七頁，元詩紀事卷十七「柯九思宮詩十五首」第九、十三首，多桑蒙古史一九二頁，南村輟耕錄第二頁。

注二：柳待制文集卷五「觀失刺斡耳朶御宴回」，扈從集後序，灤京雜詠第四十二、六十二、七十一首，近光集卷一「詐馬行有序」、卷二「立秋日書事五首」，清容居士集卷十五「上京雜詠十五首」。

注三：多桑蒙古史一九一、二六四頁，近光集卷一「詐馬行有序」，馬哥孛羅遊記一七七頁。

注四：元史卷六十七「禮樂志」，元故宮遺錄「興聖宮」，元史卷三十「泰定帝」，卷三十「明宗」、卷三十二「文宗」、一三八「燕鐵木兒」，可閑老人集卷二「塞上謠」，輟耕錄卷二十一「宮闕制度」，故宮遺錄第四頁，南村輟耕錄第二頁，元詩紀事卷十七「柯九思宮詩十五首」第三、九首，南村輟耕錄二頁「萬歲山」。

注五：馬哥孛羅遊記一八七頁，元史卷十一「世祖」、卷二十八「英宗」、卷三十四「文宗」、卷三十九「順帝」，讀史方輿紀要卷一「順天府、山川、北城店飛放泊、黃埃店飛放泊」、卷十一「通州、漷縣」、「通州、漷縣、晾鷹台」，嘉慶重修大清一統志卷一「順天府、花圃、下馬飛放泊」，畿輔通志卷五十八「輿地十三、山川二、大興縣、下馬飛放泊、北城店飛放泊、黃埃店飛放泊」、「輿地十三、山川二、通州、栲栳堡飛放泊、馬家庄飛放泊」、卷五十五「輿地十四、山川三、保定、安州、大㵐淀、洺王淀」、卷一六〇「古蹟七、署宅一、通州、呼鷹台」，可閑老人集卷二「輦下曲」第九十二首，清容居士集卷十六「天鵝曲」，雁門集卷三「上京即事」，金台集卷二「錫喇鄂爾多觀詐馬宴奉次貢泰甫授經先生韻」，拙著從元代蒙人習俗軍事論元代蒙古文化「十三世紀蒙人之屯住與遷徙」，柳待制集卷四「同楊仲禮和袁集賢上都詩十首」，卷五「觀失斡耳朶御宴回」，口北三廳志卷三「古蹟、大安閣」，復古詩集卷四「宮詞」，霞外詩集卷三「大德辛丑五月十六日灤都棕殿朝見謹賦絕句三首」，多桑蒙古史一八五、一八六、二一二、二四八、二七六頁，黑韃事略箋證五頁，跋。

注　六：扈從集後序，清容居士集卷十二「伯庸開平書事次韻七首」，灤京雜詠第三十八首，雁門集卷二「上京即事」，玩齋集卷四「上都咱瑪大燕」，至正集卷十八「和謝敬德學士入關至上都雜詩十二首」，近光集卷一「是年五月扈從上京學官紀事絕句廿首」，可閑老人集卷二「輦下曲」第卅二首，口北三廳志卷三「古蹟、多倫諾爾、上都宮殿」，元故宮遺錄「棕毛殿」、「水晶圓殿」，馬哥孛羅遊記一二六頁，至正集卷二十七「竹枝十首和繼學韻」第十首，竹譜「棘竹」，陳剛中詩集卷二「安南即事」。

注　七：元史卷卅三「文宗」，道園學古錄卷廿九「贈朱萬初四首」，近光集卷一「越三日奏進士牓名作」、「上幸西內北望諸陵酹新馬酒彝典也樞密知院奉旨課駒以數上因賦七言」，元朝秘史廿四頁，口北三廳志卷三「古蹟、多倫諾爾、上都宮殿」，清容居士集卷十五「上京雜詠十五首」，灤京雜詠第七十一首。

注八：近光集卷五「秋日書事五首、東涼亭、西涼亭」，口北三廳志卷三「古蹟、獨石口、西涼亭」、新元史卷一四九「趙世延、北涼亭」，扈從集「前序、察罕諾爾」、「後序、輝圖諾爾、鴛鴦濼」，新元史卷十九「泰定帝、旺兀察都之地」、元史卷二十三「武宗、昂兀腦兒」，卷一二五「鐵哥、百查兒川」，柳待制集卷五「大駕北巡將校獵于散不剌川」，畿輔通志卷六十五「輿地二十、山川九、多倫諾爾、三不剌川」，口北三廳志卷三「古蹟、多倫諾爾、卄不剌川」，秋澗大全集卷三十二「噶布拉川在上京七百里外……今秋大狩之盛書六絕以紀其事」，淵穎集卷三「得大人書喜聞自賽布拉克復回大都賦寄宣彥高」，畿輔通志卷五十七「輿地十二、山川一、昌平洲、湯山」，大明一統志卷五「萬全指揮使、良山」，張北縣志卷一「地理、諾爾、東西大諾爾、輝圖諾爾」、「安固里諾爾、鴛鴦濼」、卷八「古蹟、沙城、旺兀察都」，湛然居士集卷十「扈從冬狩」、「狼山宥獵」，雙溪醉隱集卷四「小獵詩」，秋澗大全集卷六，「飛豹行并序、湯山」，馬哥孛羅行紀「大汗命人行獵、雪泥惕部」，扈從集「前序、南坡店」，純白齋類稿卷十四「望都舖」，姚從吾先生全集第二冊六十四頁「捺鉢」，灤京雜詠第二首「納寶」、第六十三首「南坡巴納」，扈從集「前序、納鉢」，口北三廳志卷三「山川、多綸諾爾、萬歲山、臥龍山」，至正集卷十六「龍岡賜宴」。按：四庫全書本之元人詩集，與同書之舊刊本，譯名多有不同，如金台集撰者四庫本爲納延，舊本爲迺賢。

注　九：元史卷六十七「禮樂志、元正受朝儀」，可閑老人集卷二「輦下曲」第十四、廿一首，歷代宮詞卷二「明周王一百首」第七十三首，馬哥孛羅遊記一七三、一七六、一六八、一六九頁，蒙韃備錄箋證「軍裝器械」，灤京雜詠第六十六首，元史卷一三五「阿答赤」謂：「復以銀椅賜之」，然此非蒙俗。多桑蒙古史二五七、二七四頁，輟耕錄卷二十一「宮闕制度」，馬哥孛羅遊記第一七五頁，灤雜詠第六十五首。

注一〇：元史卷七十八「輿服志、冕服、質孫」，元詩紀事卷十七「柯九思宮詩十五首」第五、六首，道園學古錄卷廿三「句容郡王世績碑」，元史卷一四九「劉黑馬」，元文類卷廿三「太師廣平貞憲王碑」、卷五十七「中書令耶律公神道碑」，多桑蒙古史二四八、二六四頁，馬哥孛羅遊記一七四頁，玩齋集卷四「錫剌鄂爾多觀詐馬宴奉次貢泰甫受經先生韻」，可閑老人集卷二「輦下曲」第十四首，卷二「宮中詞」第十首。

注一一：灤京雜詠第四十三首，元詩紀事卷十七「柯九思宮詩十五首」第一首、元史卷一三八「康里脫脫」，多桑蒙古史一六三頁，蒙古秘史新譯並注釋一五四節注四，馬哥孛羅遊記一七六頁，薩天錫詩集前集「西宮即事」，輟耕錄卷二十一「喝盞」，馬可波羅行紀三五〇、三五六、三五九頁，可閑老人集卷「輦下曲」第六首。

注一二：雙溪醉隱集卷六「行帳八珍詩、醍醐」，近光集卷一「宮學紀事二十首」，金台集卷一「宮詞八首次偰公遠正字韻」，涅槃經云：「譬如從牛出奶，從奶出酪，從酪出酥、從生酥出熟酥，從熟酥出醍醐，醍醐最上。」

注一三：雙溪醉隱集卷六「行帳八珍詩、駝蹄羹、駝鹿唇」。

注一四：可閑老人集卷二「輦下曲」第九十三首，元詩紀事卷十七「柯九思宮詩十五首」第十四首，本草綱目卷四十七「禽之一、鴇」，飲膳正要卷三「禽品、天鵝」。

注一五：雙溪醉隱集卷六「行帳八珍詩序」，湛淵集「續演雅十詩」第八首，灤京雜詠第四十九首，至正集卷十八「和謝敬德學士入關至上都雜詠十二首」。

注一六：灤京雜詠第四十七首，學言稿卷六「竹枝詞和歌韻、自扈蹕上都自沙嶺至灤京所作」，本草綱目卷五十上「獸之一、黃羊。」

注一七：至正集卷十八「黃鼠」，柳待制集卷五「還次桓州」，灤京雜詠第七十八首，本草綱目卷五十一下「獸之二・黃鼠」。

注一八：玩齋集卷五「和胡士恭灤陽納鉢即韻五首」，可閑老人集卷二「輦下曲」第五十三首，金台集卷二「塞上曲」。

注一九：清容居士集卷十五「裝馬曲」，純白齋類稿卷十一「和袁伯長韻送繼學伯庸赴上都四首」，癸辛雜識續集卷上「駝峰」。

注二〇：湛然居士集卷一「鹿尾」，飲膳正要卷三「魚品、阿八兒忽魚，其魚大者，有一二丈長，一名鱘魚、鱣魚，生遼陽東北海河中」。按：阿八都與阿八兒忽爲對音。

注二一：元詩紀事卷十七「柯九思宮詩十五首」，薩天賜詩集前集「上京即事」，清容居士集卷十二「伯庸開平書事次韻七首」。

注二二：多桑蒙古史二七六頁，歷代宮詞卷二「明周一百首」第六十七首，元氏掖庭侈政四、十頁，玩齋集卷四「上都咱瑪大燕」，秋澗大全集卷八十「中堂記事中」，扈從集「前序」，元史卷八十七「百官志、宣徽院、大都禮源倉」，蛻菴集卷二「送鄭暄伯赴赤那思山大斡耳朶儒學教授四首」。

注二三：此山詩集卷四「葡萄酒」，歷代宮詞卷二「明周王一百首」第三首。

注二四：艮齋詩集卷七「馬乳」，可閑老人集卷二「輦下曲」第六十九首，灤京雜詠第六十一首。

注二五：雙溪醉隱集卷六「行帳八珍詩、醞沆」，至正集卷十三「馬酒」，薩天錫詩集「前集、上京即事」，石田文集卷五「次韻端午行」。

注二六：可閑老人集卷二「輦下曲」第四十六首、第三十二首、「塞上謠」，近光集卷一「宮學紀事絕句二十首」第十首。

注二七：歷代宮詞卷二「明周王一百首」第四首，至正集卷二十四「李陵台謁左大夫二首」，元史卷一百「兵志三，馬政」，黑韃事略箋證二十一頁，多桑蒙古史三十二頁，灤京雜詠第六十二首「自注」，湛然居士集卷四「寄賈博霄乞馬乳」。

注二八：本草綱目二十五「酒、燒酒、葡萄酒」，弁山小隱吟錄卷二「阿剌吉」，歷代宮詞卷二「明周王一百首」第七十首。

注二九：多桑蒙古史二七九頁，輟耕錄卷二十一「宮闕制度」，元史卷十三「世祖」，馬哥孛羅遊記一六九頁，多桑蒙古史二六四頁，清容居士集卷十六「內宴二首」，近光集卷一「詐馬行有序」，金台集卷二「失剌斡耳朵觀詐馬宴奉次貢泰甫授經先生韻」第四首，可閑老人集卷二「輦下曲」第十六首。

注三〇：輟耕錄卷五「興隆笙」，元史卷七十一「禮樂志、宴樂之器」，輟耕錄卷二十八「樂曲」，新元史卷九十四「禮樂志、達達樂曲」，灤京雜誌第七十三首，玉笥集卷三「白翎雀」。

注三一：可閑老人集卷二「輦下曲」第五十六首、八十首，灤京雜詠第十九首、第四十三首，清容居士集卷十五「上都雜詠」第八首，金台集卷二「失剌斡耳朵觀詐馬宴奉次貢泰甫授經先生韻」第二首，御製詞譜卷一「柘枝引」、「婆羅門引」，辭源三一三七頁「霓、霓裳羽衣曲」，唐戲弄三一一、三一二頁，「辨體、婆羅門樂」，古今圖書集成「樂律典第十二卷、樂律總部彙考、唐二」，文獻通考卷一二九「樂二」，元氏掖庭侈政第六頁、十二頁，元史卷七十一「禮樂志、樂隊」，玩齋集卷五「上京大宴和樊時中侍御」，可閑老人集卷二「輦下曲」第十七首。

注三二：元氏掖庭侈政第九頁、十三頁，元史卷四三「順帝六、十四年」，歷代宮詞卷二「明周王一百首」第二十三首、二十四首，蛻菴集卷二「宮中舞隊歌詞」，大元聖政國朝典章卷五十七「刑部十九、諸禁、雜禁、禁扮四天王」，元史卷二〇五「哈麻」，復古詩集卷六「續奩集、習舞」，灤京雜詠第十九首。

注三三：金台集卷二「失剌斡耳朶觀詐馬宴奉次貢泰甫授經先生韻」第三首，灤京雜詠第四十二首，近光集卷一「詐馬行有序」，輟耕錄卷二十四「帝廷神獸」，圭塘小稿卷一，「鬥駱駝」，歷代宮詞卷二「明周王一百首」第七十四首，宋史卷一四二「隊舞之制、百戲」。

元代蒙古人漢化考

壹、漢化因素之分析

一、仰慕信服，主動迎向漢化

太祖定燕，聞耶律楚材，博學而賢。召對稱旨，留侍左右。歲庚辰，西域曆人奏言，五月望夜，月當蝕。楚材曰否，卒不蝕。明年十月，楚材言，月當蝕，西域人曰不蝕。至期，果蝕八分。壬午八月，長星見西方，上問之，曰女眞將易主。明年，金宣宗果死。太祖大爲驚奇信服曰，汝於天上事，尙無不知，況人間事乎！因指楚材謂太宗曰：此人天賜我家，而後軍國庶務，當悉委之（注一）：

太宗之世，近臣別迭等言：漢人無補於國，不若盡去之，使草木暢茂，以爲牧地。楚材即奏言，天下之廣，四海之富，何不可得，安謂無用。誠均定中原諸稅，歲可得銀五十萬兩，帛八萬匹，粟四十萬石，足供國用。帝命試爲之，因奏立十路徵收課稅使。辛卯秋，帝至雲中，諸路所課，悉陳於茲，且果如原奏之數。太宗驚喜曰：卿不離朕左右，何使錢幣流入如此！即日除中書令，事無巨細，一以委之。凡軍國庶務，先白中書，而後奏聞。宣德路長官太傅托噶，失陷官糧萬餘石，持其勳舊，密奏求免。上問中書知否？對曰不知。上叱之出，使先白中書省以償之。（注二）

世祖在潛邸，累遣趙璧、董文用，遍召竇默、王鶚、姚樞、許衡等，碩德彥儒，就問治道。竇默首以三鋼五常爲對。又言：帝王之道，在誠意正心，心既正，則朝廷遠近，莫能不一於正。日凡三召，敬禮有加，不令暫去左右。王鶚則進講孝經、書、易，及齊家治國之道，古今事物之變，每夜分乃罷。世祖曰：我雖未能即行汝言，安知異日不能行之也。姚樞既至，大喜，待以客禮。乃書數千言，本末兼備，巨細無遺以上之。世祖奇其才，動必召問，且使授世子經。至於許衡，凡經、傳、子、史、禮樂、名物、星曆、兵刑、食貨、水利之類，無所不究，慨然以道爲已任。翰林承旨王磐，氣概一世，少所與可，獨見衡曰：先生神明也。故自甲寅，至辛酉，十有三年，凡八被徵召，且命議中書省事。足證世祖對其殷望之切，尊崇之隆。（注三）

文宗天曆二年，詔置奎章閣學士院，命儒臣進經史之書，考帝王之治。設藝文監，專以國語，敷譯儒書，及儒書之合校讐者，俾兼治之。九月，敕翰林國史院官，同奎章閣學士，采輯本朝典故，倣唐會要，著爲經世大典。且喻學士院諸臣曰：朕早歲涉艱阻，視我祖宗，既乏生知之明，於國家治體，豈能周知。故設奎章閣學士員，以祖宗明訓，古昔治亂得失，日陳於前，卿等其悉

所學，以輔朕志。（注四）

拜住，札剌兒氏，歷任中書平章政事、左右丞相。每退食，必延儒士，咨訪古今禮樂刑政，治亂得失，盡日不倦。嘗言：人之仕宦，隨所職司，皆可習。至於學問有本，施於事業，此儒者能事，宰相之資也。哈剌哈孫，札剌兒氏，累任湖廣行省平章政事，江浙行省左丞相，中書省左丞相。雅重儒術，有大事，必引儒臣雜議之。相威，札剌兒氏，仕至江淮行省丞相。喜延儒士，聽讀經史，論古今治道。至直臣盡忠，良將制勝，必爲之擊節稱善。伯都，忙兀氏。幼穎異，及長，嗜書史。歷任江浙行省平章政事，太子賓客，江南行台御史大夫。英宗即位，以疾固辭，命以平章之祿，歸養於家。奏請辭謝曰：昔膺重任，深懼弗稱。今已病廢，何敢叨濫厚祿！併所給平章祿，歸之有司。（注五）

宗王旭烈兀，將征西域，聞高鳴賢，遣使召至，爲獻西征二十餘策，王數稱善，即荐爲彰德路總管。帖木迭兒，字元卿，珊竹氏。純只海之子，襲父職，任徽州路泰州萬戶府達魯花赤。治軍嚴整，百姓安之。累平巨患，賊衆見之，輒敗走。平居延接儒生，講經義，恂恂如寒素。（注六）

以上所陳，均爲一代英主，賢相，名宦，良將。由於對中原文化之仰慕傾心，無不心悅誠服，主動迎向漢化。此爲元代蒙古人漢化，首要之因素。

二、形格勢禁，被迫接受漢化

蒙古人，以畜牧射獵爲業，逐水草而居。故衣則皮革，毛氈。食則牛羊，獵物，魚類。且火燎者十九，鼎烹者十二三。居則穹廬，即氈帳，可肢解，以便遷徙。行則乘馬，蓋其自幼至長，一生均在鞍馬間也。及淹有全夏，無草原可牧，無獸可獵，故食則易肉食爲五穀。無需逐水草而遷移，住則易帳幕爲房舍。氣候由寒轉暖，甚至酷熱，故衣則易皮毛，爲棉痲綢緞。無需騁馳以謀生，故行則易馬爲坐車乘轎矣。（注七）

所以，由於形格勢禁，蒙古人之衣行住行，均被迫接受漢化。然所謂被迫，壓力之來，源於自然界，非人力所形成。蓋斯時之漢人、南人，爲被統治之人民，安能對蒙古人，構成壓力。更何況路州府縣，地方駐軍之萬戶、千戶，各設達魯花赤，爲之長，早期悉蒙古人任之。即行省之左右丞，爲行省之副貳，然見其首長，猶莫敢仰視，跪起稟白如小吏！（注八）

貳、漢化之探討

一、進士及第者

元代之會試，分兩榜。蒙古色目人爲右榜，漢人南人爲左榜。不僅蒙古色目人考兩場，漢人南人考三場。且考試之內容，要求之標準，二者亦有差異。故蒙古色目人，進士及第，較漢人南人爲易。然從蒙古色目人之考試內容，第一場，經問五條，大學、中庸、論語，孟子內設問。其義理精明，文詞典雅爲中選。第二場，策一道。以時務出題，限五百字以上而論。故蒙古人，能

進士及第，對中原文化，儒家思想，必有深厚認知。實爲蒙古人，漢化之最深者。（注九）

(1)巴延呼圖克，字元卿，蒙古人，氏族不詳。泰定四年進士，仕至江浙行省宣政院判。爲人有氣節，居官以廉直稱。博極經史諸子百家，出語務追古人。（注一〇）

(2)同同，字同初，蒙古××歹氏，居濟陽。鄉試大都第四名，元統元年進士第一。授集賢修撰，官至翰林待制。天不假年，早卒。父玉速帖木兒，祖玉速歹兒。（注一一）

(3)虎理翰，字仲桓，瓦吉觮氏，居奉元路，鄉試大都第六名，元統元年，會試第四十九名進士，授應奉翰林文字、同知制誥。父伯家奴，宣撫司同知。祖高住，曾祖孛連迺，潞洲達魯花赤。（注一二）

(4)亦速歹，字鼎實，札只剌歹氏，居龍興。鄉試江西第一名，元統元年進士。授瑞州路同知，知新昌州事。父恩知杰，祖×洛台，曾祖習剌，密州達魯花赤。（注一三）

(5)敏安達爾，字達夫，亦乞列思氏，居眞定路靈壽縣。鄉試濟南第七名，元統元年，會試第五名，授河間路同知莫州事。父唐兀歹，人匠達魯花赤。祖燕帖木兒，省宣使。曾祖抄合，縣達魯花赤。（注一四）

(6)阿虎歹，字士傑，蒙古人，氏族不詳，居大名路滑州內黃縣。鄉試燕南第五名，元統元年會試，第三十五名，授益都路同知莒州事。父忙兀台，祖不速，曾祖也速台。（注一五）

(7)完迮不花，一作完迮溥化，字元道，忙兀台氏，居沔陽府景陵縣。進士及第，泰定元年十

月，自承事郎，遷著作佐郎。父保×，承事郎。祖張撞忽，景陸主薄。曾祖完迮。（注一六）

⑻完迮×先，字進道，完迮不花之幼弟。鄉試河南第四名，會試第十一名，授南陽府同知鄧州事，餘同完迮不花。按完迮不花兄弟三人，其居長，完迮×木其二弟也。癸亥鄉試河南第三名，授陳州學正，可謂一門三傑。按會試下第之舉人，蒙古人三十歲以上，授路州學正、書院山長。完迮×木之兄與弟皆進士，不授此職。故題名錄所載，授陳州學正，當指完迮×木。至鄉試地點，爲×南，缺字爲水傍，故爲河南。蓋由全國鄉試地點，行省十一：河南陝西遼陽四川甘肅雲南嶺北湖江浙江西湖廣，宣慰司：河東山東。直隸省部路四：眞定東平大都上都，足可推定。（注一七）

⑼朶列圖，字希賢，迄失里台氏，居曹州濟陰縣。鄉試平東第一名，元統元年會試第四十三名，受太常禮儀院太祝。父完者都，忠顯校尉。祖帖木兒不花，昭信校尉。曾祖禿堅敦武校尉。（注一八）

⑽囊加歹，字逢源，察深達××氏，居濟南路濟陽縣。鄉試山東第一名，元統元年會試第十三名，授河間路陵州判官。父教化，祖丑廝，曾祖哲里洼歹。（注一九）

⑾也先溥化，字西英，弘吉剌氏，居平陽路太平縣。元統元年，進士及第。祖德正，州同知。（注二〇）

⑿買閭，字世傑，斡羅台氏，居濮州。鄉試大都第三名，元統元年會試第十七名，授太常禮

儀院太祝。父唐兀，祖丑呢，千戶。曾祖八郎，千戶。（注二一）

⒀察伋，字士安，號海東樵者，塔塔兒氏，居萊州掖縣，家有昌節齋。鄉試大都第十名，元統元年會試第三十三名，授國史院編修。（注二二）

⒁百嘉納，字若思，蒙古氏，居河南府洛陽縣。鄉試第五名，元統元年會試第四十五名，授襄陽路錄事司達魯花赤。父哈剌。（注二三）

⒂博顏達，字孝友，札剌兒氏。初居大名路，後居江州路錄事司。鄉試江西第二名，元統元年會試第二十五名，授徽州路婺源州判官，父也先，務使。祖異里不哥兒，元史氏族表，作異里不哥。曾祖曲帖兒，大名路達魯花赤。（注二四）

⒃博顏歹，字士貞，札剌兒氏，居濟寧路金鄉縣。鄉試東平第三名，元統元年會試第四十一名，授益州路莒州判官。父羅羅，祖燕只哥。（注二五）

⒄月魯不花，字彥明，號軒芝。遜都思氏，居紹興路。鄉試江浙第一名，元統元年會試第十五名，授台州路錄事司達魯花赤。累遷吏部尚書，大都路達魯花赤，江南行御史台中丞，山西廉訪使。浮海遇倭賊，不屈遇害。贈遼陽行省平章政事、上柱國，謚忠肅。父脫帖穆耳，管軍千戶所達魯花赤，明威將軍。祖忽納，江東廉訪使，贈通議大夫，封陳留侯，謚景桓。曾祖察剌，隨州軍民達魯花赤，贈亞中大夫。（注二六）

⒅脫穎，字尙賓，札剌兒氏，居晉寧路高平縣。鄉試河東第八名，元統元年會試三十七名，

授大都路通州判官。父軍僧，祖丑臉，曾祖黃吉忽達。（注二七）

⒆野仙脫因，字友賢，蒙古氏，居河東府河東縣。己巳鄉試大都第五名，壬申第十三名。元統元年，進士及第，授太常禮儀院太祝。父哈剌不花，武略將軍。祖火六台，昭信校尉。曾祖南京，元史氏族表謂：南×爾。（注二八）

⒇××達，字兼善，燕只吉台氏，居建德路錄事司。鄉試江浙第三名，元統元年會試第十九名，授國史院編修。祖脫歹，武德將軍。曾祖文柳干，昭勇大將軍。（注二九）

(21)燕質傑，字道亨，怯烈歹氏，居陵州。鄉試大都第七名，元統元年會試第十九名，授益都路密州判官。父執禮化台，祖妥桓，本愛馬裏鉢可孫。曾祖也列虔，昔寶赤。（注三〇）

(22)那木罕，字從善，遜都思氏，進士及第，元統元年，遷秘書監秘書郎。（注三一）

(23)圖列圖，元史氏族表，作篤列圖，遜都思氏。至正五年進士，授將仕郎衡州路衡陽縣縣丞。兄伊嚕布哈，元史氏族表，作月魯不花，元統元年進士。父圖卜特穆尔，元史氏族表，作脫帖穆耳，字可與，佩金符，爲武德將軍，蘄縣萬戶府東平等處管軍上千戶所達魯花赤，延祐二年，遷宣武將軍。祖哈納，江西湖東道肅政廉訪使，贈江東建康道肅政廉訪使，封陳留郡侯，謚景桓。曾祖察喇，隨州軍民達魯花赤。（注三二）

(24)塔海，蒙古人，登進士第，累遷嘉定路同知，有善政。天曆中，順元永寧不靖，傳驛廢馳。命往諭之，不兩月，驛騎雲集，傳舍一新。尋遷羅羅斯宣慰司同知。（注三三）

(25)普顏不花，字希古，蒙古人，至正五年，右榜進士第一，（按：蒙古人尚右，故蒙古色目人，漢人南人，進士考試分兩榜，蒙古色目人進士榜，稱右榜。）授翰林修撰，累遷江西省左右司郎中，江西廉訪副使，益都路達魯花赤，中書省參知政事，山東行省平章政事。明年城陷被執，不屈死。（注三四）

(26)忽都達兒，字通叟，世居雲中，後居澧陽，揑古觮氏。延祐四年，鄉試湖廣第一名，五年，會試京師，廷試第一，授秘書監著作郎。累遷湖廣行省左右司郎中，荊湖道宣慰副使，饒州路同知，濟南路總管，尋病歸。至正九年，起爲婺州路總管，疾作不赴，未及卒。父阿散，贈禮部尚書，追封雲中郡侯。祖火者，泰興縣達魯花赤。曾祖阿屯赤那演。（注三五）

(27)篤列圖，字彥誠，揑古台氏，天曆庚午進士，右榜第一，官江南行台監察御史。父十里牙禿思，靖州路總管。祖火失荅兒，永豐縣達魯花赤，贈漁陽郡伯。曾祖乞奴。（注三六）

(28)篤列圖，字敬夫，尼格氏，即揑古氏。居長信州永豐縣，因以爲家焉。天曆三年，庚午科進士，右榜第一，即蒙古狀元。授集賢院修撰，聲譽動京國，士林瞻望，咸以爲榮。御史中丞馬祖常，以妹妻之，後以揭爲姓。累遷南台御史，內台御史，以失察去職。尋三台辨明，除湖廣行省副理問，不赴。復除御史台御史，以疽卒，年三十七。父布哩葉圖薩，仕至靖州路總管。按(27)篤列圖，亦爲庚午科，右榜進士第一。故兩者，似有誤，待考。（注三七）

(29)特格爾，前(28)篤列圖之族弟，登至正五年，乙酉科進士，官至朔州同知。（注三八）

(30)朶列圖，字仲容，蒙古人，至正十一年，辛卯科，右榜進士第一，授集賢修撰，遷翰林待制，兵部郎中。（注三九）

(31)丑閭，字時中，蒙古氏，元統元年，登進士第。累遷京畿漕運副使，除達安府同知。蘄賊曾法興犯陸安，募兵數百人，帥以拒賊。敗其前隊，乘勝追擊。賊自他門入，亟還兵，則城中火起，軍民潰亂。計不可遏，乃歸。服朝服，被執遇害，妻自經。事聞，贈河南行省參知政事，妻侯氏，贈寧夏郡夫人，立表其門，曰雙節。按元統元年進士，有三丑閭。一爲元史之丑閭，字時中，蒙古氏。二爲元統元年進士題名錄之丑閭，字時中，唐兀氏。三爲元史氏族表二色目之丑閭，字謙益，哈剌魯氏。一榜三丑閭，其二人之字亦同，殊令人疑異，蓋天下同名者，所在多有，然同年舉進士者，則屬少見。是否有誤，待考。復按元統元年進士題名錄，右榜進士，蒙古人二十五名，色目人二十五名，計其氏族，則色目人二十五人，蒙古人十七人，缺氏族記載者八人。因右榜取蒙古人，二十五名，故氏族不詳之八人，應皆爲蒙古人。然埜僊普化、札剌里丁、護都不花、柏延烏臺四人，元史氏族表卷二，列入色目人。則色目人進士，共二十九人，與應取色目人二十五人不符，故必有錯誤。（注四〇）

(32)拜住，字明善，遜都思氏。國子生員，至正二年，進士第一。十年，任奉訓大夫山東廉訪司簽事。（注四一）

(33)囊加台，字秉彝，蒙古人。居澧州，從瞿炳學。湖南鄉試第一，登進士第。延祐元年，遷

秘書監秘書卿，仕至河南行省參知政事。（注四二）

(34)爕理普化，字元溥，斡剌納兒氏。名相哈剌哈孫之族孫。泰定四年進士，歷任廬州舒城縣，撫州樂安縣達魯花赤。政尚清簡，民用向化。不動聲色，患除利興。宋元學案補遺，謂其又號元圃。按元詩選癸集丁：爕右丞元圃，失其名，湘潭人。博學有文詞，宋咸淳進士。仕元仕中台御史，官至左丞。故爕元溥，爕元圃，當爲二人。（注四三）

(35)揭毅夫，至正庚午進士，官至江西行省郎中。揑古氏，父篤列圖，字敬夫，官至御史台監察御史。祖布哩葉圖薩，仕至靖州路總管。舅父馬祖常，任御史中丞。父篤列圖，叔特格爾，一門三進士。（注四四）

(36)爕理翰，字文軌，蒙古人，居四川漢州什邡縣。登進士第，仕至雲南行省儒學提舉。至正二十三年，明玉珍寇雲南，城陷死之。（注四五）

(37)哲理野台，字子正，蒙古人，占籍吳縣，天歷元年領鄉薦。至順元年，登進士第，授承事郎。三年，遷丹徒縣達魯花赤。（注四六）

(38)帖木補花，弘治桐城縣志，爲帖木謨化。字拱辰，蒙古人。登進士第，授桐城縣達魯花赤。元末盜起，桐城不可守。乃率民附安慶，願助城守。守帥余闕壯之，擢爲都事。累從破賊，城陷，與闕俱死。（注四七）

(39)囊秉彝，蒙古氏，一名加台，居澧州，受學於瞿丙，中湖廣鄉試第一，舉進士，授蘇州錄事，官至河南行省參政。（欽定古今圖書集成、明倫典彙編、氏族典，第三百十卷「囊姓部列傳、元・囊秉彝」。）

(40)口口達口，字兼善，燕只吉台氏，元統元年進士，授國史院編修官。（元史氏族表卷一「蒙古」。）

二、嫻於詩文劇曲者

詩爲文之約，且限制甚嚴。故爲文難，詩則尤屬不易。曲爲詩詞之解放，因文詞尖新通俗，音調和美輕快。故其意境，更易令人心領神會。讀之，喜怒哀怨，淡雅空遠，立湧心頭，爲元代新創之文學作品。因此，凡嫻於詩文，優於劇曲之蒙古人，皆已漢化，實屬無庸置疑之事。

(1)文宗皇帝，名圖帖睦爾，武宗之子。初封懷王，即位改元天歷，至順，在位五年，崩殂。元詩選，錄其「自建康之京都途中作」詩一首。（注四八）

(2)順帝，名妥懽帖睦爾，明宗長子，在位三十六年，改元元統、至元、至正。晚年頗荒淫，明克北京，北奔沙漠，元亡。元詩選有其「答明王」，「御製詩」兩首。（注四九）

(3)順帝太子，名愛猷識理達臘，順帝長子，命總天下兵馬，二十八年國亡。次年隨帝駐應昌府，又次年帝殂。明軍襲應昌，太子隨數十騎遁去。元詩選有其「新月」，「玉環詩」兩首。（注五〇）

(4)伯顏，八鄰部人，至元十一年，拜中書左丞相，總兵伐宋，官至開府儀同三司，薨贈太師，封淮安王，謚忠武。伯顏文質高厚，風神英偉。其平宋，將二十萬，猶將一人。禮賢黜罪，市肆不易。凱旋，行囊蕭然，惟布被而已。元詩選癸集，有其詩「克李家市新城」，「奉使收江南」，「軍回過梅嶺岡留題」，「鞭」四首。（注五一）

(5)同同，字同初，元詩選癸集，有其詩「和西湖竹枝詞」一首。翰林待制楊維楨鐵厓評之謂：同初詩，多臺閣體，惜天不假年，故其詩文，不多行於時。至其生平，見前「進士及第者之2」小傳。（注五二）

(6)察伋，元詩紀事，元詩選癸集，有其詩「趙子昂天馬圖」，「送別曲」，「題錢舜舉秋江待渡圖」，「題張溪雲竹圖」四首。餘見前「進士及第者13」小傳。（注五三）

(7)月魯不花，元詩選三集，有其詩「次題答見心上人二首」，「謝見心上人並序」，「余來四明，見心禪師，以詩見招。既至山中，使人應接不暇。見心相與數日，抵掌談笑，情好益恰。故再唱秋風之句，爲他日雙峰佳話云」，「泛鳴鶴湖次見心上人韻」，「游天重山」六首。生平，見前「進士及第者17」小傳。（注五四）

(8)哲理野台，元詩紀事，有其詩「題水村圖」一首，元詩選，作「題水村隱居」。生平見前「進士及第者37」小傳。（注五五）

(9)篤列圖，元詩選，有其詩「題董太初長江偉觀圖」，「題范文正公書伯夷頌幷札卷」二首。生平，見前「進士及第者29」小傳。（注五六）

⑽拔實，字彥卿，凱烈氏，居大都。元統元年，自燕南憲僉，累歷翰林直學士，吏部尚書，浙西廉訪使，大都路達魯花赤，燕南河西廉訪使，至正十年卒。天性穎敏博學，善爲文章。元詩選，有其詩「追詠茅山詩幷序」六首：「遊茅峰」，「喜客泉」，「元符山房」，「全清亭」，「贈集虛宗師」。（注五七）

⑾埜喇，蒙古人，官至右丞相。遊寓滇之瀓江，見郡北華嚴寺，景色幽美，乃寓其地，以詩書自娛。足跡不履城市，卒葬於寺山之半，留題猶存。元詩選，有其詩「華嚴寺」一首。（注五八）

⑿朶只，蒙古人，官婺州江山縣達魯花赤。元詩選，有其詩「水簾泉」。（注五九）

⒀察罕不花，字君白，蒙古人，三中鄉試，會試不第。授江陰儒學教授，累遷浙西憲司掾，湖廣行省管勾，廣西帥府經歷，仕至肅政廉訪使。元詩選，有其詩「千佛崖」一首。（注六〇）

⒁僧家奴，元史氏族表，作僧家訥。字元卿，蒙古人。至正九年，任福建閩海道肅政廉訪使，曾與僉憲奥魯赤文卿，申屠駉子迪，赫德爾本初，宴集聯句於道山亭。經歷趙譚，因諸公皆文章名士，南北偶隔數千里，同仕於閩，以道義相處爲娛，誠一時之嘉會，因勒岊石，以紀其盛。元詩紀事，有其七言聯句兩聯。（注六一）

⒂不花帖木兒，字德新，蒙古人，居延王孫也。以世胄出入貴游間，而無裘馬聲色之習。所爲詩，落筆有奇語。元詩選，有其詩「宮詞」，「西湖竹枝詞」兩首。（注六二）

(16)童童，兀良哈台氏，父不憐吉歹，河南行省左丞相，封河南王。祖阿朮，中書左丞相，追封河南王，謚武定。曾祖兀良合台，大元帥，贈太尉，開府儀同三司，追封河南王，謚武毅。童童，累遷中奉大夫，集賢侍讀學士，江浙行省平章政事。元詩選，有其詩「奉旨祀桐柏山」，「題王子晉」，「榮陽古槐」三首。（注六三）

(17)朶爾直班，字惟中。札剌兒氏，木華黎七世孫。稍長，好讀書。年十四，見文宗。適將幸上都，親閱御衣，命錄于薄，顧左右無能漢字者，朶爾直班，引筆書之。文宗喜曰，世臣之家，乃能知學，豈易得哉！歷任監察御史，太府監，奎章閣學士院供奉，承制，侍讀學士，中書參知政事，右丞，御史中丞，遼陽行省平章政事，中書平章政事。至正十三卒，年四十。喜爲五言詩，采前賢遺言，各以類次爲書，凡四卷。文宗覽而善之，賜名治原通訓，藏於宣文閣。（注六四）

(18)阿魯威，字叔重，號東泉。蒙古人，泉州路總管。泰定初，詔爲翰林侍講學士。致和元年，同知經筵事。虞集有詩「奉別阿魯威東泉學士遊甌越」，「寄阿魯翬學士」二首，張雨有詩「魯東泉學士，以多病故人疎爲韻，賦詩五章見寄，依次用韻答謝」五首，與之唱和。陽春白雪，錄其蟾宮曲十六首，湘妃怨二首，壽陽曲一首，爲元曲名家。（注六五）

三、工於書畫藝術者

書畫，向以學養爲基礎。古今之名家，無不爲學者文士。蓋胸中蘊有千古之學，自有鐵劃銀鉤之勢，溪山萬里之美。故蒙古人，能工書善畫，亦已完全漢化。

(1)英宗，名碩德八剌，仁宗之子。承武仁治平之餘，海內晏清，得以怡情觚翰。嘗見宋宣和手敕卷首御題四字，又別楮上「日光照吾民，月色清我心」十字，一琴上「至治之音」，皆雄健縱逸，而剛毅英武之氣，發於筆端者，亦足以昭示於世。（注六六）

(2)文宗，名脫脫木兒，四庫全書，作托克托穆爾。武宗子，以聰明睿知之資，入正大統。乃稽古右文，開奎章閣，置學士員，討論治道，幾致刑措。喜作字，每進用儒臣，或親御宸翰，作敕書以賜之，自寫閣記，甚有晉人法度。雲漢昭回，非臣庶所能及。（注六七）

(3)庚申帝，即順帝，名妥歡帖木爾，四庫全書，作托歡特穆爾。明宗子，天性仁恕，務以寬平致治。改奎章閣，爲宣文閣。崇儒重道，尊禮舊臣。萬幾之餘，留心翰墨。所書大字，嚴正結密，非淺學可到，奎畫傳世，人知寶焉。（注六八）

(4)愛猷識理達臘，四庫全書，作阿裕錫里達喇。庚申帝之子，即順帝太子。風儀俊邁，性質英偉。於東宮建端本堂，置賢師以教之。喜作字，眞楷遒媚，深得虞永興之妙。非工力純熟，不能到也。（注六九）

(5)脫脫，四庫全書，作托克托。字大用，蔑兒吉觮氏。仕至中書右丞相，詔修宋遼金三史，任總裁官。因哈麻之譖，流雲南鎭西路。哈麻矯詔，遣使鴆之，死年四十。大用材器宏大，智謀善斷。匾其燕處之室，曰道濟書院。延納儒士，討論治道，善大字。（注七〇）

(6)也先帖木兒，四庫全書，作額森特穆爾。脫脫之弟，官至御史大夫，亦能大字。（注七一）

⑺別兒怯不花，四庫全書，作白勒齊爾巴哈。燕只吉觧氏，字大用。泰定三年，授中書左右司郎中，累遷監察御史，吏部尙書，江浙行省參政，御史大夫，中書平章政事，江浙行省左丞相，中書右丞相，所至多善政，有治才，善大字。（注七二）

⑻悟良哈台，四庫全書，作烏粱哈台。至正十二年，中書參知政事。十三年，中書右丞。十六年，中書平章政事。十八年，行樞密院事，節制河北諸軍。善書法，嘗奉敕書平徐碑。（注七三）

⑼那海，四庫全書，作諾海。至順鎮江志，作諸懷。字德卿，蒙古朮溫台氏。武德將軍，鎮江路鎮撫所萬戶。善大字，郡之匾榜，多其所書。至順三年，遷江浙行省，中書省都鎮撫。（注七四）

⑽拔實，「嫺於詩文劇曲者10」，有其小傳。善書法，尤工於篆隸眞草，行草宗晉人。（注七五）

⑾篤列圖，「進士及第者28」，其有小傳。工書法，善大字。（注七六）

⑿哲理野台，「進士及第者37」，有其小傳，善書法。（注七七）

⒀松壑，以字行，蒙古人，士夫間，多推其書。（注七八）

⒁朶爾貞班，「嫺於詩文劇曲者17」，有其小傳，書畫尤精，嘗奉敕書鄧文肅公神道碑。（注七九）

⒂文宗，「工於書畫藝術者2」，有其小傳。居金陵時，命房大年，畫京都萬壽山，大年辭以未嘗至其地。上索紙，爲佈畫位置，令按稿圖繪之。格法遒整，雖專工所莫及。（注八〇）

⒃小薛太子，泰定帝第三子，鄧文原題小薛王畫鹿云：「禮樂河間雅好儒，曾陪校獵奉金輿。畫長吳靈觀游後，政暇嘉賓燕集餘。蛺蝶圖工人去久，騶虞詩好化行初。宗藩翰墨留珍貴，憑仗相如賦子虛。」（注八一）

⒄伯顏，字守仁，蒙古人，爲平江教授，時張士信柄政，守仁遂放游九峰三泖間，托寫竹石以自見。（注八二）注八二：宋元以來畫人姓氏錄卷十四「伯顏守仁」。

⒅八鄰，字伯亮，蒙古人，善畫龍虎。（注八三）

按書史會要謂：阿尼哥、道童、沙剌班、普花帖木兒，均善書，爲蒙古人。然因阿尼哥，元史卷二〇三，新元史卷二四二，元史新編卷三十六，元書卷九十五，皆謂尼波羅國人。道童，元史卷一〇四，新元中卷二一五，元史新編卷四十九，元史類編卷三十八，元書卷八十二，均謂高昌人。沙剌班，元史類編卷三十六，元書卷四十八，謂乃畏吾人。普花帖木兒，元史卷一四〇。新元史卷二一七，元史新編卷四十九，元史類編卷三十八，元書卷九十二，悉謂乃蠻人。故採衆說，棄陶氏之獨說，未將之列入蒙古人善書者之中。

四、受業於名師者

姚樞，王鶚，許衡，均名動天下之碩德彥儒，開國名臣，國之大老。許謙，則四方之士，以不及門爲恥。縉紳先生，過其鄉邦，無不即其存問。揭奚斯，則爲文敘事嚴整，語簡而當，詩尤清婉麗密。殊方絕域，咸慕其名。得其文，莫不引以爲榮。韓性，亦一代名儒。博綜群籍，自經史至諸子百家，莫不究其根柢，於先儒性理之學尤深。爲文博達儁偉，變化莫測，自成一家言。受業其門，戶外之屨，嘗爲之滿。貢師泰，既以文學知名，復長政事，所至績效輒暴著。可謂學養事功，兼集一身。尤喜引後進，士之賢者，不問識與不識，即加推轂。以故士譽，翕然咸歸之，有玩齋集，行於世。故蒙古人，能列其門下者，不僅皆能成材，而且漢化亦深。（注八四）

(1)眞金，世祖嫡子，幼從姚樞授孝經。中統二年，封燕王，中書令。至元十年，立爲皇太子。在中書日久，明於聽斷，多惠民善政。復優禮儒者，引賢者以自輔。德業大進，天下歸心。江南御史台，因世祖春秋已高，請禪位太子。太子聞之大懼，未幾薨，年四十有三。（注八五）

(2)闊闊，字子清，蔑里吉氏，世祖聞王鶚賢，遣使徵至，命闊闊師事之。既而，闊闊出使於外。迨還，而鶚已南還，思慕號泣，不食者累日。憲宗復召王鶚至和林，仍命闊闊從之游。初領燕京匠局，世祖即位，特授中書省左丞，未幾，遷大名路總管，以疾卒。（注八六）

(3)堅童，字永叔，闊闊子。甫十歲，從王鶚游。既長，命入國子學，師事許衡。弱冠，入侍禁中。累官侍儀奉御，禮部尚書，吏部尚書，燕南河北道提刑按察使，遷河南行省平章政事，未拜，以疾卒，年三十有九。（注八七）

(4)卜憐吉歹，兀良合氏。父阿朮，中書右丞相，追封河南王。祖兀良合台，贈太尉，開府儀同三司，追封河南王，謚武毅。幼從許衡學，至元二十七年，除江浙行省平章政事，遷河南行省左丞相。延祐元年，封河南王。（注八八）

(5)迺穆泰，字景春，蒙古人。師事貢師泰，任南安縣達魯花赤。時當寇亂，調度轉輸，勞來撫綏，以復流亡。又以政暇，修舉學校，時稱良吏。（注八九）

(6)月魯不花，未冠，隨父脫帖穆耳，以千戶戍越，因從韓性受業。爲文下筆立就，粲然成章。進士及第，入仕，位至通顯，餘見「進士及第者17」小傳。（注九〇）

(7)合剌不花，蒙古傑烈宜氏，與許謙友善，累官台州達魯花赤，遷徽州路達魯花赤。廉平自持，專務以德化民。官事畢，攜一羊皮，坐山巔水涘，歌吟終日。考績爲天下第一，後辭官，終老於家。（注九一）

(8)燮理普化，揭奚斯門人，餘見「進士及第者40」小傳。（注九二）

五、就讀國子學者

國子學，考核頗嚴。既有陞齋等第：六齋東西相向，下兩齋，左曰游藝，右曰依仁，凡誦書講說小學，屬對者隸焉。中兩齋，左曰據德，右曰志道，講說四書，課肄詩律者隸焉。上兩齋，左曰時習，右曰日新，講說易書詩春秋，科習明經義等程文者隸焉。每齋員數不等，每季考其所習，經書課案，及不違規者，以次遞陞。復有私試規矩：限實歷坐齋三週歲以上，以充貢舉。漢人私試，孟月試經疑一道，仲月試經義一道，季月試策問表章詔誥科一道。蒙古色目人，孟仲月，各試明經一道，季月試策問一道，辭理俱優者為上等。每歲終，通計其年積分，至八分以上者，陞充高等生員。每大比選士，與天下士同試於禮部，策於殿廷。且有罰則：凡生員歲終，實歷坐齋未滿半年者除名。三年未能通一經，及不肯勤學者，勒令退學。故凡就讀國子學，三年以上，或試貢合格之蒙古人，亦為漢化之蒙古人。（注九三）

(1)海潮，札剌台氏，由國子生入官，為靖安縣達魯花赤。蘄黃賊起，集義民以為禦。嘗大破賊衆於象湖，擒其洪元帥。賊黨益盛，遂被圍，尋為賊所執，殺於富州。（注九四）

(2)月魯帖木兒，卜領勤歹禮伯台氏。年十二，成宗命與脫歡，同入國學。仁宗時，入宿衛。哈剌哈孫欲用為中書蒙古必闍赤，輒辭焉。哈剌哈孫曰，汝年幼欲何為，對曰，監察御史。人壯其志，久之，遂拜監察御史。累遷兵部郎中，山東鹽運司副使，山南江北道肅政廉訪副使，泰定初，除汴梁路總管，仕至江浙行省平章政事。（注九五）

(3)脫歡，札剌兒氏，合剌合孫之子，成宗命入國學。由太子賓客，拜御史中丞，襲號荅剌罕。進御史大夫，行台江南。尋拜江浙行省平章政事，進左丞相，兼領行宣政院。致和元年，卒于官，年三十七。（注九六）

(4)別兒怯不花，字大用，燕只吉䚟氏。早孤，八歲，侍明宗于藩邸。尋入國子學，為諸生。泰定三年，授同知太常儀院事，累遷吏部尙書，廣西兩江道宣慰使司都元帥，江浙行省參知政事，侍御史，江浙行省左丞相。至正七年，拜中書右丞相。至正七年，拜中書右丞相。明年，以御史

劾奏，尋謫居渤海縣，十年卒。後以其子用於朝，追贈太師，封冀王，謚忠宣。（注九七）

⑸拜住，字明善，遜都思氏。黃溍任國子博士，拜住爲諸生。私試，數占首選。壬午，登進士第一。溍評之謂：明善族係之貴，學殖之富，溷以第一，不足驚愕也。累遷奉訓大夫、山東東西道肅政廉訪使僉事。至正十年，山東鄉試，嘗任監試官。（注九八）

⑹五兒，字達道，蒙古人，入國子學受業。至正十年，國子學貢試正榜第一名生員。（注九九）

⑺脫×溥化，字元善，蒙古人，就於國子學。至正十年，國子學貢試，正榜生員。（注一〇〇）

⑻孛衆帖木兒，蒙古人，受業於國子學。至正十年，國子學貢試，副榜第一名生員。（注一〇一）

⑼闊奴，蒙古人，入國子學，爲諸生。至正十年，國子學貢試副榜生員。（注一〇二）

⑽布鸞吉×，蒙古人，亦國子學諸生。至正十年，國子學貢試副榜生員。（注一〇三）

按至正庚寅國子學貢試題名記，正榜，分蒙古榜六人，色目榜六人，漢人榜六人。副榜，分蒙古榜四人，色目榜四人，漢人榜十二人。故正榜蒙古榜之六人，應悉爲蒙古人。然榜內脫歡、必禮圖，爲乃蠻人。何以竟視乃蠻爲蒙古，致蒙古生員，少取二人，正榜僅取四人。色目多取二人，正榜共取八人，令人不解。

六、喪葬從漢俗者

蒙古人喪葬之制極簡，無衰麻哭踊之節。葬則刳木為棺，不封不樹。飲酒食肉不禁，見新月即釋服。即帝王之喪，亦如之。深深埋之，以萬馬蹴平。插箭以為垣，邏騎以為衛。明年草青，解嚴去，墓地已漫同平坡，無可誌考。迨進入中原，因受漢文化之影響。兼以朝廷詔令，官登七品，榮贈父母。位極一品，追封三代。故亦若漢人然，築墳墓，樹碑銘，建祠堂，營祖塋，置祭田。故蒙古人之漢化，於此足可概見。（注一〇四）

四庫全書，元人文集中，有蒙古人之碑七，碑銘二，神道碑十一，神道碑銘十，神道碑銘并序一，墓誌一，墓誌銘三，墓表一，先廟碑一，祠堂碑一，祠堂記一，先塋碑一。計碑四十，凡三十八家。去思，德政，世德碑，則不與。謹擇其喪葬漢化，及其孝思之尤著者，簡述如後。

⑴忽都達爾，字通叟。揑古觧氏。因侍親至江南，遂占籍金陵，卜居澧陽。幼警敏，篤孝於親。延祐五年，進士第一。授秘書監著作郎，累遷中書左右司郎中，荊湖北道宣慰副使。到任三月，丁父憂。自江陵，扶柩千里，涉江湖，抵錢塘，尊治命，葬父於吳山萬松嶺之側。居喪悉尊古制，廬於墓次者，凡三年。築永思亭，以示終身孝思之不忘。（注一〇五）

⑵別理哥帖穆爾，札剌兒氏。父碩德早卒，母教以國書。有微過，必責之，輒欣然而改。刻意於學，孜孜不倦。甫成童，母病，即衣不解帶者旬月，藥必親嘗。成宗遣尙醫視之，或言昔人有刲股，療親疾者。聞之，即退詣私室，刲肉七臠以和藥，疾遂瘉。後仕至簽通政院事，卒年三

十有二。詔贈鈔一萬五千貫，降璽書以存護其家，歸葬於檀州仁豐鄉潮水西之吳嘉會。以子朶爾直班貴盛，追贈榮祿大夫河南行省平章政事，封魯國公。詔頒碑文，樹之墓道，以榮其家。（注一〇六）

(3)伯都，忙兀台氏。大德五年，授江東道廉訪副使，累擢江西行台御史大夫，甘肅行省平章政事。以目疾辭官，居淮南之高郵。至治元年，復詔爲御史大夫，不拜，賜以平章之祿，養於家。三年，賜錢五萬緡。辭謝曰：曩膺重寄，猶懼弗稱。今已病廢，豈敢濫叨厚祿，且受重賜乎！乃并所給平章之祿，俱辭不受。及卒，母老子幼。詔賜二萬五千緡，台臣又奏賜三萬五千緡。其夫人固辭曰：夫子仕於朝，且不敢虛食廩祿，今歿矣，苟受之，非夫子意也。治喪悉從古制，又築室買田，顧護兆域。詔命吳澄，文其墓道之碑，以賜之。（注一〇七）

(4)孟格圖，蒙古準台氏，至正鎭江志，謂爲朮溫台氏。從阿朮伐宋，以功授右衛親軍百戶達魯花赤。乃顏之叛，扈戰有功，遷福州親軍千戶達魯花赤，戍興化軍。至大庚戌，卒於戍所。長子河間路總管萬家閭，跋涉千里，奉柩歸葬廣平之曲周縣。請銘于許有壬，樹之墓道。萬家閭，且以長子讓世爵於弟諾海，今官鎭江上萬戶達魯花赤。（注一〇八）

(5)圖卜特穆爾，字可與，遜多台氏。父哈納，太宗授隨州軍民達魯花赤，遷湖廣行樞密院判官，終江西湖東道肅政廉訪使。圖卜特穆爾，以勳舊子弟，早備宿衛。大德十年，用御史台荐，授武德將軍，蘄縣萬戶府，東平等處管軍上千戶所，達魯花赤。父卒，奉柩歸葬郟縣之先塋。因

父爲湖南憲長，有德於民，其歿也，相與繪像而祠之。乃不遠數千里，求遺像以歸，事之如生焉。（注一〇九）

⑹禿忽赤，蒙古人，家滑州之白馬縣。父馬哥，以軍功長千夫。應召出征，而身有傷。已出舍三十里，子禿忽赤，甫十六，追及代之。渡江南征，勇於作戰，復因精通諸國語言，及儒書吏文，授江西省通事。累遷興國路通山縣達魯花赤，江浙行省副都鎭撫，衡州路判官。擢安定州達魯花赤，不赴，終于衡。一生持身廉愼，治家動尊禮法。妣黃氏，年八十餘，養致其樂，喪致其哀。家產寶器，悉讓其兄，而以貧儉自處。子哈喇那海，任江西省員外郎。自衡至滑，跋涉千里，扶柩歸葬其父，於滑州白馬縣石佛村之先塋。兩代篤孝，殊爲可敬。（注一一〇）

⑺壽安。萬嘉閭，蒙古卓特氏，亦稱準台氏，至正二年卒。子壽安，走安陽謁銘，以樹之墓道。哭不能禁，拜已，出行實，復咽不能語。許有壬與國卿交厚，望其孤久泣不止，益爲之動。乃相與大哭，久乃已。（注一一一）

⑻和和，亦稱回回。哈喇克沁氏，亦稱哈剌吉台氏。成宗即位，命宿衛皇太后。積勞授宣徽院都事，累遷中書左右司郎中，兵部尚書，昭文館大學士，遼陽、江浙行省參知政事，大都路總管兼大興府尹。泰定二年卒，葬于冀州信都之先塋。因遺孤孱弱，弟自當，請銘於乃師劉申岳，樹之墓道。（注一一二）

⑼忽圖魯，札剌兒氏。兄札爾忽，從伯顏南征戰死，詔忽圖魯襲萬戶。至元十五年，進昭勇

大將軍，兼揚州路達魯花赤。兄子既長，乃讓之襲爵。行御史台，荐除忽圖魯，福建閩海道廉訪使。改廣西兩江道，浙東道廉訪使。至正十年，以疾終，歸葬于東阿縣柯亭之原。其子安僧，走書許有壬曰：先公葬有兆，祭有家，別業有祠，請爲之記，以昭久遠。（注一一三）

⑽阿布格察喇，達哩台氏，家陽穀，仕至昭州路達魯花赤。皇慶二年，卒于位。子諸海，跋涉千里，扶柩歸葬陽穀。諸海之母，謝氏陳氏，先卒，葬於韶州。復奉柩千里，與其父合葬于先塋。請劉申岳爲文，刻石墓道。以推先世之德，紀天子之賜，俾垂永久。（注一一四）

⑾徹徹，控古思氏，幼喪父，事母篤孝。母卒，慟哭頓絕，水漿不入口者三日。既葬，居喪盡禮。哭泣如袒括時，年四十猶如孩童，至大四年褒異之。（元史卷二九七「孝友、徹徹」。）

七、名號漢化者

漢人有字有號，所以釋名，兼以自勉自況。名以自稱，字則人稱。蒙古人，名不冠姓，漢人爲便於稱謂，將其名之第一字，視爲姓氏，冠於其字號之上。如燮理普化，字元溥，則稱之爲燮元溥。並將其名之第二字以下，視若名，稱之爲燮元溥先生理普化。若王安石，字介甫，稱之爲王介甫安石然，已成天下之通俗。蒙古人，亦欣然接受，故蒙古人之有字有號，實其傾心漢化，接受漢化之一大特徵。按蒙古人有字號者，除前述「進士及第者」，諸節之五十八人外，尚有以下三十四人。（注一一五）

⑴太不花，字仲德，瓮吉剌氏。至正四年，自資政院僉事，任秘書監秘書卿。（注一一六）

(2)脫脫，雍吉剌氏，字德新。司臬事，能發奸擊強，名聲振于朝，選爲江南御史台經歷。（注一一七）

(3)脫因，號林菴，蒙古兀羅觧氏。祖三島，父八兒不花。脫因初以國子生員，蔭授昭明校尉，岳州路總管府判官。歷武略將軍，衢州路總管府判官。武德將軍，江西等處榷茶都轉運使。陞鎭江路總管，兼內勸農事。至順三年，丁母憂去職。（注一一八）

(4)托音，字正巳，號蒙谷子，蒙古氏。爲人豪邁，所守方介。讀書談道，恬然自樂。至正初，徵授集賢待制，至燕，以大臣禮貌未盡，竟不受而歸。（注一一九）

(5)達哩雅齊，字子通，蒙古氏。曾祖曾任燕南道廉訪使，因以監濠州之鍾離縣。歷監桐城，南康，遷監集慶路之江寧縣。所至，理冤平訟，奸吏望風斂避。府檄浚陰山河道，計用工二十八萬六百。子通建言，歲蝗旱，民飢苦，修河非當急之務，力請罷之，由是忤上官。即日托詞遷葬，拂袖而去。（注一二〇）

(6)眞寶，字朝用，號彝齋，蒙古人，自崇安主薄，擢政和縣達魯花赤。律己嚴，而待物恕。凡閩中郡縣疑獄，行省必以屬之。廉訪使出巡諸縣，至松溪輒返曰：不須往政和，眞君在也。改調南平，旣至，南平民爲歌曰：眞彝齋，早不來，田棄稼穡家棄孩。天之復，從民欲，彝齋下車悍吏逐，風雨適時歲成熟。（注一二一）

(7)阿般圖，字嗣昌，蒙古瓮吉剌氏，翰林學士咬住之子。寬仁惠和，愛賢好士。至正九年，

任慶元路總管。修廟學，清訟源。抑豪強，伸寡弱。時海寇剽掠鄰境，調財用，完城郭。安民贍軍，多所善政。（注一二二）

(8)燕赤不華，字子實，號雪庭，珊竹氏，居濼陽。至正二十二年，官銀青光祿大夫，福建行省平章政事。二十四年，嘗游道山，其仲子岳山，季子完澤鐵牧爾侍行。（注一二三）

(9)觀閭，字用賓，蒙古人。由中書舍人，遷江南行台御史。彈經略使忤旨，左遷江西行省都事，不赴，隱居海上。（注一二四）

(10)喚住，字仁甫，蒙古人。至順二年，任鎮江路萬戶府知事。（注一二五）

(11)柏帖木兒，字君壽，蒙古人。居官所至，以廉能著稱，至正中，累遷福建行省左右司郎中。二十七年，明舟師奄至福州城下，知城不可守。妻妾俱自縊，幼子，爲宗祀計，命媼匿之。城破，自焚死。（注一二六）

(12)郭庸，字允中，蒙古人。任監察御史，因劾丞相脫脫弟也先帖木兒，左遷中興府添設判官。脫脫敗，累擢至中書參政。京師破，不屈死。（注一二七）

(13)達禮麻識理，字遵道，怯烈台氏，居開平。自經筵譯史，累擢至中書參政。至正二十二年，除上都留守兼府尹。二十六年，拜知樞密院事，兼知大撫軍院事，未幾卒。（注一二八）

(14)丑的，字子元，蒙古人。由宿衛，累遷南台御史，翰林侍講學士，浙西廉訪使，拜江浙行省平章。十八年，帥師援安慶，台臣劾其逗撓，褫職，安置陝西道。爲張士誠所留，卒于明。（注

一二九）

⒂別兒怯不花，字大用，燕只吉觪氏。八歲，入侍明宗潛邸。仁宗召備宿衛，尋授八番宣慰司達魯花赤。累遷吏部尚書，宣徽院使，中書平章政爭。至正一年，拜江浙行省左丞相，十年卒。（注一三〇）

⒃達世帖木而，字原理，別兒怯不花子。仕至中書省平章政事，有學識，能世其家。（注一三一）

⒄阿榮，字存初，怯烈氏。幼事武宗，備宿衛。累遷湖南道宣慰副使，吏部尚書，中書參政，大禧宗禋院使。久之，謁告南歸武昌，以文翰自娛，後三年卒。（注一三二）

⒅諳都剌，字瑞芝，凱烈氏。通經史，習諸國語言。成宗時，授翰林應奉文字，至順元年，擢襄陽路達魯花赤。山西大飢，河南流民入境，煮粥賑災，全活數萬。改益都路總管，興學校，抑權貴，所至有政聲。至正六年卒，年七十。（注一三三）

⒆朴賽因不花，字德中，肅良合台人。自利用監提點，累擢同知樞密院事，翰林學士承旨，拜嶺北行省平章政事，中書平章政事。明兵逼京師，詔守順承門。城陷被執不屈死。（注一三四）

⒇脫帖穆兒，字可與，札剌兒氏。以勳舊子弟，入值宿衛。大德十年，援武德將軍，千戶所達魯花赤。泰定三年，遷攝軍民萬戶府，鎮紹興。至正四年卒，年八十四。（注一三五）

(21)帖古迭兒，字元卿，珊竹氏。襲父職，任泰州萬戶府達魯花赤，移衢州。治軍嚴整，百姓

安居。屢平劇賊，見之輒敗走。因貌偉虬髯，賊衆以黃髯子稱之。（注一三六）

(22)脫脫，字大用，蔑兒吉台氏。至順二年，授侍衛親軍都指揮使。至正四年，擢御史大夫。九年，拜中書右丞相。十四年奉詔將兵，討張士誠。因三月而無功，兼以哈麻譖之。罷相，移亦乃集路安置。十五年，哈麻矯詔，遣使鴆殺之，年四十二，（注一三七）

(23)朶欒帖睦，字惟時，札剌兒氏。開國功臣木華黎之諸孫。至正十年，寇犯雲州，統所素練之兵，與知院野連達魯花赤等，討平之。殘寇東走潮河川，雲州以寧。（注一三八）

(24)拔不忽，撒勒只兀台氏，幼穎悟，其師周正方，更其名曰介，字仲清。初任北京轉運司事，累遷平灤路總管，提刑按察使，刑部尚書，以目疾辭官。延名儒吳澄，以教其子，至正六年卒。（注一三九）

(25)勗實帶，克烈氏，亦稱怯烈氏。從伯顏南征有功，授武義將軍，佩金符。晚年改名士希，字及之。有詩五百餘篇，曰伊東拙稿。（注一四〇）

(26)朶里不花，字瑞甫，蒙古人。自宿衛官，累遷遼陽行省右丞，陳友諒臨江西，詔除江西行省平章政事。與平章政事阿兒渾沙等，分道進討。遂由海道趨廣東，駐揭揚，爲降寇金元祐所敗，被執，不屈死。（注一四一）

(27)丑廝，蒙古人，字靜如，以世勛佩三珠金虎符，官昭勇大將軍，鎭江陰。至正十一年，淮西亂，取道安慶，督師九江，以安慶控淮西要衝，奉命留鎭之，先後出師，二十九捷。冬十月，

復大破之。輕舟追之，中流矢卒。（注一四二）

(28)禿滿荅兒，字曼卿，只溫台氏。以族望材諝，從事閫闈。復由昌國州佐，辟浙省譯曹掾。出長分水，轉宰東陽。（注一四三）

(29)囊加歹，字彥祥，怯烈氏。由刑部郎中，遷秘書大監，至正二十二年，擢秘書卿。（注一四四）

(30)約約，字正德，蒙古鄂摩氏。歷官御史，上都等路轉運鹽使，禮部侍郎，工部尙書，閩海道肅政廉訪使，河南行省參知政事，改西台侍御史。嘗營雲莊於房山，以爲宴游之所。（注一四五）

(31)托音，字明善，蒙古人。累官海道都漕運萬戶府達魯花赤，江浙行省參知政事。（注一四六）

(32)呼克圖特木兒，字伸威，蒙古人，家館陶。至正中，任翼城達魯花赤。嘗値春旱，躬詣臥龍祠禱雨，輒應，民立感應碑以誌其德。（注一四七）

(33)特穆爾布哈，即帖木兒不花。蒙古人，漢名正卿。廉直寡交，家貧至孝。自持正府都事，拜監察御史。嘗助庫庫岱平章側室高麗氏，完成誓不二適之志。（注一四八）

(34)哈剌帖木，蒙古人，字時中，至正六年，任閬州達魯花赤。（注一四九）

(35)伯家奴，喀剌氏，字九德。至大四年，任大都路達嚕噶齊。請建大都，宛平二縣孔廟，學

舍，復請給教諭俸祿。都府上其言，中書省並從之。（注一五〇）

(36)不花帖木兒，蒙古氏，居延王孫，字德新。以貴胄出入貴游間，無聲色由裘馬之習。所爲詩，落筆有奇語。（注一五一）

(37)萬家閭，蒙古卓特氏，字國卿，家廣平。父官福建新軍千戶達嚕噶齊卒，萬家閭居嫡長，當襲祿，讓弟諾海。以宿衛，累歷廉訪司照磨，利用監知事，監察御史，行省郎中，仕至通議大夫江西行省榷茶都轉運使。（注一五二）

(38)完哲，蒙古氏，丑厮弟，字清卿，官至福建行省參政。亂後，歸養吳中。（注一五三）

(39)呼圖克特穆爾，字仲威，蒙古氏，居館陶。至正中，任翼城達嚕噶齊。政舉民服，嘗値春旱，躬詣臥龍祠，禱雨輒應，民立感應碑。（注一五四）

(40)多爾濟勒巴，字惟中，札剌兒氏，穆呼里七世孫，拜中書省平章政事。陝州危急，因出爲陝西行御史台御史大夫。募民爲兵，出庫藏銀爲大錢，射中的賞，由是人皆精兵。（注一五五）

(41)圖烈圖，家仁卿，蒙古人。元貞間，爲進賢令。威以攝吏，德以懷民。嘗修陂壋八百餘處，民甚利之。（注一五六）

(42)德古爾丹，蒙古氏，字志道。至正中，爲贛州路達嚕噶齊，廉知郡中豪右武斷，因獄爲市，悉裁以法。不數月，令行止禁。因嘆曰：吾民幸知向背，不進以禮，未善也。於是飭學舍，延師儒，俗以少變。（注一五七）

⑷阿勒達爾圖，定彥安，蒙古札拉台氏。至正間，知邵武。性凝重，處公事如家事，處僚友若昆季。（注一五八）

⑷鐵木兒塔識，字九齡，札剌兒氏，國王脫脫之子。資稟宏偉，穎悟絕人，補國子學諸生。由同知督護府事，累遷禮部尚書，陝西行台御史，中書右丞，平章政事，仕至中書左丞相。（注一五九）

⑸達識帖睦邇，字九成，札剌兒氏，與兄鐵木兒塔識，俱入國子學。以世冑補官，自太府監提調，累擢治書御史，樞密院同知，中書右丞，翰林承旨，仕至江浙，淮南行省平章政事。招降張士誠，士誠弟士信，逼取所掌符印，仰藥死。（注一六〇）

八、鄉試中式者

元代鄉試，由諸省主考。錄取之人員，各有定額，八月二十日，蒙古色目人，試經問五條。漢人南人，明經經疑一問，經義一道。二十三日，蒙古色目人，試策一道。漢人南人，古賦、詔誥、章表、內科一道。二十六日，漢人南人，試策一道。故鄉試中式之蒙古人，其漢化亦屬深厚。（注一六一）

⑴捏古思，捏古觮氏，至正二年，山東鄉試蒙古色目榜第二，吳江州同知。（注一六二）

⑵保安奴，蒙古氏，山東人，至正十年，山東鄉試蒙古色目榜第一名。（注一六三）

⑶阿禮，蒙古氏，居濟南，至正十年，山東鄉試蒙古色目榜第二名。（注一六四）

(4)藥師奴，蒙古氏，居博興，至正十年，山東鄉試蒙古色目榜第三名。（注一六五）
(5)柏杭，蒙古氏，阿禮弟，居濟南，至正十年，山東鄉試蒙古色目榜第四名。（注一六六）
(6)煥住，蒙古氏，居濱州，至正十年，山東鄉試蒙古色目榜第五名。（注一六七）
(7)埜僊，蒙古氏，居濟南，至正十年，山東鄉試蒙古色目榜第七名。（注一六八）
(8)燭理達，蒙古氏，居般陽（按：今山東淄川縣），至正十年，山東鄉試蒙古色目榜第八名。（注一六九）
(9)普顏八達耳，蒙古氏，居滕州，至正十年，山東鄉試蒙古色目榜第九名。（注一七〇）

按明清兩代，鄉試中式者，稱舉人。然元代已稱參加會試，落第之鄉試中式者爲舉人。蓋元史選舉志，欽定續文獻通考選舉考累言：會試下第之舉人，年七十以上者，與從七品流官，致仕。六十以上者，與教授。參加會試之諸舉人，謗毀主司，率衆喧，競不服止約者，治罪。諸舉人就試，無故不冠，及擅移座次，許告推治。開試舉人，從本貫官司，於諸色戶中推舉。國子生下第不中，與終場舉人同。故明清鄉試中式者，稱舉人，當遠源唐宋，近承元代。（注一七一）

九、貞婦守節者

十三世紀之蒙古人，其婚姻制度，乃承襲漠北，匈奴，突厥，烏桓之舊俗，亦妻後母，報寡嫂。即父死，妻其後母。兄弟死，皆取其妻妻之。父兄伯叔死，子弟及侄，妻其後母。盖婦喪夫，家中男子，即收爲妻妾，父子兄弟不論也。他適，則人笑其不贍養其媍。迨入中原，能異其國俗，

貞婦守節，實屬漢化之尤深者。（注一七二）

(1)只魯花眞，蒙古氏，年二十六，夫忽都病卒，誓不再醮。孝養舅姑，逾十五年，塵衣垢面，廬於墓，終其身。（注一七三）

(2)脫脫尼，雍吉剌氏，有姿色，善女工。年二十六，夫哈喇不花卒。前妻有二子，皆壯無婦，欲以本俗，收繼之。脫脫尼，以死自誓。二子復百計求遂，脫脫尼圭且罵曰：汝禽獸行，欲妻母也，何面目見汝父地下，二子慙懼謝罪。乃析業而居三十年，以貞操聞。（注一七四）

(3)貴哥，蒙古氏，同知宣政院事，羅五十三妻也。天曆初，五十三得罪，貶海南，籍其家，詔以貴哥賜近侍卯罕。度不能免，自經死。（注一七五）

(4)卜顏的斤，蒙古氏，觀音奴之妻，宗王黑閭之女。大都被兵，謂其夫曰：我乃國族，且年少，必不容於人。豈惜一死，以辱家國，遂自經而死。宗王黑閭之女旣如此，其人亦必漢化殊深。故蒙古人之漢化，又增一人。（注一七六）

(5)托克托，蒙古氏，雲南行樞密院副使，雅克特穆爾之妻。明軍攻雲南，梁王命雅克特穆爾，率兵守曲靖以禦之，然兵敗白石江馳歸。托克托閉門不納曰：汝受梁王厚恩，兵敗不死，何以見王。乃鴆其二子一女，命侍妾曰：我死舉火焚屋，勿令辱我，遂殉家邦，飲鴆而死。（注一七七）

(6)梁王女阿𧞤，蒙古氏，大理段功之妻。功初襲蒙化知府，明玉珍自蜀分兵攻雲南，梁王奔威楚，諸部悉亂。獨功進兵於呂閣，敗玉珍於關灘，追至回蹬關，復大敗之。梁王德之，以女阿𥿊妻之，授雲南平章政事。功夫人高氏，寄樂府一章，促之歸，功得書乃歸。旣而復還，左右譖於王曰：段平章心懷叵測。王密召阿𥿊，付孔雀膽，令毒殺之。𥿊私語功曰：我父忌汝，願與君携亡，拒之。王邀功東寺演梵，至通濟橋，遣番將殺之。阿𥿊聞變，失聲哭曰：君雖死，奴不負信，欲自盡，梁王百計防護。阿𥿊作詩，愁憤殉夫而死。詩曰：吾家住在雁門深，一片閒雲到滇海。心懸明月照青天，青天不語今三載。欲隨明月到蒼山，誤我一生踏裹彩。吐嚕吐嚕段阿奴，施宗施秀同奴歹。雲片波潾不見人，押不蘆花顏色改，肉屛獨坐細思量，西山鐵立風瀟灑。（注一七八）

(7)河南楊某妻，蒙古氏，以早寡，不忍獨生，以死從夫，事聞，命褒揚之。（注一七九）

十、餘　論

研究蒙古人之漢化，旣要分析其漢化之因素。尤須提供漢化之事實與依據，且愈多愈善。至於附其生平小傳，言其職官之遷轉，旨在說明，蒙古上層人士，對漢化之態度。因上行下效，風吹草偃，故對其漢化，必有深遠巨大之影響。

此外，上陳諸節中，間有其名重複，甚至凡三見者。所以如此，蓋爲便於分類，以免內容混淆。且初見者，有其小傳，重見者則無。以盡量避免，不必要之重複。

（原載民國九五年中原文獻第三八卷第四期、九六年第三九卷第一期）

（註本作注，段玉裁言：明人始改注爲註。）

注釋

注一：元史卷一四六「耶律楚材」。

注二：元史卷一四六「耶律楚材」。

注三：史卷一五八「姚樞」、「竇默」、「許衡」，卷一六〇「王鶚」，卷一四六「董文用」，卷一五九「趙璧」。

注四：元史卷三十三「文宗」，卷八十八「百官、奎章閣學士院、藝文監」，卷一八一「虞集」。

注五：元史卷一三六「哈剌哈孫」、「拜住」，卷一二八「相威」，卷一二一「伯都」。

注六：元史卷一六〇「高鳴」，新元史卷一二九「帖木迭兒」。

注七：黑韃事略箋證八、六、五、十七頁。

注八：元史卷八十五「百官志、百官一」，卷九十一「百官志、行中書省」，卷一四八「董文用」。

注九：元史卷八十一「選舉志、科目」。

注一〇：東維子集卷二十四「巴延元卿墓銘」。

注一一：北京圖書館古籍珍本叢刊*21.*，「元統元年進士題名錄」，元詩選癸集丁「狀元同同。」

注一二：元統元年進士題銘錄「虎理翰」，二十五史補編第六册「元史氏族表」卷一「蒙古」十六頁。

注一三：元統元年進士題名錄「亦速歹」。

注一四：元統元年進士題名錄「敏安達出」，元史氏族表卷一「蒙古」十七頁。

注一五：元統元年進士題名錄「阿虎歹」，元史氏族表卷一「蒙古」三十六頁。

注一六：元統元年進士題名錄「完迮×先」，元秘書監志卷9「題名、著作佐郎」，元史氏族表卷一「蒙古」十一頁。

注一七：元統元年進士題名錄「完迮×先」，元史卷八十一「選舉志、科目」。

注一八：元統元年進士題名錄「朶列圖」，元史卷九十一「百官志，武散官三十四階」。

注一九：元統元年進士題名錄「囊加歹」，元史氏族表卷「蒙古」三十四頁。

注二〇：元史氏族表卷一「蒙古」十三頁。

注二一：元統元年進士題名錄「買閭」。

注二二：元統元年進士題名錄「察伋」，元詩選癸集戊下「察伋」。

注二三：元統元年進士題名錄「百嘉納」。

注二四：元統元年進士題名錄「博顏達」，元史氏族表卷一「蒙古」六頁。

注二五：元統元年進士題名錄「博顏歹」，元史氏族表卷一「蒙古」六頁。

注二六：元統元年進士題名錄「月魯不花」，元詩選三集「月魯不花」，元史卷一四五本傳，元史氏族表卷一「蒙古」二十一頁。

注二七：元統元年進士題名錄「脫穎」。

注二八：元統元年進士題名錄「野仙脫因」・元史氏族表卷一「蒙古」三十七頁，元史卷九十一「百官志、武散官三十四階」。
注二九：元統元年進士題名錄「××達」，元史卷九十一「百官志、武散官三十四階」
注三〇：元統元年進士名錄題「燕質傑」，元史氏族表卷「蒙古」二十五頁。
注三一：元秘書監志卷十「題名、秘書郎、那木罕」。
注三二：文獻集卷九上「明威將軍管軍上千戶所達嚕噶齊遜多台公墓誌銘」，元史氏族表卷一「蒙古」二十一頁。
注三三：嘉靖貴州通志卷十「流寓、貴州布政司宣慰司、塔海」。
注三四：元史卷一九六「普顏不花」。
注三五：元史氏族表卷一「蒙古」三十二頁，金華黃先生文集卷二十七「嘉議大夫婺州路總管兼管勸農事捏古得公神道碑」。
注三六：元史氏族表卷一「蒙古」三十二頁。
注三七：梧溪集卷三「故內御史尼格氏圖公挽詞有序」，伊濱集卷十四「送圖烈圖序」。元詩選癸集丙「內御史篤列圖」。
注三八：梧溪集卷三「故內御史尼格氏圖公挽詞有序。」
注三九：金石萃編未刻稿「至正十一年舉進士」，畏齋集卷四「送朵郎中使還序」。
注四〇：元史卷一九五「丑閭」，元統元年進士題名錄「丑閭」，元史氏族表二「色目」八十八頁「丑閭」、五十九頁「埜僊普化」，九十六頁「札剌里丁」、「護都不花」、「柏延烏臺」。

注四一：元史氏族表卷一「蒙古」二十二頁，濟南金石卷二「金石二、歷城石、元至正十年山東鄉試題名記碑」。

注四二：隆慶岳州府志卷十四「流寓、囊加台」，秘書監志卷九「題名、秘書卿」。

注四三：元史氏族志卷一「蒙古」十一頁，文安集卷九「送燮元溥序」，宋元學案補遺卷八十三「縣官燮元圃理普化先生」，元時選癸集丁，「燮右丞元圃」。

注四四：梧溪集卷三「故內御史尼格氏圖公挽詞有序」，伊寶集卷十四「送圖列圖序」，元詩選癸集丙「內御史篤列圖」。

注四五：萬曆雲南通志卷十「官師、燮理翰」。

注四六：至順鎮江志卷十六「丹徒縣，達魯花赤」，元詩紀事卷十七「哲理野臺」。

注四七：弘治桐城縣志卷二「仕官、帖木謨化」。

注四八：元詩紀事爲一「文宗皇帝」。

注四九：元詩紀事卷一「順帝」，元史卷二〇五「哈麻」。

注五〇：元詩紀事卷二「順帝太子」。

注五一：元詩選癸集之乙「丞相伯顏」，元史卷一二七「伯顏」。

注五二：元詩選癸集之丁「狀元同同」。

注五三：元詩紀事卷二十三「察伋」，元詩選癸集之戊下「察伋」。
注五四：元詩選三集「廉訪月魯不花」。
注五五：元詩紀事卷十七「哲理野台」，元詩選癸集之四「鄉貢哲理野台」。
注五六：元詩選癸集之丙，「內御史篤列圖」。
注五七：黃學士文集卷二十五「資善大夫河西隴北道肅政廉訪使凱烈公神道碑」，元詩選癸集之戊下「凱烈拔實」。
注五八：萬曆雲南通志卷十「官師、徵江府、流寓、埜喇右丞相」，元詩選癸集之丁「丞相埜喇」。
注五九：元詩選癸集之丁「縣尹朵只」
注六〇：牆東類稿卷十七「察罕不花教授滿別」，滋溪文稿卷五「送察君白赴廣西帥府經歷」，元詩選癸集之丁「廉訪察罕不花」。
注六一：元史氏族表卷一「蒙古」三十二頁，歷代碑誌叢書「閩中石刻志、卷七、僧家奴等道山詩刻」，元詩紀事卷十八「僧家奴」。
注六二：元詩選癸集之己下「不花帖木兒」。
注六三：新元史卷一二二「卜憐吉歹」，元史氏族表卷一「蒙古」二十六頁，元詩選癸集之丁「學士童童」
注六四：元史卷一三九「朵爾直班」。

注六五：元曲家考略「阿魯威」。
注六六：中國書畫全集「書史會要卷之七、大元、英宗」。
注六七：書史會要卷之七「文宗」。
注六八：書史會要卷之七「庚申帝」。
注六九：書史會要卷之七「愛猷識理達臘」。
注七〇：元史卷一三八「晚脫」，書史會要卷之七「脫脫」。
注七一：書史會要卷之七「世先帖木兒」。
注七二：元史卷一四〇「別兒怯不花」，書史會要卷之七「別兒怯不花」。
注七三：元史卷四十二、四十三、四十四、四十五「順帝」，書史會要卷之七「悟良哈台」。
注七四：至順鎮江志卷十七「鎮撫所、鎮撫、諸懷」，書史會要卷之七「那海」。
注七五：黃學士文集卷二十五「資善大夫河西龍北道肅政廉訪使凱烈公神道碑」，書史卷第十「拔實」。
注七六：史卷第十「篤列圖」，元詩選癸集之丙「篤列圖」。
注七七：元詩選癸集之丙「哲理野台」。
注七八：書史卷第十「松鑿」。
注七九：元史卷一三九「朶爾眞班」，書史卷第十「朶爾直班」。
注八〇：中國書畫全書宋元以來畫人姓氏錄卷一「元、文宗」。

注八一：宋元以來畫人姓氏錄卷一「元、小薛太子」。

注八二：宋元以來畫人姓氏錄卷十四「伯顏守仁」。

注八三：筠軒集卷十一「八鄰龍畫題詠跋」，卷十三「題八鄰水墨龍虎圖」。

注八四：元史卷一八九「儒學一、許謙」，元史卷一八一「揭奚斯」，元史類編卷三十五「文翰一、韓性」，元史卷一八七「貢師泰」。

注八五：元史卷一一五「裕宗」。

注八六：元史卷一三四「闊闊」。

注八七：元史卷一三四「闊闊、堅童」。

注八八：新元史卷一二二「卜憐吉歹」，宋元學案補卷九十「郡王孛憐吉觸先生」。

注八九：宋元學案補遺卷九十二「迺先生穆泰」，閩書卷五十七「文藝志、延平路、迺穆泰」。

注九〇：元史卷一四五「月魯不花」。

注九一：新元史卷一二六「循史、合剌不花」，宋元學案補遺卷八十二「北山四先生學案」。

注九二：宋元學案補遺卷八十三「揭氏門人、縣官燮元圃先生理普化」。

注九三：元史卷八十一「選舉一、學校」。

注九四：元史卷一九五「忠義三、海潮」。

注九五：元史卷一四四「月魯帖木兒」。

注九六：元史卷一三六「哈剌和孫、脫歡」，卷一四四「月魯帖木兒」。

注九七：元史卷一四〇「別兒怯不花」。

注九八：黃學士文集卷十九「托夢詩序」，濟南金石志卷二「金石二、歷城石、元至正十年山東鄉試題名記碑」。

注九九：金石萃編未刻稿「至正庚寅國子學貢試題名記」。

注一〇〇：金石萃編未刻稿「至正庚寅國子學貢試題名記」。

注一〇一：金石萃編未刻稿「至正庚寅國子貢試題名記」。

注一〇二：金石萃編未刻稿「至正庚寅國子學貢誠題名記」。

注一〇三：金石萃編未刻稿「至正庚寅國子學貢試題名記」。

注一〇四：黃學士文集卷二十六「荅祿乃蠻氏晃塋碑」，「翰林學士承旨致仕脫脫公先塋碑」，黑韃事略箋證二十九、三十頁。

注一〇五：黃學士文集卷二十七「嘉議大夫婺州路總管兼內勸農事捏古解公神道碑」。

注一〇六：黃學士文集卷二十五「朝列大夫僉通政院事贈榮祿大夫河南江北等處行中書省平章政事柱國追封魯國公札剌爾公神道碑」。

注一〇七：吳文正集卷六十四「故光祿大夫江南諸道行御史台大夫贈銀青榮祿大夫江浙等處行中書省左丞相上柱國魯國元獻公神道碑」。

注一〇八：至正集卷五十六「贈僉太常禮儀院事孟格圖公神道碑銘」。
注一〇九：文獻集卷九上「明威將軍管軍上千戶所達嚕噶齊遜多台公墓誌銘」。
注一一〇：吳文正集卷六十九「故奉議大夫安定州達魯花赤禿忽赤墓表」。
注一一一：圭塘小藁卷十「故通議大夫江西等處榷茶都轉運使萬公神道碑銘并序」。
注一一二：申齋集卷八「資善大夫大都路總管兼大興府尹和和墓誌銘」，新元史卷二一四「回回」。
注一一三：至正集卷三十八「札剌爾公祠堂記」，新元史卷一二〇「忽圖魯」。
注一一四：申齋集卷八「大元宣武將軍韶州路達嚕噶齊阿布格察喇公神道碑」。
注一一五：文安集卷九「送燮元溥序」，宋元學案補遺卷八十三「揭氏門人，縣官燮元圃先生理普化」。
注一一六：秘書監志卷九「題名、卿、太不花」。
注一一七：吳文正集卷十「雍吉剌德新字說」。
注一一八：至鎮江志卷十五「總管兼內勸農事、脫因」。
注一一九：石門集卷二「題蒙谷子圖」。
注一二〇：桂隱文集卷二「送達子通」
注一二一：閩書卷之五十八「文藝志、眞寶」，嘉靖建寧府志卷六「名宦，眞寶。」
注一二二：嘉靖寧波府志卷二「阿般圖」。
注一二三：閩中金石略卷十二「燕赤不華題名」。

注一二四：梧溪集卷五「儉德堂懷寄凡二十二首各有小序」。
注一二五：至順鎭江志卷十七「知事、喚住」。
注一二六：新元史卷二三二「忠義三、柏帖木兒」。
注一二七：新元史卷二三三「忠義四、郭庸」。
注一二八：新元史卷二一四「達禮厤識理」。
注一二九：新元史卷二一四「丑的」。
注一三〇：元史卷一四〇「別兒怯不花」。
注一三一：元史卷一四〇「別兒怯不花附博」。
注一三二：元史卷一四三『阿榮』。
注一三三：元史卷一九二「良吏二、諳都剌」。
注一三四：元史卷一九四「忠義四、朴賽因不花」。
注一三五：新元史卷一二一「脫帖木兒。」
注一三六：新元史卷一二九「帖古迭兒」。
注一三七：新元史卷一二〇「脫脫」。
注一三八：宣府鎭志卷三十四「名宦傳、朶欒帖睦。」
注一三九：新元史卷一三〇「吾也而」附傳。

注一四〇：新元史卷「朂實帶」，元史氏族表二十五頁「怯烈氏、朂實帶」。
注一四一：新元史卷二三一「忠義二、朶里不花」。
注一四二：明江陰縣志卷十六「列傳、元、丑廝」。
注一四三：浙江通志卷一五五「名宦十、金華府、禿滿荅。」
注一四四：秘書監志卷九「秘書大監、囊加歹」，「秘書卿，囊加歹。」
注一四五：至正集卷四十六「雲莊記」，歸田類稿卷九「大都河間等路都轉運鹽使約公惠政碑」。
注一四六：夷白齋稿卷十二「海道漕運萬戶府達噶齊托音公紀績碑」。
注一四七：山西通志卷八十九「名宦、平陽府、呼克圖特穆兒。」
注一四八：輟耕錄卷一五「高麗氏守節」，山居新話卷二「庫庫楚平章」。
注一四九：嘉靖保寧府志卷四「人物•哈喇帖木」。
注一五〇：說學齋稿卷一「興學頌」。
注一五一：元詩選癸集之己下「不花帖木兒」。
注一五二：圭塘小稿卷十「故通議大夫江西等處榷茶都轉運使萬公神道碑銘幷序」。
注一五三：梧溪集卷五「儉德堂懷寄凡二十二首，各有小序」，卷六「寄完哲清卿參政」。
注一五四：山西通志卷八十九「名宦七、平陽府•元、呼圖克特穆爾」。
注一五五：陝西通志卷五十一「名宦二、節鎮下•多爾勒巴」，元史卷一百十九「列傳第六，木華黎」。

注一五六：江西通志卷五十九「名宦、南昌府・元、圖烈圖」。
注一五七：江西通志卷六十五「名宦、贛州府、元・德古爾丹」。
注一五八：福建通志卷三十二「名宦四、邵武府・元、阿勒達爾圖」。
注一五九：元史卷一四〇「列傳、鐵木兒塔識」，卷一一九「列傳、木華黎、脫脫」。
注一六〇：元史卷一四〇「列傳、達識帖睦邇」，卷一一九「列傳、木華黎、脫脫」。
注一六一：元史卷八十一「選舉志・科目」。
注一六二：二十五史補編・元史氏族卷二「蒙古」。
注一六三：濟南金石志卷二「金石二、歷城石・元至正十年山東鄉試題名記碑」。
注一六四：濟南金石志卷二「金石二、歷城石・元至正十年山東鄉試題名記碑」。
注一六五：濟南金石志卷二「金石二、歷城石・元至正十年山東鄉試題名記碑」。
注一六六：濟南金石志卷二「金石二、歷城石・元至正十年山東鄉試題名記碑」。
注一六七：濟南金石志卷二「金石二、歷城石・元至正十年山東鄉試題名記碑」。
注一六八：濟南金石志卷二「金石二、歷城石・元至正十年山東鄉試題名記碑」。
注一六九：濟南金石志卷二「金石二、歷城石・元至正十年山東鄉試題名記碑」。
注一七〇：濟南金石志卷二「金石二、歷城石・元至正十年山東鄉試題名記碑」。
注一七一：元史卷八十一「選舉一、科目」，欽定續文獻通考卷三十四「選舉考」。

注一七二：後漢書卷一百二十「烏桓」，史記卷一百十「匈奴」，北史卷九十九「突厥」，國朝彙編卷一六一「岷峨山人，譯語」。

注一七三：元史卷二百「烈女」。

注一七四：元史卷二百「烈女」。

注一七五：元史卷二百「烈女」。

注一七六：元史卷二百一「烈女」。

注一七七：雲南通志卷二十二「烈女、曲靖府、元・雅克特穆爾妻托克托氏」。

注一七八：雲南通志卷三十「雜記、大理國」。

注一七九：元史卷二百「烈女、楊某妻」。

元代歲幸上都紀要

上都原名開平，又稱上京，亦號北都。

《新元史》〈地理志〉：「上都路，金桓州地，元初爲札刺兒，兀魯特兩部分地，憲宗六年，世祖命劉秉忠建城於桓州東，灤水北之龍岡，中統元年，賜號開平，五年建爲上都。」

《清容居士集‧開平第二集》有〈上京雜詠〉十首，〈再次韻〉十首。

《柳待制集》〈上京紀行序〉：「延祐七年，貫以國子助教北都生，始出居庸，臨灤水之陽，而次止焉。」

復因灤河逕其陽。

《畿輔通志》〈灤河水道〉：「今灤河之上流曰上都河……，又東北流二十里，逕巴什爾泰，六里至上都城西，折東流五里，逕上都城南，所謂上都河屯也。上都者，即元之開平府。」

更別號灤京，灤陽或灤都。

《元朝制度考》：「開平亦有時稱灤京，因居灤河上流，故有此雅名。」

《純白齋類稿》：上京紀行詩中，有〈灤陽十詠〉。〈柳貫亦跋〉曰：「昔余再遊灤陽，嘗隨景成詩，不能如古愚之多且奇也。」按：水北山南曰陽，開平北枕臥龍山，灤水逕其南，故又雅號灤陽。

《輦下曲集》：「祖宗詐馬宴灤都，挏酒哼哼載憨車。向晚大安高閣上，紅竿雉帚掃珍珠。」

元代帝王，每夏例往巡幸，以避暑。

《續通志》〈都邑略〉：「上都金桓州……，中統元年爲開平府，四年以闕廷所在，加號上都，每歲巡幸。」《灤京雜詠》：「行幸上京，蓋云避暑也。」

《純白齋類稿》〈灤陽十詠〉：「帝業龍興復古初，穹窿幄帳倚空虛，年年清暑大安閣（按：《新元史》〈地理志〉：世祖遷宋汴京之熙春閣，於上都，爲大安閣），巡幸山川太史書。」

蓋以其氣候清涼也。

《馬可波羅行紀》〈上都城〉：「汗……居此三月者，蓋其地天時不甚炎熱，而頗清涼也。」

《山居新話》〈上都〉：「上都五月雪飛花，頃刻銀妝十萬家，說與江南人不信，只穿皮襖不穿紗。」

《清容居士集．開平第四集》：「開平昔賢有詩：片雲三尺雪，一日四時天，曲盡其景，遂用其語爲十詩。」

據馬可波羅、多桑謂：世祖之世，率於六月、七月、八月，駐蹕上都。

《馬可波羅行紀》：「獵後復返汗八里宮中，留居三日，其後赴其營建之上都，竹宮所在之地。即陽曆六月、七月、八月，最後復返其汗八里都城。」按：汗八里，即大都。

《多桑蒙古史》：「此汗（按：世祖）於每年六月、七月、八月駐夏於開平。」

然並非史實。蓋據《新元史》〈本紀〉，大體世祖、成宗、仁宗，泰定諸帝，多於三月往幸。文宗每在四月，順帝則於五月。唯泰定以上，亦間有二月或四月北巡者。至其南返，率在八月或九月。其中成宗，嘗遲至十月，始行還燕。

一、出　發

出發之時，駝鼓開道，威儀壯觀。扈從極盛，所謂十里貔貅，萬騎列旌是也。

《燕石集》〈聞駕幸開平不獲瞻仰悵然有作〉：「雲裘浮翠漾朝暾，舜陛雍容引紺轅。駝鼓一聲離×闕館，龍旗小隊駐花園。空聞祝軷西華道，不及瞻天建德門。自是承平好行幸，薰風無乃聖躬煩。」自註：「駕出則駝上鳴鼓，謂之駱駝鼓。花園在都城之山，駕北上每駐蹕焉」

《石田集》〈駕發上京〉：「蒼龍對闕夾天閶，秋駕凌晨出國門，十里貔貅騎驃裹，一雙日月繡旗旛。講蒐獵較黃羊圈，賜宴恩沾白獸尊，赫奕漢家人物盛，馬卿有賦在文園。」《純白齋類稿》〈灤陽十詠〉：「萬騎橐韃列旆旌，周廬嚴肅駕將興。帳前月色如霜白，曉汲灤河窟裏冰。」

復盛陳奇獸，馭象而行。

《灤京雜詠》：「撤道黃塵輦輅過，香焚萬室格天和。兩行排列金錢豹，欽察將軍上馬駝。」

《輦下曲集》：「當年大駕幸灤京，象背前馱幄殿行。國老手鑪先引導，白頭聯騎出都城。」

入夜，更燭炬輝煌，籠列成城。於沙漠草原，群山疊翠中，殊乃絕景。

《灤京雜詠》：「宮車次第起昌平，燭炬千籠列火城。纔入居庸三四里，珠簾高揭聽啼鶯。」

至國老前引，宮女持「固姑」羽飾尺許，對坐車中尾行，紅顏白髮，則又別饒風趣，另爲一番情調。

《灤京雜詠》：「香車七寶固姑袍，旋摘修翎付女曹。別院笙歌承宴早，御園花簇小金桃。」註謂：「凡車中戴固姑，其上羽毛又尺許，拔付女侍手持，對坐車中，雖后妃馭象亦然。」

留京百官則送至大口而還。按大口，南距京門二十里。

《蛻菴集》〈大駕時巡千官導送至大口〉：「萬乘巡行遠，三靈佑護多。旌旄隨大纛，鼓鐸雜鳴駝。麗日浮黃繖，微風送玉珂。臣心如草色，不斷到灤河。」

《扈從集》〈大口〉：「其地有三大垤，土人謂之三疙疸，距都北門二十里。」

二、歡　迎

迨及沙嶺，上都百官，遠迎於斯。

《扈從集》：「晴川平似掌，地勢與天寬。煙草青無際，雲岡影四團。貔貅環武陣，麟鳳擁和鑾。高獻南山壽，同承湛露歡。」註謂：「是日上都守土官，遠迎至此，內廷小宴。」

既抵開平，入內城，於是千官下馬，舞女前導，載歌載舞，至玉階乃止。郊迎之遠，歡迎之盛，可謂極矣。

《灤京雜詠》：「又是宮車入御天，麗姝歌舞太平年。侍臣稱賀天顏喜，壽酒諸王次第傳。」註謂：「千官至御天門，俱下馬徒行，獨至尊乘馬直入，前有教坊舞女引導，且歌且舞，舞出天下太平字樣，至玉階乃止。內門曰御天之門。」

逮其南轅，至懷來，凡留京官署，皆盛具牲，酒於此迎候。仍大張宴，以慶北還。盛迎之況，較北上時，不稍遜也。

《扈從集》：「至懷來縣……，凡官署留京師者，皆盛具牲酒果核，於此迎候大駕，仍張大宴，慶北還也。」

然車駕返京，亦嘗迎至龍虎台。按龍虎台，又名新店，屬昌平，距京九十里。

《待制集》〈九月廿八日迎大駕至昌平縣〉：「回鑾向京闕，佳氣拂天來。千官肅迎謁，奔走及輿臺。前瞻直南口，帳殿層雲開。駝鈴遠有響，象馭不驚埃。鉶輛升玉座，甫進蒲萄醅。侍儀主奉引，喚仗聲如雷。雕盤薦桃實，磊落推玫瑰。庶明土物愛，敢覬天顏回。退旅稱萬歲，俛首三徘徊。聖人乘六龍，宣光照九垓。茲地適頓轡，秋陽薄崔嵬。躅復周黎庶，宴見先背台。繼體如舜禹，其仁已深培。陋儒職爲頌，感奮慚非才。」

《惟實集》〈九月三日龍虎臺接駕晚宿新店〉：「關南九月草淒淒，又見征人扈蹕歸。日落氈車團野宿，天寒塞馬覓群嘶。徬徨戀闕孤忠在，俯仰隨人百計非。猶幸諸公同笑語，歸來茅店謾雞棲。」

《秋澗集》〈觀光〉：「三秋迎駕走居庸，一道青山返照紅。新店到都才九十，坐車乘馬兩籠東。」

三、活　動

數月駐蹕，其間重要活動，有祭典、宴樂、競技，校獵及帝師之雜陳百戲，以遊皇城等。計四月郊祭，七月祭祖，皆蒙俗也。皇族之外，不得預禮。

《秋澗集》〈中堂紀事〉：「夏四月……六日……班退，綸諸相曰：翼日朕祭灑馬酮，卿等不必扈行……。八日己亥，天日極晴朗，上祀天於舊桓州西北郊，皇族之外，皆不得預禮也。」

《近光集》〈立秋日書事〉：「大駕留西内，茲辰祀典揚。龍衣遵質樸，馬酒薦馨香。望祭林園邈，追崇廟祐光。艱難思創業，萬葉祚無疆。」註謂：「國朝歲以七月七日或九日，天子與后，素服望祭北方陵園，奠馬酒，執事皆世臣子弟，是日擇日南行。」

《扈從集》：「七月九日，望祭陵園竣事，屬車轅皆南向，彝典也。」

《馬可波羅行紀》：「諸汗常於……每年陰曆七月七日祭祖，由珊蠻一人面向北，大聲呼成吉思及諸故汗名，洒馬乳於地以祭。」

唯《元史》〈國俗舊禮〉謂：祀天祭祖之典，在八月二十四日，漢人亦得預禮焉。

《元史》〈禮志．國俗舊禮〉：「每歲駕幸上都，以八月二十四日祭祀，謂洒馬嬭子，用馬一，羯羊八，綵緞練絹各九疋，以白羊毛纏若穗者九，貂鼠皮三，命蒙古巫覡及蒙古漢人秀才達官四員，領其事，再拜告天，又呼太祖成吉思御名，而祝之曰：托天皇帝福蔭，年年祭賽者，禮畢。」

賜宴群臣，一在始達，五月或六月。一在將返，八月或九月。號馬嬭子宴，蓋嘉百官之扈從也。

《柳待制集》〈觀失剌斡耳朵御宴回〉：「毳幕承空掛繡楣，綵繩亙地掣文霓。辰旂忽動祠光下，甲帳徐開殿彩齊。芍藥名花圍簇坐，蒲萄法酒折封泥。御前賜酺千官醉，恩覺中天雨露低。」註謂：「車駕駐蹕，即賜近臣灑馬嬭子，御宴設氈殿失剌斡耳朵，深廣可容數千人。上京五月，芍藥始花。」

《扈從集》：「車駕既幸上都，以是年六月十四日，大宴宗親世臣、環衛官於西櫻殿，凡三日。」

《灤京雜詠》：「内宴重開馬湩澆，嚴程有旨出丹霄。羽林衛士桓桓集，太僕龍車款款調。」註謂：「馬湩，馬嬭子也，每年八月開馬嬭子宴，始奏起程。太僕寺，掌馬者。」

《馬可波羅行紀》：「每年八月二十八日，太汗離此地時，盡取此類牝馬之乳洒之地上。」

與宴者，皆華其衣飾，服悉一色，故又稱質孫宴，亦作只孫宴。

《輦下曲集》：「只孫官樣青紅錦，裹肚圓文寶相珠。羽仗執金班控鶴，千人魚貫振嵩呼。」

柯九思〈宮詩十九首〉：「萬里名王盡入朝，法宮置酒奏簫韶。千官一色眞珠襖，寶帶攢裝穩稱腰。」註謂：「凡諸侯王及外蕃來朝，必賜宴以見之，國語謂之質孫宴。質孫，漢言一色，言其衣服一色。」

《元史》〈輿服志〉：「質孫，漢言一色服也，内廷大宴則服之，冬夏之服不同，然無定制。凡勳戚大臣近侍，賜之則服之，下至樂工衛士，皆有其服，精粗之制，上下之別，雖不同，總謂之質孫。」

《元史》〈元正受朝儀〉：「后妃諸王駙馬……，僧道耆老，外國藩客，以次而賀，禮畢，大會諸王宗親駙馬大臣，宴饗殿上……。凡大宴……，預宴之服，衣服同制，謂之質孫。」

凡宴，奇珍並陳。

《灤京雜詠》：「嘉魚貢自黑龍江，西域葡萄酒更良。南土至奇誇鳳髓，北陲奇品是黃羊。」

雲和奏樂，教坊起舞。

《灤京雜詠》：「儀鳳伶官樂既成，仙風吹送下蓬瀛。花冠簇簇停歌舞，獨喜簫韶奏太平。」註謂：「儀鳳司，天下樂工隸焉。每宴，教美女必花冠錦繡，以備供奉。」「雲和署，隸鳳儀司，掌天下樂工。」

《輦下曲集》：「西方舞女即天人，玉手曇花滿把青。舞唱天魔供奉曲，君王常在月宮聽。」「教坊女樂順時秀，豈獨歌傳天下名。意態由來看不足，揭簾半面已傾城。」

復有番僧設止雨壇，俾竟宴享之會。

《灤京雜詠》：「雍容環珮肅千官，空設番僧止雨壇。自是半晴天氣好，螺聲吹起宿雲寒。」註謂：「西番種類不一，每即殊禮。燕享大會，則設止雨壇於殿隅，時因所見，以發一哂。」

袁桷有詩，最足紀其盛事。

《清容居士集》〈内宴〉：「寶勒猩纓雁翅屯，錫鑾款款奏南薰。珠冠聳翠千行列，雉扇交鸞五采分。宮漏解留黃道日，御爐能接紫霄雲。漢家天子空英武，置酒爭功始考文。」同書：「椶殿沈沈曉日清，靜鞭初徹四無聲。挏官玉乳千車送，酒正瓊漿萬甕行。肯以駝峰專北饌，不須瑤桂託南烹。先皇雄略函諸夏，擬勝周家宴鎬京。」

競技之舉凡二，一曰貴赤競走，二曰詐馬宴之賽馬，皆所以寓兵於樂也。貴赤亦作貴由赤，有快走健腳者之意。

《元朝怯薛及斡耳朵考》：「貴赤（按：亦作貴由赤）……，有疾走者之意，至少爲由健腳組織成者。」

乃元代特技親軍之一。

《元代蒙漢色目人待遇考》：「其初始，還有此種特技之士兵，使服特別之任者，及經若干年月，其内容已有若干變化，但尚爲親軍之一，而受朝廷之優待……。〈食貨志〉歲賜條，則與服事宮廷之昔寶赤，必闍赤等相並，而紀之歲賜事。」

《元史》〈明安傳〉：「至元十三年，世祖詔民之蕩析離居及僧道漏籍，諸色不當差徭萬餘人，充貴赤，命明安領之。」

競走之時，黎明出發，距可二百里，若今日之長途賽跑然，先至御前者，受上償。

《輟耕錄》：「珪齊者，快行是也，每歲一試之，名曰放走，以腳力健捷者受上償。故監臨之官，齊其名數，而約之以繩，使無後先差錯之爭，然後去繩放走。在大都則自河西務起程，若上都則自泥河兒起程，越三時，走一百八十里，直抵御前，俯伏呼萬歲，先至者，賜銀一餅，餘者賜段匹有差。」

《山居新話》：「頭名者，賞銀一錠，第二名賞段子四表裏，第三名二表裏，餘者各一表裏。」按：珪齊，即貴赤，或貴由赤之異譯。

楊允孚、張昱、許有壬、朱𣟄嘗有詩，以詠紀之。

《灤京雜詠》：「九奏鈞天樂漸收，五雲樓閣翠如流。宮中又放灤河走，相國家奴第一籌。」註謂：「灤河至上京二百里，走者名桂齊，黎明自灤河至御前，巳初中刻者上賞。」

《可閑老人集》〈輦下曲〉：「放教貴赤一齊行，平地風生有翅身。未解刻期爭拜下，御前成箇賞金銀。」

《至正集》〈竹枝十首和繼學韻〉：「健步兒郎似箭雲，鈴衣紅帕照青春。一時腳力君休惜，先到金階定賜銀。」

《歷代宮詞》〈明周王百首〉：「健兒千隊足如飛，隨從南郊露未晞。鼓吹聲中春日曉，御前咸著只孫衣。」

至元二十四年，曾置貴赤衛親軍都指揮使司，與回回砲手軍匠上萬戶府，蒙古回回水軍萬戶府，同屬侍衛親軍之一，亦爲特種兵團之一。由亦稱貴赤，當屬步兵中之快速部隊。

詐馬宴。箭內亙據乾隆御製〈塞宴四事〉之詩，謂乃幼童賽馬，且不得稱爲質孫宴。

《元朝制度考》〈詐馬詩序〉：「詐馬爲蒙古舊俗，今漢語俗所謂跑等者也。然元人所云詐馬，實咱馬之誤。蒙古語謂掌食之人爲咱馬，蓋呈馬戲之後，則治宴以賜食耳。所云質孫，乃馬之毛色，即今蒙古語所謂積蘇者，是亦屬魚魯。茲札薩克於進宴時，擇名馬數百，列二十里外，結束鬃尾，去羈韉，馳用幼童，皆取其輕捷致遠，以槍聲爲節，遞施傳響，則眾騎齊騁，矗駴山谷，騰躍爭先，不踰晷刻而達。掄其先至者，三十六騎，優賚有差，所以柔遠人，講武事也。」同書：「據此詩序，所謂詐馬者，即幼童競馬也……。謂……只孫宴，即詐馬宴，則周伯琦之誤解也。」

然據周伯琦〈詐馬行序〉，謂競馬則良確，稱幼童似未妥。至別稱質孫宴，則以服悉一色也，當無非是處。

《近光集》〈詐馬詩序〉：「國家之制，乘輿北幸上京，歲以六月吉日，命宿衛大臣及近侍，服所賜只孫珠翠金寶衣冠腰帶，盛飾名馬，清晨自城外，各持綵杖，列隊馳入禁中，於是上盛服，御殿臨觀，乃大張宴爲樂。惟宗王戚里宿衛大臣，前列行酒，餘各以所職，敘坐合飲，諸坊奏大樂，陳百戲，如是者凡三日而罷。其佩服日一易，大官用羊二千，嗷馬三匹，他費稱是，名之曰質孫宴。只孫，華言一色衣也，俗呼曰詐馬筵。」

賽時，六月擇吉舉行，人馬盛飾。唯灤京雜詠，謂在六月三日。

《灤京雜詠》：「千官萬騎到山椒，箇箇金鞍雉尾高。下馬一齊催入宴，玉闌干外換宮袍。」註謂：「每年六月三日，詐馬筵席，所以喻其盛事也，千官以雉尾飾馬入宴。」

《清容居士集．開平第三集》〈裝馬曲〉：「綵絲絡頭百寶裝，猩血入纓火齊光。錫鈴交驅八風轉，東西夾翼雙龍岡。伏日翠裘不知重，珠帽齊肩顫金鳳。絳闕蔥曨旭日初，逐電迴飆斗光動。寶刀羽箭鳴玲瓏，雁翅卻立朝重瞳。沈沈棕殿雲五色，法曲初奏歌薰風。酮官庭前列千斛，萬甕蒲萄凝紫玉。馳峰庇掌翠釜珍，碧實冰盤行陸續，須臾玉卮黃帕覆，寶訓傳宣爭頫首。黑河液渡辛苦多，畫戟雕閦總勳舊。龍媒嘶風日將暮，宛轉琵琶前起舞。鳴鞭靜蹕宮門閉，長跪齊聲呼萬歲。」

宴則列奇獸，歌舞百戲並陳，三日乃罷。

《灤京雜詠》：「錦衣行處狻猊習，詐馬宴前虎豹良。特敕雲和罷絃管，君王有意聽堯綱。」註謂：「詐馬筵開，盛陳奇獸，宴享既具，必一二大臣稱青吉斯皇帝，禮撤，於是而後禮有文，飲有節矣。」

《扈從集》〈詐馬行序〉：「諸坊奏大樂，陳百戲，如是者凡三日而罷。」

望群騎花團錦簇，哄散萬花中，良宴樂之極至也！

《輦下曲集》：「三司侍宴皇情洽，對御吹螺大禮終，寶扇合鞘催放仗，馬蹄哄散萬花中。」

《草木子》〈雜制篇〉：「北方有詐馬宴席，最其筵之盛也，諸王公貴戚子弟，競以衣馬華侈相高也。」

周伯琦〈詐馬行〉，最足紀其盛。

《近光集》〈詐馬行〉：「華鞍鏤玉連錢驄，彩暈簇轡珠英重。鉤膺障顱鞶鏡叢，星鈴綵校聲瓏瓏。高冠艷服皆王公，良辰盛會如雲從。明珠絡翠光籠葱，文繪縷金紆晴虹。暹毘萬寶腰鞓紅，揚鑣迅策無留蹤。一躍千里眞游龍，渥洼奇種皆避鋒。藹如飛仙集崆峒，乘鸞跨鳳來層空。是時閶闔含薰風，上京六月如初冬。金支滴露冰華濃，水晶殿閣搖瀛蓬。扶桑海色朝曈曈，天子方御龍光宮。袞衣玉璪回重瞳，臨軒接下天威崇。大宴三日酣群悰，萬羊臠炙萬甕醲。九州水陸千官供，曼延角觝呈巧雄。紫衣妙舞衣細蜂，鈞天合奏春融融。獅獰虎嘯跳豹熊，山呼鰲抃萬姓同。曲欄紅藥番簾櫳，柳枝飛蕩搖蒼松。錦花瑤草煙茸茸，龍岡拱揖灤水淙。當年定鼎成周隆，宗藩盤石指顧中。興王彝典歲一逢，發揚祖德並宗功。康衢擊壤登時雍，豈獨耀武彰聲容。願今聖壽齊華嵩，四門大啓達四聰。臣歌天保君彤弓，更圖王會傳無窮。」

宴享競技，既在六月，是月之望日，帝師復雜陳百戲，登城設宴，故巡幸上都中，六月實乃宴樂之高潮月。

《灤京雜詠》：「百戲遊城又及時，西方佛子閱宏規。綵雲隱隱旌旗過，翠閣深深玉笛吹。」註謂：「每年六月望日，帝師以百戲入內，從西華門入，然後登城設宴，謂之遊皇城是也。」

《輦下曲集》：「鑪香夾道湧祥風，梵輦遊城女樂從。望拜綵樓呼萬歲，柘黃袍在半天中。」「華纓孔帽諸番隊，前導伶官戲竹高。白傘葳蕤避馳道，帝師輦下進葡萄。」

五月端陽，亦有龍舟之戲，若大都然。

《石田文集》〈次韻繼學三首〉：「金爵層宵外，銀猊曲檻邊。合香俱國士，持橐半神仙。豈有遮塵手，應無見麴涎。地清天似水，席煖罽如綿。客送蒲萄酒，人分苜宿田。書思趨豹省，掞藻賦龍船。誰念馮唐老，爲郎白首年。」註謂：「時上京自大都移舟到。」

逮秋高馬肥，仍大舉校獵於北涼亭，東涼亭，西涼亭，察罕腦兒，百查兒川，散不剌川諸地，此又別爲一番行樂也。

《讀史方輿紀要》：「涼亭，在開平故衛城南，有東西二涼亭，乃元時巡幸駐蹕處。又衛北有北涼亭，亦元時獵狩處。」

《近光集》：「上京之東五十里，有東涼亭，西百五十里，有西涼亭，其地皆繞水草，有禽魚山獸，置離宮，巡狩至此，歲必獵較焉。」

《扈從集》：「察罕腦兒，云然者，猶漢言白海也，其地有水濼，汪洋而深不可測，下有靈物，氣皆白霧，其地有行在宮……，秋必校獵焉。」《柳待制集》：「八月三日，大駕北巡，將校獵于散不剌，詔免漢官扈從，南旋有期，喜而成詠。」《讀史方輿紀要》：「百查兒川，亦在開平故衛境，元順帝至元中，大獵于此。」「三不剌川，在開平故衛境。元主鐵木兒立于上都，狩于三不剌川之地，以董文用諫，遂還大都。」（按：即散不剌。）

四、結　論

扈從上都，蒙人良爲賞心樂事。唯白首文翰，襆被千里，又當天寒路險，良亦苦矣！迺賢有詩：「征人七月度榆關，貂皮裁衣尚懼寒。」袁桷《開平第四集》〈序〉亦謂：「五月灤陽大寒」。袁桷曾賦詩五首，以述〈行路難〉：「桑乾嶺上十八盤，赤日東出紅團團。迴頭平田樹如髮，北去沙石何彌漫。青帘高低知客倦，勸汝一杯下前阪。馬蹄護鐵聲琮琤，帖石朱闌列危棧。度嶺林昏泊官驛，冰湧虛泥踰五尺。馬行猶知泥淺深，重車沒踝路莫尋。」故〈子規詞〉，愴然有感曰：「不如歸去，君家南山松萬樹，我欲送君歸，憐汝歲上灤陽路。」然得一覽邊外名勝，預聲色極娛，兼以上都風光，似屬不惡：煙柳成行，金蓮滿野，芍藥墨菊，皆殊堪欣賞。

《灤京雜詠》：「東風吹暖柳如煙，寄語行人緩著鞭。燕舞巧防鴉鶻落，馬嘶驚起駱駝眠。」「時雨初肥芍藥苗，脆甘味壓酒腸消。揚州簾卷東風裏，曾惜名花第一嬌。」有註云：「草地芍藥，初生軟美，人多采食之。」又云：「東風亦肯到天涯，燕子飛來相國家。若較內園紅芍藥，洛陽輸卻牡丹花。」註謂：「內園芍藥彌望，亭亭直上數尺許，花大如斗，揚州芍藥稱第一，終不及上京也。」

《上京雜詠》：「土屋層層綠，沙坡簇簇黃。馬鳴知雹急，雁過識天涼。墨菊清秋色，金蓮細雨香。內園通閬苑，千樹壓群芳。」

至閒中看打毬鬥鵪，賞華嚴寺之奇構。

《輦下曲集》：「閒家日逐小公侯，藍棒相隨覓打毬。向晚醉嫌歸路遠，金鞭捎過御街頭。」「鬥鵪初罷草初黃，錦袋牙牌日自將。鬧市閒坊尋搭對，紅塵走殺少年狂。」

《平平第四集》〈華嚴寺〉：「寶構熒煌接帝青，行營列峙火晶熒。運斤巧鬬攢千柱，相杵歌長築萬釘。雲擁殿心團寶蓋，風翻簷角響金鈴。隃知帝力超前古，側布端能動地靈。」註謂：「殿基水泉湧沸，以木釘萬枚築之，其費鉅萬。」

郊遊逢民女修禊事，寶金花，均別有一番風趣。

《山居新話》：「余屢爲灤陽之行，每歲七月半，郡人傾城出南門外祭奠，婦人悉穿金紗，謂之賽金紗，以節序之稱也。」

《灤京雜詠》：「脫圈窈窕意如何，羅綺香風漾綠波。信是唐宮行樂處，水邊三月麗人多。」註謂：「上巳日，灤京士女，競作綵圈，臨水棄之，即修禊之義也。」

兼以上都西山，臨湖泊，傳有巨龍。故用佛者言，樹鐵幡竿，高數十丈以鎮之。此地，入春以後，芳草如茵，野花盛開。峰巒疊翠，碧波蕩漾，湖光山色，掩映如畫。兼以，可覽鐵幡竿，高數十丈之奇。故爲郡中士女踏青，扈從北來文翰，遊憩覽勝之地。楊允孚、周伯琦、胡助均有詩以詠之。

《灤京雜詠》：「鐵幡竿下草如茵，澹澹東風六月春。高柳豈堪供過客，好花留待踏青人。」註：「即鄂爾多，踏青人，指宮人也。」

《近光集》〈立秋日書事五首〉：「鐵刹標山影，金鋪耀日華。龍迴秋歇雨，燕落畫翻沙。苑御調驍騎，宮官葺幰車。長揚誰共賦，滿耳沸寒茄。」

《純白齋類稿》〈灤陽雜詠十首〉：「小西門外草漫漫，白露珠垂午未乾。沙漠崢嶸車馬道，半空秋影鐵幡竿。」

迨七月十五中元節，佛家盂蘭盆會，散燈湖中，燭光萬點，順鐵幡竿渠而下，頓化火龍，尤爲仕女臨覽之盛事。凡此，當足以自遺。

《伊濱集》〈上京〉：「鐵幡竿下散燈回，茜褐高僧夜咒雷。明日皇家賜酺宴，秋雲漠漠曉光開。」

（原載民國五十二年十二月《中國邊政》二、三期，曾結集於「元代蒙古文化論集」。因加增補，故另行結集。）

靜修先生文集詩箋——兼論其遊蹤與交遊

按元名儒劉因，字夢吉，號靜修，保定之容城人。幼懷大志，天資絕人。既作希聖解，以示其希聖希賢之抱負。復有秋夕感懷之吟，以述其轉乾旋坤之雄心。故一生博覽群書，通經史子集百家之言。而於性理之學，則尤爲精邃。闢異端，辨邪說，不唯非掇拾前聞可比。且論事必本乎三代，動靜務期諸古人。故後之論者以爲閩洛之後，未之先也。又因元非其輔，不足有爲於斯時，遂以道尊爲己任，累徵而不仕。終至世祖嘗慨然嘆譽之曰：古有不召之臣，豈斯人之徒歟！誠乃清節名震當世，高風千古同欽。影響所及，足以廉頑立儒，厲俗興化。至其詩文，詩則直逼盛唐，與盧摯並爲一代翹首。文則雄渾蒼勁，有洞貫千古之勢。故後世以爲：雖謂元有三儒，然實先生一人而已。用能兩百年間，建請配祀宣廟者，無慮數十人。

一、前　言

靜修先生文集，凡二十二卷。計詩十四卷，樂府一卷，碑銘一卷，墓表墓銘一卷，記一卷，序一卷，說、銘、像贊、祝文、祭文一卷，書疏雜文一卷，書後題跋一卷。其中詩十四卷，凡收七百餘首，除感時抒懷，一般景物之吟詠外，餘皆與友酬唱，遊蹤所及，詠山歌水，名勝古蹟之作。謹就四部叢刊本，試加箋註，當可概見其交遊與遊蹤之情形，對靜修先生之研究，或不無裨益焉。

二、箋　註

*1.*卷一「韓魏公祠」：祀宋韓琦，在定縣儒學之西。宋元平三年，州牧韓絳，從民之請，立祠祀之。（畿輔通志卷一七七祠宇、定州。）

*2.*卷一「仙台」：在易縣郎山東北，台有三峰，甚為崇峻，燕昭王求仙處也。舊志云：在縣東南七里非是。（易州志卷九、古蹟。）

另涿縣西五十里，亦有仙台。台東有三峰，甚崇峻。騰雲冠峰，高霞翼峰，岫壑仲深。耆舊言：燕昭王求神仙處也。（畿輔通志卷一六、署宅、涿州）靜修所遊，二者未知孰是？

*3.*卷一黃金台：在易縣東南，易水東南十八里。春秋燕昭王，為雪恥復仇，築台以延攬天下豪傑處也。按今北平、安肅、滿城，皆有黃金台，惟易縣者為有據，餘皆後人所築。（畿輔通志卷一六四署宅、易州。）

*4.*卷一「經古城」：在容城縣北十五里，城子村前，周圍七里。故老云：唐竇建德所築。亦

即縣八景之一，古城春意也。（古今圖書集成六十九册、保定府、古蹟考、容城縣。）

5.卷一「馮瀛王吟詩台」：在河間縣東門內，高五丈，寬倍之，四望極遠，靜修以爲馮瀛王吟詩台。（古今圖書集成七十册、河間府、古蹟考。）

易縣亦有吟台，在太寧山積翠屏下，五代馮道故居，後建爲靜覺寺。（畿輔通志卷一六四、署宅、易州。）

6.卷一「張燕公讀書堂」：在滿城縣抱陽山東北巖下。燕公，唐張說也。開元初，拜中書令，封燕國公。（古今圖書集成六十九册、保定府、古蹟考。）

7.卷一「龍潭」：亦名龍山湖，在唐縣葛洪山北，四山壁立萬仞，水出其中，長九里，橫三里，有瀑布泉五，注碧石下，沫大如輪，聲如雷鳴。山之趾，奇石林立，怪不可狀。（古今圖書集成六十八册、保定府、山川考。）

8.卷一「西山」：在宛平縣西三十里，亦名小清涼。燕都唯西山爲最，奇峰內接太行，外屬諸郡，磅礴數百里，重岡疊阜，群赴於燕。土人以其西來，號曰西山。每大雪初霽，千峰積素，若圖畫然。（畿輔通志卷五十七、山川、宛平縣。）

9.卷一「游天城」：即天城岩，在易縣西南九十里郎山上。以其狀如城，故名。（古今圖書集成六十八册、山川考、易州。）

10.卷一「游源泉」：在易縣西北一十里，發源白楊嶺下，由西轉東而南，注入易水。（古今圖書集成六十八册、山川考、易州。）

11.卷一「游雲水菴」：雲水洞，在房山縣上方寺嶺西，洞門高丈餘，深數十丈。疑雲水菴，當位於此。（畿輔通志卷五十七、山川、房山縣。）

12.卷一「題歲寒亭」：趙縣城內，有歲寒軒。歲寒亭，疑即此。（畿輔通志卷一六四、署宅、趙州。）

13.卷一「泛舟西溪」：在定縣北，通黑龍澤，水清澈底，湛若玻璃。（畿輔通志卷六十六、山川、曲陽縣。）

14.卷二「友善堂送文子周使江西」，嘗官郎中，奉使宣慰江西。（秋澗大全集卷八送文郎中子周宣慰江西。）

15.卷二「九日登洪崖」：即洪崖山，在易縣西北三十里，高萬仞，積雪不消。故老云：張果煉丹於此。（古今圖書集成六十八册、山川考、易州。）

16.卷二「游龍宮」：即龍宮山，在淶水縣西北三十里，中有五洞，百泉匯而不流，潛通石井，在洞外尺許。（古今圖書集成六十八册、山川、淶水縣。）

17.卷二「三月二十二日同仲韞飲北溪」：何瑋字仲韞，其先陝州人，後家於易。父伯祥卒，襲行軍千戶，後累遷參政、左丞，仕至中書平章政事。至元十五年，以阿合馬用事，購書萬卷，辭官還易。慕靜修學行，函請館教於家。先生因樂易風土，羡其藏書，而允就焉。相聚三載，賓主歡洽，情誼至密。（滋溪文稿卷八靜修先生劉公墓表、程雪樓文集卷八梁國何文正公神道碑、元史卷一五〇、新元史一四八本傳。）

18.卷二「登聖泉菴」：在密雲縣東六十里龍門山，時有五色雲氣。又有黃崖洞，懸泉如瀑布，洞內有天然石磴、石獅、蹟尚存。（畿輔通志卷五十七、山川、密雲縣。）

19.卷二「飛泉亭」：在宛平縣五華山西北，有泉自山畔流出，建亭於上以翼之。（嘉慶重修一統志卷八、順天府、古蹟。）

20.卷二「李伯堅宣慰荊南」：李鑌字伯堅，契丹人。以世家子，入侍安北王。嘗典保定者五年，至元二十八年，擢荊南宣慰使。爲人安靜樂易，屈己下人，所至有政聲。先生嘗爲撰名字說，復於其宣慰荊南時，與保定諸友，賀之以詩，且爲之序。（靜修先生文集卷二十少中李公名字說。）

21.卷二「送郝仲常游北嶽」：名彝，字仲常，澤州陵川人，隱居以終。祖天挺，父思溫，皆名儒。兄經，弟庸。經嘗以翰林侍讀學士，充國信使，奉使於宋。（元朝文類卷五十八翰林侍讀學士郝公神道碑、元遺山先生文集卷二十三郝先生墓銘、元朝名臣事略卷十五國信使郝文忠公。）

22.卷四「登荊軻山」：在易縣西五里，相傳爲荊軻里。（古今圖書集成六十八冊、易州、山川。）

23.卷四「雪翠軒」：乃靜修居易時之軒名。（靜修先生文集卷五雪翠軒觀太寧火。）

24.卷四「飲山亭雨後」：在宛平縣西，元馬文友所建。亭周，遍植牡丹、芍藥、薔薇諸花卉。靜修嘗多次遊憩於此，有詩十四首，詞五闋以詠記之。（畿輔通志卷五十三，古蹟，順天府。靜修先生文集卷十一「飲山亭雜花卉」八首。）

25.卷四「渡白溝」：即白溝河，在縣東北三十里，宋遼以此分界。爲巨馬、中易、北易三河會流處。由新城縣之高橋，流入容城縣界。舊從白溝店北流，永樂間，從店南經王祥邸，流瀉雄縣。（容城縣志卷一、山川。）

26.卷四「登鎭州龍興寺閣」：鎭州，今河北之正定縣。唐曰鎭州，後晉曰恒州，宋元明清曰正定府。（正定府志卷首、沿革表。）龍興寺，一名隆興寺，又名大佛寺，在縣東門內。（嘉慶重修一統志卷二十九、正定府、古蹟。）寺後有大悲閣，一名天寧閣，即靜修所謂之龍興寺閣也。閣凡九間五層，高百三十尺。有銅鑄觀音像，高七十三尺，宋開寶四年建。（正定府志卷二、古蹟。）

27.卷四「過易州登西樓」：易州，即今河北易縣。

28.卷四「乙亥十月往平定奔外舅郭判官喪早發土門宿故關書所見」：平定，即今山西平定縣。土門，在井陘縣東，發源於縣西十里之鹿泉水，即陘水，繞城南而東，灌注其間。（畿輔通志卷六十七、山川、井陘縣。）

29.卷四「送寇長卿同知荆南」：寇元德，字長卿，中山安喜人。早歲以文學受知於廉希憲，選侍世祖於潛邸。從征江南，自眞定宣撫司經歷，累遷路總管、兩浙都轉運使。爲政廉易，姚樞、楊果、王磐諸名臣，皆有詩以美之。靜修當其同知荊南時，嘗有詩以送之，並撰其父墓表。（靜修先生文集卷十七處士寇君墓表。）

30.卷五「雪翠軒觀太寧火」：太寧，即太寧山，今名永寧山，在易縣西五十里，中有泰寧寺。山勢自太行來，巍峨聳拔。峻嶺崇山環其外，靈巖翠岫衞其間。前有白洞河，後有拒馬河。乾隆八年，賜名永寧山。（畿輔通志卷六十六，山川、易州。）

31.卷五「山行見馬耳峰」：即馬耳山，在完縣西二十里。山形雄秀，雙峰對峙，似馬耳。東峰在完縣境，西峰在唐縣境。（畿輔通志卷五十九、山川、完縣。古今圖書集成六十八册、保定府、山川。）

32.卷五「南溪行」：梁至剛，字浩然，號南溪老人，新安之隱君子也。好論古今，談性理。與靜修友善，每造訪，輒攜美酒佳肴，爲旬月之留。子泰，從靜修受業。及靜修卒，遂與其子，及先生門人，共建祠與書院，以祀靜修，而廣其訓。（畿輔通志卷一一四，危素撰靜修書院記，卷一七五，孫逢奇撰重葺靜修祀堂暨配祀諸賢始末記、卷二一二本傳。）

33.卷五「煙霞觀雲巢松」：退谷，在宛平縣西，香山西北。谷中小亭翼然，曰退翁。亭前有水可流觴，東上石門巍然，曰煙霞窟。疑煙霞觀，當位於此，今已湮沒。（畿輔通志卷五十七、山川、宛平縣。）

34.卷六「觀雷溪」：源出易縣西百五之五迴嶺，山勢紆迴，灘急水喘，其聲如雷，故名。（古今圖書集成六十八册、保定府、山川、雷溪。易州、山川、五迴嶺。）

35.卷六「游郎山」：在易縣西南五十里，上有天城岩、東水岩、西水岩、大峨嵋岩、姑姑窩寨。（古今圖書集成六十八册、易州、山川。）

36.卷六「示孫諧」：字伯和，渾源之橫山人。父拱，自順天諸路甲匠都總管，仕至益都路總管兼府尹，卒於官，謚文莊。諧，幼從靜修受業。大德間，任利器庫提點，丁憂歸。皇慶元年，起爲寶源庫提點。（程雪樓文集卷十三、承慶堂記。畿輔通志卷一六八、宦蹟、孫拱。）

37.卷七「晚上易台」：在易縣北一里。（畿輔通志卷一六四、署宅、易州。）

38.卷七「登武陽」：在易縣西北，蓋燕昭王所城也。東西二十里，南北十五里。州志則謂：在縣東南十里。（畿輔通志卷一五九、城址、易州。）

39.卷七「滿城道中」：今河北滿城縣。

40.卷七「虞帝廟」：在房山縣西南五十里。大興縣亦有虞帝廟，唐德宗貞元十二年重建，元王惲有大都復虞帝廟碑。未知二者，何處爲靜修所吟遊者。（畿輔通志卷一七五、祠宇、大興縣、房山縣。）

41.卷七「奇村道中」：在滿城縣東十五里，村西北里許，泉水湧出，其闊一畝，故曰一畝泉，一名西塘泊，一名尙泉。（畿輔通志卷五十九、山川、滿城縣。）

42.卷七「早發濡上」：即濡水，有南北之分。南濡水今名方順河，源出河北完縣境，亦曰祁水，又稱祁河，東流至滿城縣，又東至清苑縣，曰石橋河，與清苑河合。北濡水，即北易，今名沙河。源出固安縣之馬頭山，經易縣北境，東南流入定興縣北，與中易合。（易州志卷二、山川。）

43.卷七「重渡滹沱」：即滹沱河，源出山西繁峙縣泰戲山，東流經眞定路之眞定、藁城、平山諸縣，又東北抵晉寧縣境，入衛河。（新元史卷五十三、河渠志。）元時河在縣南一里，今河在縣南八里。（畿輔通志卷六十三、山川、正定縣。）

44.卷七「憶金坡道院」：即金台坡，在易縣東南三十里，燕昭王所建。置黃金於台上，以招賢士，故名。金坡道院，疑位於此，已堙沒。（易州志卷二、山川。）

45.卷七「過唐水望堯山」：即堂水，在新河縣西，漢置堂陽縣。應劭曰：在堂水之陽，故名。（古今圖書集成七十册、眞定府、山川、新河縣。）堯山，在唐縣北八里，相傳堯始封於此，故上有堯祠。一名宣霧山，又名虛無山。（古今圖書集成七十二册、順德府、山川、唐縣。）

46.卷七「哀徐生」：名景巖，幼從靜修受業，資秉明敏，勤學能文，惜至元十二年卒，僅二十六歲，文靖深爲痛悼。（靜修先生文集卷九、徐生哀挽序。）

47.卷七「寄彥通」：即袁彥通，至元間，爲東鹿令，明而能決，豪滑歛迹，時稱能吏，與靜修過從甚密。（畿輔通志卷一八五、宦績。）

48.卷七「何太夫人壽」：何韞母氏。

49.卷七「頤齋張先生挽卷」：張德輝，字耀卿，號頤齋，冀寧之交城人。自萬戶府經歷，累遷宣撫使、翰林學士、侍御史。至元十一年卒，享年八十。晚年與元好問、李治，同遊封龍，時人稱之爲龍山三老。以與靜修之伯祖國寶，同舍於金太學，故爲通家。文靖與之，亦忘年之交也。（秋澗大全集卷四十一故翰林學士河東南北路宣撫使張公挽詩序、元朝名臣事略卷十宣撫使張公、滋溪文稿卷八靜修先生劉公墓表、元史卷一六二、新元史卷一六七本傳。）

50.卷七「過奉先」：即今河北之房山縣。金名奉先縣，元至元二十七年，改今名。（元史卷五十八、地理志。）

51.卷七「盧學士按察江東」：盧摯，字處道，一字莘老，涿郡人。至元五年進士，博洽而有文思。累遷路總管、集賢學士、江東廉訪使、仕至翰林學士承旨。元初能文而風致者，曰姚盧，蓋姚燧與摯也。至古今體詩，則靜修與摯爲翹首，有疏齋集行於世。與靜修爲文友，乃知交。（新元史卷二三七、畿輔通志卷二一一本傳、靜修先生文集卷二十友松軒銘幷序、輟耕錄卷五座右銘、道園學古錄卷二十五河圖仙壇之碑。）

52.卷七「登保府市閣」：即保定府，今河北清苑縣。

53.卷七「示張源」：字孝夫，性剛直，歷宦風憲。（陶學士集卷七「次張孝夫述懷韻」。）

54.卷七「寄子東太守」：郭謙，字子東，易州定興人。累官太守，秩奉議大夫。父宏敬，字彥誠，自東鹿令，累遷易州，完州守。母張氏，蔡國公張柔之女也。子東與靜修，過從甚密，交誼契厚。（靜修先生文集卷十七易州太守郭君墓銘、郭君夫人墓誌銘、商務印書館叢書集成本靜修先生文集卷三與郭子東書。）

55.卷七「宣慰孫公慶七十詩」：名公亮，渾源之橫山人。父威，幼有巧思，善製甲冑，受知太祖太宗，仕至順天等路工匠都總管。威卒，公亮襲職。後累歷彰德路總管，監察御史，仕至正議大夫浙西道宣慰使。靜修識公亮於鎮州，後復職其子拱於保定。孫諧，又從靜修受業，可謂三代交。（秋澗大全集卷五十八、大元故正議大夫浙西道宣慰使行工部尚書孫公神道碑、靜修先生文集卷十六、中順大夫彰德路總管渾源孫公塋碑銘。）

56.卷七「楊子忠總管福州」：庸，字子忠，號潛齋。中統二年，特授孔顏孟三氏子孫教授，後仕至福州路總管。（紫山大全集卷十「楊子忠潛齋記」。）

57.卷八「夢先隴」：按隴，即壟，蓋先塋也。在今河北清苑縣之溝市村，拒馬河逕此入白溝河。（畿輔通志卷五十九、山川、拒馬河、卷一七三、祠宇、楊俊民撰、劉靜修祠記。）

58.卷八「過鄉縣古西方故居」：在容城縣境，已堙沒。（畿輔通志卷一六一、署宅、容城縣、古西方故居。）

59.卷八「外家西園李花」：靜修母楊夫人，鄉先生勉之女也。故園在河北之清苑縣，今失其地。（元史論叢、元劉靜修行事編年。）

60.卷八「登雄州城樓」：今河北雄縣。

61.卷八「宿玉泉村」：在行唐縣西北，村有玉泉院，明初建。（畿輔通志卷一八一、寺觀、行唐縣。）

62.卷八「野亭會飲」：元時，盧溝橋畔，有符氏雅集亭，貢奎雲林集，謂之野亭。（畿輔通志卷一六〇、署宅、大興縣。）

63.卷八「夢鎮州潭園」：在正定縣城外，五代初，王鎔嘗館李國威於此。亭觀壯麗，鎮人謂之潭園。入宋，嘗置行宮於此。初名梅子園，又名海子園。潭園之勝，自唐時已著名，歷五代至宋時，屢見名人詠題，靜修父，嘗隱居於此。（正定府志卷二、古蹟、畿輔通志卷一六二、署宅、正定縣、海子園。）

64.卷八「井陘淮陰侯廟」：在獲鹿縣西六十里，古井陘口。（畿輔通志卷一七六、祠宇、獲鹿縣。）

65.卷八「次韻答張夢符侍郎」：張孔係，字夢符，其先出遼之烏若部，後徙家隆安。自東平萬戶府議事官，累遷奉禮郎，戶部員外郎。按察副使，侍御史，路總管，仕至集賢大學士、翰林學士承旨，大德十一年卒。善琴，工山水石竹，尤精騎射。夢符與靜修，情誼深厚，雖遠隔千里，猶有詩酬唱。（新元史卷二〇二本傳。）

66.卷九「張氏西園」：在清苑縣西門內，雙井胡衕。（畿輔通志卷一六一、署宅、清苑縣。）

67.卷九「示彩麟」：姓郝氏，渾源陵川人，從靜修受業。父經卒，恩受林州知州。歷集賢直學士，終山南廉訪使。（宋元學案卷九一、靜修學案、元朝文類卷五十八、翰林學士郝公神道碑、元史卷一五七、新元史卷一六八本傳、秋澗先生大全集卷九一、保郝彩麟狀、元詩選祭集丁。）

68.卷九「哭王之才編修」：僅知其曾任編修。（靜修先生文集卷十麟齋記。）

69.卷九「望易京」：在雄縣西北，後漢書公孫瓚傳：瓚破擒劉虞，盡有幽州之地，乃臨易河盛修宮壘樓觀數十。與袁紹戰，走還易京固守，爲圍塹十重。於塹裏築京，皆高五六丈，爲樓其上。中塹爲京，特高十丈，自居焉。今城壁夷平，樓台尙存，猶高一丈，世名易京樓。（畿輔通志卷一五四、城址、雄縣。）

70.卷九「送董巨源尋親」：瀛字巨源，眞定蒿城人。自經歷，中書左司郎中，知林州，以江北淮東道提利按察使致仕。其父母因戰亂南度，客死異鄉。源嘗訪其遺骸，嚙指瀝血，訪得之，負之北還。（滋溪文稿卷十「元故少中大夫江北淮東按察使董公神道碑」。）

71.卷九「鄉先生漢韓太傅嬰墓」：在任邱縣境，今已失其地。（古今圖書集成七十册、墳墓、任邱縣。）

72.卷九「西湖」：在北平市南玉泉山下，湖東西二里，南北三里，蓋燕之舊池也。乾隆癸亥，疏濬開拓四十里，高宗賜名昆明湖。（畿輔通志卷五十八、山川、大興縣。）

73.卷九「玉乳峰」：疑即乳山，在易縣西南五十里，巔有三孔，狀如星月，又名星月巖。（古

今圖書集成六十八册、山川、易州）

74.卷九「過徐橋」：即徐河橋，在徐水縣南三十里，跨徐水，故名。（嘉慶重修一統志卷十五、保定府、津梁。）

75.卷九「過東安趙宋先塋」：在清苑縣東南，御城西北，僖祖曰欽陵，順祖曰慶陵，翼祖曰安陵。太平興國中，以祖宗陵墓所在，因置保州。（畿輔通志卷一六八、陵墓、清苑縣、趙三陵。）

76.卷九「洪元宮」：因自註謂：明日擬到天城。故洪元宮，在易縣南境，赴郎山天城岩途中，今已煙沒。

77.卷九「張仲賢宣慰淮東過予山中臨別贈詩」：堯山人，出自金名族。少嘗爲刀筆吏，鄉先生訪之令學，遂篤志力行，世以儒爲業。自省掾，出參山東眞定諸幕，入爲京官。復出爲宣慰同知，後擢淮東宣慰使。與靜修爲知交，行前嘗訪先生於山中，暢談終夕，並相約共作江淮之遊。（靜修先生文集卷十九、送張仲賢宣慰東序。）

78.卷九「憩謁山寺」：謁山，在滿城縣北七里，山勢東北行，如朝謁然，故名。（古今圖書集成六十八册、保定府、山川。）寺以山名，當在山中，今已堙沒。

79.卷九「唐張忠孝山亭故基」：在易縣縣署花園內。（畿輔通志卷一五〇、金石、易州、易州刺史張忠孝山亭序。）

80.卷九「登武遂北城」：在武強縣東三十里，今爲沙漥村，蓋漢置縣也。（畿輔通志卷一五九、城址、武強縣。）

81.卷十「定興文廟枯杏復花其尹求詩」：今河北定興縣。

82.卷十「登中山北城」：在唐縣西北十三里嶺上，後燕慕容垂都中山，即此。清時，掘土城下，猶得矢簇甚多。（畿輔通志卷一五四、城址、唐縣。）

83.卷十「宿華陽台」：在涿縣縣城西北隅。按台今廢，惟城西北有漥地十餘畝，中有土阜，高數尺，周數十步，土人謂爲台之遺址。又北門之西，有土隆然，或謂即華陽台，然俱無可取證。舊傳燕太子丹，與樊將軍置酒華陽館，出美女奇馬，即此處。（畿輔通志卷一六〇、署宅、涿州。）

84.卷十「飲聞雞台」：在定縣南，道志云：中山郡南，有北台，蓋燕太子丹聞雞處也。（古今圖書集成七十一册、眞定府、古蹟考。）

85.卷十一「明珠穴」：明珠窩，在滿城縣抱陽山東巖下。以巖崩裂，如杯盤之半，瑩滑無琢削痕，俗名明珠窩。疑明珠穴即此。（古今圖書集成六十九册、保定府、山川。）

86.卷十二「抱陽南軒」：在滿城縣抱陽山中，亦名繼志菴。宋紹聖間，方仲良父子，講學於此。因山勢南拱，內谷溫和，隆冬甚寒，冰雪少積，故曰抱陽。山有石洞七十二處，大者可容二三百人，小者亦容數十人。中有石床石井，皆若天造。花木蓊翳，又名花陽山。（畿輔通志卷五

十九、山川、清苑縣、卷一六一、署宅、滿城縣。）

87.卷十二「己卯九月二十八日夢過先妣墓得詩覺而忘其第三句因足成之」：己卯爲至元十六年，時靜修三十一歲，館教於此。妣墓在鎭州，蓋母氏楊夫人，丙辰，憲宗六年卒，因家鎭州，故寓葬於此。（拙作元史論叢劉靜修行事編年）

88.卷十三「田孝子詩卷」：名喜，清苑人，以孝行聞於鄉里。蓋金貞若間，元軍陷保州，集民屠之。喜乘暗以身覆父，中兩刀不死。選爲工匠，北行途中，聞父卒不免，逃歸，求父屍葬之。元遺山、郝陵川等，皆有詩以美之。子道章，資高爽，喜讀書，與靜修友善，嘗訪之易上，求銘其先人。（新元史卷二三九本傳、靜修先生文集卷十七孝子田君墓表。）

89.卷十三「鼓城龍湫」：即鼓城山，在晉縣西北五里。相傳春秋時鼓子所居，隋以名縣，今土阜是其遺址。（正定府志卷三、山川。）

90.卷十三「宿洪崖觀」：當在易縣西北三十里之洪崖山中，蓋觀或以山名也。惟州志無此觀，今失其地。

91.卷十四「惷齋」：劉仲祥，字惷齋，安肅人。隱教不仕，著書自娛。與靜修友善，文靖嘗爲撰惷齋說，並序其中祀釋奠儀，因譬之謂：明敏博物，性理深邃，能爲專門之業。（畿輔通志卷二一二本傳、靜修先生文集卷十九、中祀釋奠儀序、卷二十、惷齋。）

92.卷十四「賀廉侯舉次兒子」：畏吾兒人，名惠，後更名孚。元初名臣希憲之冢子，仕至僉遼陽行省事。（公元卷一二六、新元史卷一五五廉希憲傳、靜修先生文集卷十九、廉公惠更名序。）

93.卷十四「李臨城哀挽」：字仲溫，嘗令臨城，有政聲，民爲立之碑以頌之。（秋澗大全集卷三十四、李臨城挽章、西巖集挽題臨城李令仲溫哀卷。）

94.卷十四「萬壽宮館舍」：在大興縣南蓬萊坊，元至元十四年敕建，以居玄教第一代大宗師張留孫。亦名崇眞萬壽宮，俗名天師菴。（元史論叢、元代玄教宮觀教區考）

95.卷十四「踈齋」：踈即疎，亦即疏，盧摯號，見前註。

96.卷十四「長卿兒子百晬」：寇元德字，見前註。

96.卷十三「郝先生知林州」：即彩麟，見前註。林州，即今河南之林縣。

97.商務叢書集成本靜修先生文集卷五「橫翠樓賦」：在清苑縣城東北隅，元時張柔建。（畿輔通志卷一六一、署宅、清苑縣。）

98.叢書集成本卷五「矮松園」：在清苑縣城西南隅，今廢。（古今圖書集成六十四册、保定府、古蹟。）

99.叢書集成本卷六「匏瓜亭」：在燕之陽春門外十里。汲郡趙鼎蔭禹卿父子，因靖康之亂，北徙於燕，城東村，有別墅，構亭曰匏瓜，王磐有序，王鶚記文，詩人雅士，每宴集於此。亭之大小，不過尋丈，而金元以來，士大夫競爲歌吟，長篇短章，不可勝記。元時大都亭園，多在城之西南，唯匏瓜亭在城東，故曰東皐。（畿輔通志卷一六〇、署宅、大興縣。）

100.叢書集成本卷八「淶水」：源出今河北縣淶源縣之淶山，故名。東流經易縣，曲折而南，經淶水、定興、容城諸縣，至白溝河店，曰白溝河。經雄縣，入大清河。又名拒馬河，晉劉琨拒石勒於此，因名。（古今圖書集成六十八册、保定府、山川。）

101.叢書集成本卷八「送郝季常赴正陽幕」：陵川人，名庸，季常其字也。長兄翰林侍讀學士經，充國信史使宋，宋人拘之眞儀。庸自請爲使以責宋，時人賢之。嘗從靜修受業，歷官潁州知州。（宋元學案卷九十一、靜修學案、元史卷一五七、新元史卷一六八郝經傳。）

102.叢書集成本卷八「侍其提學哀輓」：名軸，汴人，金亡，董俊慕其學行，禮請館教於家，後官眞定提學，靜修嘗從之受業。（宋元學案補遺卷九十。）

103.叢書集成本卷九「鎭州望抱犢山」：在獲鹿縣西八里，原名萆山。山四面險絕，頂有二泉。山之陽，又有文龍洞。（嘉慶重修一統志卷二十七、正定府、山川。）

104.叢書集成本卷九「憶伯常」：名經，伯常其字，澤州之陵川人。祖天挺，父思溫，皆名儒。經幼年沈厚寡言，篤志力學。元初，張柔聞其名，延爲上賓，館教其家。世祖在潛邸，召致之。歲乙丑，授江淮宣慰司副使。中統元年，拜翰林侍讀學士，充國信使。奉使於宋。宋拘之眞儀，凡十六年始得歸。至元十二年卒，有陵川集行於世。因嘗僑寓保定，與靜修友善，故其季弟庸，子彩麟，皆從靜修受業。（元朝文類卷五十八、翰林侍讀學士郝公神道碑、元朝名臣事略卷十五、國信使郝文忠公、宋元學案卷九十一、靜修學案。）

105. 叢書集成本卷十一「大覺寺作」：在宛平縣獅子山下，有敕建碑。（古今圖書集成五十九冊、順天府、祠廟考。）

至於卷一之玉溪精舍、隱仙谷，卷二之潄霞巖、六華峰，卷四之劉茂之，卷五之許天祥，卷七之恒山樓、張之杰、張國綱、烏吉論顯，卷九之皇極道院、水門卷、溪光亭、玉溪山，卷十之雙清堂遺址、趙君玉，卷十一之滴水龕，卷十三之吾山亭，計友六人，地名十二。因所見不廣，未能箋註。設能遍閱河北諸縣誌，待考之名，或能盡釋，友人六人，多年以來，無力考釋。近閱元人傳記索引，亦無所得，可能不易盡釋矣！他如卷二之嚴光等，卷四之范寬等，或爲歷史名人，或見宣和畫譜，故不加箋註。

三、結論

靜修一生，愛山樂水，故遊蹤所及，無不探幽訪勝，期能暢遊其間之名山大川，遍歷一方之昔賢故跡。惜以一生未登仕版，故不僅無法乘宦遊四方之便，以訪天下山川之奇，古今名勝之跡。且因家貧，亦無力遂其南遊江淮嶺海之志。是以，足跡所及，僅太行以東，今河北一隅而已。

然其間，北嶽太行，聳峙其右。累朝故都，雄踞其北。襟山帶河，龍蟠虎踞，既富煙霞瑰麗之景，復多峰巒奇偉之域。加以林泉台榭之勝，弗讓江南。名刹古蹟之衆，甲於天下。以及民風醇樸，自古即多慷慨悲歌之士，故靜修一生，所以志節高潔，詩文壯麗飄逸，若不食人間煙火然。此種山川靈秀之涵養，名勝古蹟之陶冶，未始不大有助益焉。

至其交遊唱和之友，約七十餘人。由於僅具姓氏職官或字號，多不可考。然大體論之，多屬卓行之士，如田喜父子、董巨濟、張之杰等。飽學之儒，如盧摯、郝經、侯克中、滕安上等。或鄉黨鄰里之交，如王至剛、趙安之、田吉甫等。父執通家之誼，如張德輝、楊恕、楊時煦等。

保定雖密邇京師，復當南北交通之孔道。名公巨卿，入京外放；文人雅士，觀光上國，輒又取道於此，故可供因緣攀交之機會至多。然靜修之交遊，旣未若時人之廣。達官貴戚之交，尤不及世人之衆。且皆爲一代名臣，如不忽木、張九思、王忱、李謙等。史評其梯級嚴峻，不妄結納，信乎其言也。

（本文原爲劉靜修評傳之一節，民國六十年，承國科會補助完成，謹此誌謝。）

（原載民國七十八年九月中國邊政一〇七期）

元詩中之大都風情

元史卷五十八地理志，大都路謂：大都周六十里，北二，東西南皆三，計十一門。張昱，迺賢，歐陽玄詩，亦言十一門。

可閑老人集卷二「輦下曲」：「大都周遭十一門，草苫土築那吒城。讖言若以專石裹，長似天王衣甲兵。」

金臺集卷一「京城雜言六首」：「神京極高峻，風露恒冷然。憧憧十一門，車馬如雲煙。紫霞擁宮闕，王氣浮山川。峨峨龍虎臺，日月開中天。聖祖肇洪業，永保億萬年。」

圭齋集卷四「漁家傲南詞」：「三月都城遊賞競，宮墻官柳青相暎，十一門頭車馬並。清明近，豪家寒具金盤飣。播祭留連芳草逕，歸來風送梨花信，向晚輕寒添酒病。春煙暝，深深院落秋千迥。」

然王旭，胡助，宋本，吳萊，則謂十二門。按元史並無增闢，大都城門之記載。僅「至正十九年，詔京師十一門，築甕城，造吊橋。」故何以有此歧異，待考。

蘭軒集卷五「送郭以道入京二首」：「虎踞龍盤十二門，王侯第宅若雲屯。百蠻入貢天威遠，四海朝元國勢尊。曉日旌旗明禁路，春風簫鼓震名園。唐堯虞舜今皇是，未必江潭老屈原。」

純白齋類稿卷二「京華雜興詩二十首」：「通門十有二，萬雉雄都城。崇天壯宮闕，朝賀臨大明（按：殿名）。禮樂參今古，郊廟薦德馨。中書總庶務，比屋皆公卿。時有能賦者，揚揚頌休聲。」

元詩選二集卷十一「大都雜詩四首」：「盧溝曉月墮蒼煙，十二門開日色鮮。海上神仙非弱水，人間平地有鈞天。寶幢珠珞瞿曇寺，豪竹哀絲玳瑁筵。春雨如膏三萬里，盡將嵩呼祝堯年。」

淵穎集卷四「二月六日雨書都城舊事」：「燕南趙北吹黃塵，九天宮闕生紫雲。十二門開衢路直，畫輪驄馬多行客。歲寒殿外柳纔青，金水河邊冰尚白。雞人傳漏放曉朝，文石分班押百僚……。」

大都街道寬廣，可九軌並馳。然塵土飛揚，風沙瀰漫。加以馬騰車擁，更致塵深似海。故往來仕女，輒以巾覆面。

純白齋類稿卷二「京華雜興詩二十首」：「天衢肆寬廣，九軌可竝馳。晴雷震奔軸，輕蓋常披披。長風一飇蕩，塵波漲飛天。憧憧有玄相，貿貿無素衣。亦擬頌功德，何如歌式微。」

玉井樵唱卷中「京師三首」：「萬里觀光客，吟懷浩蕩間。黃埃深似霧，綠樹遠疑山。海鶴當秋奮，宮鴉入夜還。破愁唯有酒，春色上衰顏。」

蛻菴集卷五「讀瀛海喜其絕句清遠因口號數詩示九成皆寔意也」：「大風塵土漲飛天，遮眼烏紗拍馬歸。還是洞庭湖水好，待郎來浣舊征衣。」

市中，商賈咸至，百貨畢集。人潮摩肩接踵，車馬擁塞成陣。市招書以金字，簾幃飾以文繡。器則銀甕，食則鱠蟹。故江南之士，目駭其繁榮，心驚其富麗。

純白齋稿卷二「京華雜興詩二十首」：「久安誠富庶，豪華恣奢淫。優坊飾文繡，酒館書塡金。市中商賈集，萬貨列名琛。馳騁貴遊子，車塵如海深。翩翩江南士，駭目還驚心。」

石田文集卷一「都門一百韻用韓文公會合聯句詩韻」：「群儒修麟經，諸將宣豹略。請劍斬樓蘭，傳檄喻邛筰。賈區紫貝粲，酒壚銀甕鑠……。」

入夜，更鑼鼓喧天，人聲吵雜。管弦和鳴，絲竹幽揚。伴歌協舞，通霄達旦。加以男皆華貴，女悉綺羅。宴則八珍奇肴，所費不貲。故歡樂之豪奢，無不一時之最。

霞外詩集卷五「至節即事」：「店舍喧譁徹夜開，熒煌燈火映樓臺。歡遊未曉不歸去，早有元宵氣象來。」

同前：「已有紗籠照舞兒，喧喧鼓篴自相隨。誰家院落來呼喚，門外天明也未知。」

同前：「照席銀山處處同，綺羅人坐畫堂中。笙簫未動初筵秩，先命歌兒歡冒風。」

兼以京師，乃萬方會聚之所。而燕趙多壯士，蒙古多英豪。故沽酒會飲，暢論生平快事。酒酣耳熱，拔劍起舞。英風豪氣，壯盛已極。至於王孫以寶釵易酒，尤爲風流韻事。

霞外詩集卷四「都下初春」：「茶樓酒館照晨光，京師舟車會萬方。驛路草生春報信，御河冰散客遙裝。青山有夢慈親老，白髮無私世事忙。想得故園殘雪後，梅花開遍讀書堂。」

燕石集卷八「誠夫兄寄都下雜五首次韻奉答」：「風吹龍箏樓上頭，市中沽酒會英遊。狂心似火何時遂，定約春風賦御溝。」

文安集卷一「京城閒居雜言八首」：「冀北多良馬，漁陽多壯士。馬休伏槽櫪，壯士習農器。桑棗竟中州，朝貢四方至。外無烽燧警，內有耳目寄。逍遙放良時，歡樂永不替。」

金臺集卷一「京城雜言六首」、「居庸土高厚，民物雄何強。老稚尚弓獵，不復知耕桑。射鵰陰山北，飲馬長城旁。駝馬足甘旨，貂鼠充衣裳。酒酣拔劍舞，四顧天茫茫。」

同前卷一「京城春日二首」：「黃鶴樓東賣酒家，王孫清曉駐遊車。寶釵換得蒲萄（按：酒名）去，今日城東看杏花。」

青樓糜奢，衣則錦繡，器則玉斗，故出入所費甚巨。然狂蝶浪子，偏愛娼優。既戀其姿色之艷麗，體態之輕盈。復喜其舞肢曼妙，新聲婉轉。故聽歌，觀舞，趨之者衆。雖一擲百金，亦在所不計。

玉笥集卷八「大都即事六首」：「紅雪點綿袍，青樓酒價高。朱絲紅糴紗，玉斗紫葡萄。

春饑行綾卷，秋醃割佩刀。簾鈎風不定，觸損鷀翎毛。」

清容居士集卷十三「次韻馬伯庸應奉絕句十八首」：「垂髫雙雙白馬郎，看花不語愁晝長。前堂有婦不肯守，徧愛吳姬與趙娼。」

蛻菴集卷五「讀瀛海喜其絕句清遠因口號數詩示九成皆寔意也」：「賽娘十五解新聲，楊柳腰肢怯轉鶯。好寫潘郎相十八，教伊傳唱滿京城。」

同前：「長川妓子早晨來，戴笠騎驢帕擁腮。總在狹斜坊裏住，教坊日日聽差回。」

元詩選二集卷九「燕都雜題三首」：「花市東邊柳市西，矮堂一笑百金揮。如今蹤跡無尋處，谷雨綿山燕子飛。」

大都既有其紙醉金迷，揮金如土之一面，亦有其貧困艱辛之另一面。蓋物價高昂，王惲嘗有米珠薪桂之嘆。

秋澗集卷二十八「大都即事」：「薪如束桂米量珠，二月中旬凍未蘇。笑殺九遷金馬客，半年僵臥聽除書。」

故在京爲官二十年，雖已陞至二三品之大員。始能購鼠裘一襲，置車一輛，買屋數十椽。按一間之室，有椽十七八。故數十椽，亦不通三四間而已。

蛻菴集卷五「予京居廿稔，始置屋靈春坊。衰老畏寒，始製青鼠袍。且久乏馬，始作一車出入，皆賦詩自志。」：「青鼠毛衣可禦寒，禿襟空褏放身寬。遮頭更著狐皮帽，好箇儂家老契丹。」

同前：「淺淺輕車穩便休，何須高蓋與華輈。短轅不作王丞相，下澤聊爲馬少游。」

同前：「五槐濃綠蔭門前，東宇西房數十椽。不是衰翁買屋住，歸時留作僱船錢。」

二三品之大員，尚且如此。故一般中低階之官員，布袍，破帽，騎驢，高糧麵粥而已。其困窘之狀，居京之大易，誠令人浩嘆不已。

雁門集卷二「京城春日」：「三月京城飛柳花，燕姬白馬小紅車。旌旗日暖將軍府，絃管春深宰相家。小海銀魚吹白浪，層樓珠酒出紅霞。蹇驢破帽杜陵客，獻賦歸來日未斜。」

可閑老人集卷二「輦下曲」：「少年馬後抱熊羆，便佞相傾結所知。一日搭名幫草料，好官多屬跨驢兒。」

燕石集卷九「送翰林應奉壽同海涯挈家覲省十首」：「妻兒含啼紅腐粥，僕夫奈凍吉貝衣。到家同作端午節，角黍如玉紅魚肥。」按「紅腐粥」，當爲業已腐敗，高糧麵所煮成之粥。

同前：「翰林供奉三十強，前春曾是探花郎。年來居京大不易，走向沙頭覓去航。」

至於入京待選之士，千里迢迢，背井離鄉。上無公卿之援引，下無故舊之周濟。故輒蓬首垢面，衣不蔽體，藜藿爲食。貧困潦倒，竟至無以返里。

純白齋類稿卷二「京華雜興詩二十首，有引」：「余待選吏部，貧不能歸，塵衣垢面，憧憧往來，盖莫自知也。」

文安集卷一「京城閒居雜言八首」：「耿耿寒門士，客途困臺城。上無公卿故，下無舊友朋。裘褐不自蔽，藿食空營營。四顧戎沴餘，但聞號苦聲。日負道德懿，敢懷軒冕榮。節食愼所欲，聊以厚我生。」

四方會試之進士，頗多寒士，故多租居麗正門外。由於居室之狹小，房舍之擁擠，時人以魚鱗屋，蝸殼居稱之。

雁門集卷八「得周子善書問京師事及賤跡以絕句十首奉答」：「至公堂下魚鱗屋，麗正門前蝸殼居。三百英雄來獻賦，是中應有馬相如。」註謂：「至公堂，會試之所。四方進士，來試南宮者，率皆僦居麗正門外。」

而小販之貧苦，則爲尤甚。肩挑背負，衣無完襟。不僅日夜奔走，穿梭於巷弄之間。且聲竭力嘶，沿途叫賣。音調之奇異，百般雜陳。聞之雖令人悲傷，然亦燕京一景。

純白齋類稿卷二「京華雜興詩二十首」：「富饌有臭肉，貧衣無完襟。販夫逐微末，泥巷穿幽深。負戴日呼叫，百種聞異聲。馬流爭決拾，曝藏比乾薪。苦樂諒習慣，貧富何由均。」

有關娛樂，則無論貧賤貴盛，均愛鬥雞，鬥鵪鶉，鬥牙牌，擲骰子。按鵪鶉，鳥類雞形，身長六寸，嘴小尾短，色褐，背有黃色條紋，腹白。飼以小米，養於下有硬殼之布囊中。繫於腰間，隨時可鬥。牙牌，即骨牌，亦即今日之天九牌。骰子，古曰呼盧。均爲一種賭具，亦爲一種逸興之遊戲。

元詩選三集卷九「恩制寒食賜百僚宴罷遂幸長公主宅」：「桃花明玉澗，柳葉暗金堤。綠錦呈調馬，朱絲表鬥雞。筵開同日永，樂奏與雲霄。更問平陽第，還過小苑西。」

石田文集卷一「都門一百韻用韓文公會合聯句詩韻」：「奇服燕姬姹，獠語滇童愕。東郊買鬥雞，西市賣馴鶴。宛宛綠項鳳，濯濯紅頭雀。」

可閑老人集卷二「輦下曲」：「鬥鶴初罷草初黃，錦袋牙牌日日將。鬧市閒坊尋踏對，紅塵走殺少年狂。」

霞外詩集卷五「至節即事」：「天街曉色瑞煙濃，名紙相傳盡賀冬。繡幙家家渾不捲，呼盧笑語自從容。」

較量棋藝，欣賞雜劇，雜技，則爲雅俗共賞之樂事。按下棋，無論圍棋、象棋，均源遠流長，且有棋譜，棋經。於此可以概見，其爲世人喜愛之深。雜劇，則文詞雅俗兼具，情節曲折幽美。輒能引人入勝，令人不能自己。雜耍，則多奇技，每有驚心動魄之表演。凡此三者，能累世爲人共賞，當由乎此。

石田文集卷一「都門一百韻用韓文公會合聯句詩韻」：「未央曲罘罳，長楊帀（按：匝）羽繳。閑棋笑遇仙，雜劇坐忘瘧。」

紫山大全集卷七「小兒爬竿」：「休憑口舌慢矜誇，看取當場戲險家。劍鞘高竿斜復正，喧聲百萬動京華。」

同前：「險藝呈來已數回，弄人鼓笛莫相摧。當筵一博天顏喜，百尺竿頭穩下來。」

至於貴族，則打毬，即今日之馬毬。雅士，則賞花養鶴。蓋燕京牡丹，芍藥盛開，其大如斗，豔麗無比。鶴則向爲文人雅士所衷愛，「妻梅子鶴」，尤爲千古傳頌之雅事。

可閑老人集卷二「輦下曲」：「閒家日逐小公侯，藍棒相隨覓打毬。向晚醉嫌歸路遠，金鞭梢過御街頭。」

元詩選三集卷五「酬陸友仁城南雜詩十首」：「尺五城南老圃英，牡丹如斗眩朝霞。君王宴坐奎章閣，中使人間不買花。」

清容居士集卷十三「次韻馬伯庸應奉絕句十八首」：「燕山芍藥大如斗，千朵萬朵凝春煙。健羨南京馬供奉，醉著宮袍不上船。」

石田文集卷「都門一百韻用韓文公會合聯句詩韻」：「水戲鬥魚龍，山蒐獻熊玃……。東郊買鬥雞，西市賣馴鶴。」

此外，婦女短衣，窄袖，騎馬，以黃粉摸額入鬢。富貴之家，尙有崑崙奴隨行。冬季燃媒，入夜有惡作劇者，詐爲傳呼，戲虐行人。

雁門集卷三「京城立春」：「燕姬白馬青絲繮，短衣窄袖銀鐙光。御溝飲馬不回首，貪看柳花飛過牆。」

玉笥集卷八「大都即事六首」：「小海春如畫，斜家曉賣花。連錢遊子騎，斑竹美人家。襖色搖紅段，鞶香鬥蠟茶。額黃斜入賓，側髻半翻鴉。」

同前：「三月西山道，春風平則門。繡鞍紅叱撥，氈帽黑崑崙。衣襆分香裏，壺餅借火溫。醉歸楊柳月，綠霧掩黃昏。」

玉井樵唱卷上「燕山寒二首」：「地穴玲瓏石炭紅，土床蘆簟覺春融。一窗明月江南夢，恍在重簾暖閣中。」

燕石集卷九「夜歸即事」：「九衢塵土夜糢糊，疑段無膔不任驅。聞是鳴騶忙避路，誰知惡少詐傳呼。」

成吉思汗，因四征不庭，心胸寬廣，故所有宗教，均等同視之。因此，大都除道教，佛教外，尚有薩滿教。

可閑老人集卷二「輦下曲」：「龍虎山中有道家，上清劍履絢晴霞。依時進謁棕毛殿，坐賜金瓶數十茶。」

同前：「旃檀佛像身丈六，三十二相俱完全。流傳釋家親受記，止於大國來西天。」

同前：「狼纛且拋何且咒，女巫憑此十妖祥。手持樸樕揮三祀，蠲潔祈神受命長。」

以及西方之回教，耶蘇教，西藏之喇嘛教。其中喇嘛教，則爲尤盛。而高鼻藍睛之異族，亦所在多有。

可閑老人集卷二「輦下曲」：「高昌之神戴羖首，仗劍騎羊氣猛烈。十月十三彼國人，蘿蔔麵餅賀神節。」

同前：「十字寺神呼韓王，身騎白馬衣戎裝。手彈箜篌仰天日，空中來儀百鳳凰。」

同前：「西天呪師首蜷髮，不澡不類身不般。倒垂瓔珞披紅罽，膜拜蝸坳識聖顏。」

同前：「北方九眼大黑殺，幻影梵名紇刺麻。頭戴髑髏踏魔女，用人以祭惑中華。」

純白齋類稿卷二「京華雜興詩二十首」：「嗟彼西方教，崇盛何煒煌。至尊猶弟子，奴隸視侯王。禪衣爛雲錦，走馬趨明光。民賦耗大牢，永言奉祈禳。寂寂東家老，絃歌守其常。」

同前卷十四「戲作東門竹枝詞五首」：「病卒攜筐拾墮薪，東門稍僻少車塵。久從叫佛樓邊住，慣見深眸高鼻人。」

試補「欽定日下舊聞考」之元宮室考

近閱淸高宗欽定「日下舊聞考」，卷三十、三十一、三十二，元代宮室考。其內容，有諸多可資增補之處。謹依其次序，與宮室之建築，有關之活動，時人之吟詠，以及一詩數首，僅取其一之體例，增補於後。

增補可分兩類：一類爲元宮廷建築之名稱，「日下舊聞考」已載者，每段，以次錄其原文，用爲標題，下爲增補之詩文。一類爲其未載者，每段，亦加標題，悉爲增補之詩文。

一、「日下舊聞考」已載者

(1)「原南麗正門」：元史卷五十八「地理志、大都路」：「京城，右擁太行，左挹滄海，枕居庸，奠朔方。城方六十里，十一門，正南曰麗正。」　圭齋文集卷三「京城雜詠」：「麗正門當千步街，九重深處五雲開。雞人三唱萬官集，應制須迎學士來。」　禮部集卷七「三月二日麗正門書事」：「萬騎遙聞發上林，內前車馬去駸駸。風回輦路香煙合，雨映龍樓柳色深。淮卒屢呼驚過客，伶官凝望促華音。修門此日逢佳令，咫尺青光倘炤臨。」　燕石集卷八「七月八日曉晴暫出麗正外二首」：「團團碧樹壓宮城，白鳳門楣淡日明。回首瓊華仙島上，片雲猶欲妬新晴。」

(2)「原南麗正門內千步廊」：玉笥集卷八「大都即事六首」：「千步廊前月，朦朧照玉街。風檐鳴寶鐸，雷板耀金牌。城影平鋪地，樓陰半上階。誰家吹短調，一夜亂春懷。」

(3)「闌馬墻內二十步有河」：按河，即御溝。燕石集卷六「詠御溝」：「泱泱穿雲出磵初，千迴百折到皇居。行人不敢來飲馬，稚子時能坐釣魚。內史府前晴滉瀁，雲巖觀後晚舒徐。波漫略彴通丹禁，風颭輜軿映畫裾。三月霏煙著楊柳，九秋涼露泣芙蕖。荒唐莫說流紅怨，自是青漣解起予。」　「早出過御溝」：「殘月欲落日未生，樹根交合清水明。翠華迢迢沙磧杳，銅駝陌人馬聲少。」註：「駕已幸開平」。　雁門集卷二「四時宮詞」：「御溝漲暖綠潺潺，風細時聞響佩環。芳草宮門金鎖閉，柳花簾幙玉鉤閒。夢回繡枕聽黃鳥，困倚雕欄看白鷴。落盡海棠天不管，修眉慚恨鎖春山。」　石田文集卷四「御溝春日偶成四首」：「御溝流水曉潺潺，直似長虹曲似環。流入宮墻才一尺，便分天上與人間。」　歷代宮詞卷二「明周王一百首」：「御溝秋水碧如天，偶憶當時事惘然。紅葉縱教能寄恨，不知流得到誰邊。」

(4)「原宮城……分六門，正南曰崇天。」：金臺集卷末「金臺集題詩」：「崇天門下聽臚傳，臺閣聯翩四十年。今日縣車歸故里，杖藜攜酒落華前。」　可閑老人集卷二「輦下曲」：「崇天門下聽宣赦，萬姓歡呼萬歲聲。豈獨罪人蒙大宥，普天率土盡關情。」　惟實集卷五「十月十四日崇天門聽詔有喜二首」：「聽罷龍飛詔，揚休萬口俱。公忠賴伊霍，揖讓見唐虞。禮樂開平治，衣冠協贊謨。祖宗遺澤在，千載鞏皇圖。」

(5)「縱鷹隼搏擊，以爲游豫之度，曰飛放。」：歷代宮詞卷二「明周王一百首」：「湖上駕鵝映水湖，海青常是內官擎。三宮皇后隨鑾駕，輦內開簾看放鷹。」　「秋深飛放出郊行，選得馴駒內裏乘。埜雉滿鞍如綴錦，馬前珍重是黃鷹。」　可閑老人集卷二「輦下曲」：「駕鵝風起白毰毸，秋夏跟隨駕往回。聖主已開三面網，登盤玉食自天來。」　清容居士集卷十六「天鵝曲」：「天鵝頸瘦身重肥，夜宿官蕩群成圍。蘆根啑啑水蒲滑，翅足蹩曳難輕飛。參差旋地數百尺，宛轉培風借雙翮。翻身入雲高帖天，下陋蓬蒿去無跡。五坊手擎海東青，側眼光透瑤臺層。解絛脫帽窮碧落，以掌疾摑東西傾。離披交旋百尋衰，蒼鷹助擊隨勢遠。初如風輪舞長竿，末若銀毬下平坡。蓬頭喘息來獻官，天顏一笑催傳餐。不如家雞，柵中生死守。免使羽林，春秋水邊走。」

(6)「原大明門旁，建掖門。」：秋澗集卷二十七「萬壽節同宋太常出左掖門口號」：「羯鼓聲高吹管清，九天合作鳳鸞鳴。侍儀贊唱三成後，磬折齊呼萬壽聲。」

(7)「原日精門在大明門左」：可閑老人集卷二「輦下曲」：「駝裝序入日精門，銅鼓牙旗作隊喧。一聽巡堦鈴鈸振，滿宮俱喜出迎恩。」

(8)「月華門在大明門右」：可閑老人集卷二「輦下曲」：「月華門裏西角屋，六纛幽藏神所居。大駕起行先戒路，鼓鉦次第出儲胥。」

(9)「原大明殿，乃登極正旦壽節會期之正衙。」：元風雅集卷三「交趾王、大明殿侍宴」：「班陪玉筍侍紅雲，日表熙熙瑞氣溫。萬派朝宗滄海闊，衆星環拱紫宸尊。雍容湛露歌詩什，彷佛鈞天入夢魂。孤孽秋毫皆帝力，願殫忠赤報深恩。」　石田文集卷三「大明殿進講畢侍宴得詩二首」：「勸講京闈咫尺天，聖恩留侍大明筵。東風律應軒轅樂，左個陽開月令篇。春動仗旗回綠暈，日浮窗鎖炫華錢。百珍水陸難名品，因笑傳柑詫昔年。」　惟實集卷六「大明殿觀元旦朝儀」：「雲開日上黃金殿，地迴風鳴碧玉珂。虎豹關臨儀仗肅，魚龍海會俊良多。霓裳按曲身輕舉，天樂逢春律自和。鵷鷺陪班臣子事，觀時且賦太平歌。」　楊仲弘集卷六「七月十九日大明殿早朝」：「王氣浮空御殿開，金衣照日近臣來。絲囊已進千秋錄，黼座還稱萬壽盃。王子吹笙雙鳳下，羲娥攬轡六龍回。衢樽此日霑恩賜，散作祥風遍九垓。」　文安集卷二「大明殿退朝和周待制」：「巍巍道德拱羲皇，濟濟威儀陋漢光。日射龍文宮女扇，風傳雞舌侍臣香。中霄景氣浮雙闕，下界歡謠動八荒。詞館小臣何以報，皇圖聖壽與天長。」　蛻菴集卷四「庚子元日早朝大明殿小飲自述」：「玉殿齊班對正衙，退朝冠蓋滿京華。青天徹曉無雲氣，黃道回春轉日車。閑梁彩毫題帖子，喜將綠酒泛椒花。老身只待承平了，攜取來書問故家。」　玩齋集卷四「天壽節日大明殿朝罷口占柬張約中博士」：「金門珠箔轉迴廊，文武分班有舊章。花露重沾腰珮濕，松風輕度鬢絲涼。仗隨騏驥通朝貢，盃進夔龍祝壽康。最喜太常張博士，清標如雪照鵷行。」　近光集卷二「歲乙酉元旦早朝大明殿」：「玉帛朝元萬國同，袞梳南面對春風。花明殿榻窗含霧，香泛壺籌渚繞虹。九奏雲門黃帝樂，半空華蓋太微宮。青規播物金穰兆，長戴堯天頌屢豐。」　燕石集卷八「得周子善書問京事及賤跡以絕句十首奉答」：「春王朝會大明宮，祝栗魚鑾四海同。至治元年調玉燭，如風甘雨看年豐。」　元風雅集卷九「郭君彥、入京五首」：「大明宮闕勢岧嶢，萬歲聲高山動搖。金殿九重明日月，玉樓十二插雲霄。青絲馬上王孫貴，丹轂車中趙女嬌。自是鳳城春色好，肯將心事許漁樵。」　可閑老人集卷二「輦下曲」：「彤雲捲起黃金殿，十二丹楹七戶開。南面君臨朝萬歲，來儀應共鳳歸來。」按：大明殿即大明宮。

⑽「原興龍笙在大明殿下」：輟耕錄卷五「興隆笙，在大明殿下」。元史卷七十一「禮樂志，宴樂之器」：「興隆笙，制以楠木，形如夾屏，上銳而面平。縷金，雕鏤枇杷寶相孔雀竹木雲氣。兩旁側花板，居背三之一。中爲虛櫃，如笙之匏。上豎紫竹管九十，管端實以木蓮苞。櫃外出小橛十五，上豎小管，管端實以銅杏葉。下有座，獅象遶之。座上櫃前，立花板一，雕鏤如背板，間出二皮風口。用則設朱漆小架于座前，繫風囊於風口。囊面如琵琶，朱漆雜花，有柄。一人按小管，一人鼓風囊，則簧自隨調而鳴。中統間，回回國所貢。」按：清改隆爲龍。

⑾「原大明殿燈漏」：元詩紀事卷十七「柯九思宮詩十五首」：「玉漏藏機水暗流，眞珠射

日動燈球。偶人自解開青瑣，高拱龍床報曉籌。」自註：「大明殿有燈漏，飾以眞珠……。」

⑿「延春門在寶雲殿後，延春閣之正門也。」：蛻菴集集四「直延春閣」：「蓬萊海上第三山，仙掌雲間十二槃。雞樹煙深殊窈窕，鳳樓天近自高寒。銅壺傳箭聲相應，紫詔封泥墨未乾。願祝君王千萬壽，坐施雄斷濟艱難。」

⒀「起燈山於大明殿後，延春閣前。」歷代宮詞卷二「明周王一百首」：「燈月交光照綺羅，元霄無處不笙歌。太平宮裏時行樂，輦路香風散玉珂。」

⒁「延華閣在興聖宮後」：可閑老人集卷二「宮中詞」：「延華閣下日如年，除是當番到御前。尋出塗金香墜子，安排衣線撚春綿。」

⒂「香閣又後爲清寧宮」：歷代宮詞卷二「明周王一百首」：「清寧殿裏見元勳，侍坐茶餘到日曛。旋看內官開寶藏，剪絨段子御前分。」　「蜜漬金桃始獻新，禁城三伏絕囂塵。炎蒸微至清寧殿，玉杵敲冰賜近臣。」

⒃「原紫檀殿在大明殿西」：秋澗集卷十三「大行皇帝挽辭八首」：「至元三十一年，歲次甲午正月二十三日，祭酉夜亥到，帝崩於大內紫檀殿。旣殮殯于蕭墻之帳殿，從國禮也。越三日乙亥寅刻，靈馬發引，由建德出，次近郊北苑。有頃，祖奠畢，百官長號而退。臣惲，職在詞館，追思不已，作挽辭八章，庶幾鼎湖攀髯之意。其辭曰：灤水龍飛日，長揚羽獵時。天顏凡五見，雨淚遽雙垂。化日中天赫，陰靈萬國馳。何由知帝力，耕鑿樂雍熙。」

⒄「原明仁殿又曰西暖殿，在寢殿西」：近光集卷一「十一月二十八日明仁殿進講作」：「龍旂簇仗曙光融，藻幄橫經聖意隆。上界星辰環北極，中天日月轉重瞳。寶猊篆裊窗凝霧，瑞獸爐明殿繞虹。垂拱無爲猶訪治，萬方聲教一時同。」　「至正二年歲壬午正月明仁殿進講易恒卦賜金織綠色對衣一襲作」：「匪頒異數待殊勳，閣下觚生亦與分。壞奠色絲雲霧質，天機金縷鳳蛟文。一時光彩生蓬蓽，千載恩榮纔典墳。佩服終身傳世世，羹墻旦夕對吾君。」

⒅「原東香殿在玉德殿東，西香殿在玉德殿西」：元詩紀事卷十七「柯九思宮詩十五首」：「傳宣太府頒宮錦，近侍承恩拜榻前。製得袍成天未曉，著來香殿賀新年。」自註：「臘前分賜近臣襖材，謂之拜年段子。」

⒆「玉德殿在清灝（門）外」：可閑老人集卷二「輦下曲」：「玉德殿當清灝西，蹲龍碧瓦接榱題。衛兵學得高麗語，連臂低歌井即梨。」　近光集卷一「十月十二日，奉詔以玉德殿西室爲宮學，大宿官等二十五人，行弟子禮作。」：「學校尊崇盛典揚，詔遷玉德殿西廊。大官供帳調珍膳，內相傳宣飲御觴。授業慙無師道立，明倫喜見國家昌。皇風即日還三代，杞梓楩楠盡棟梁。」　輟耕錄卷二「聖聰」：「至元六年二月二十五日，上御玉德殿。命史臣楊前草詔，黜謫太師巴延，詔文有云：其各領所部，詔書到日，悉還本衛。上曰：自蚤至暮，皆一日也，可改日字作時字。時巴延以飛放爲名，挾持皇太子在柳林，意將犯分。詔既成，遣中書平章濟爾噶岱，齎至彼處開讀。奉皇太子歸國，而各枝軍馬，即時散去。蓋一字之中，利害繫焉。」

(20)「原厚載（門）北爲御苑」：近光集卷三「初秋同子貞監丞過內苑四首」：「五色雲中聳翠巒，千巖琪樹洞門寒。金銀宮闕青冥上，白晝還疑長羽翰。」　歷代宮詞卷二「明周王一百首」：「苑內蕭墻深最幽，一方池閣正新秋。內臣靜掃場中地，宮裏時來步打毬。」　可閑老人集卷二「宮中詞」：「上苑新波小海分，綠香溢岸好湔裙。故將禁指監官見，放出天河洗絳雲。」　金臺集卷一「宮詞八首次偰公遠正字韻」：「上苑含桃熟暮春，金盤滿貯進楓宸。醍醐漬透水漿滑，分賜墀前儤直人。」　性情集卷三「上苑梅」：「仗外迎春早，花邊待漏遲。雪華飛上苑，日色動南枝。壽陽臨風處，落英點芳姿。珠簾清氣入，倚閣寒雲垂。群妃侍華宴，聽弄玉參差。」

(21)「原隆福宮左右後三向皆爲寢殿」：松雪齋集卷四「奉隆福召命赴都，過德清別業」。秋澗集卷三十二「隆福行宮」：「詩裏山河瞻象服，女中堯舜宋宣仁。從今隆福宮闈月，聖壽輝煌一萬春。」

(22)「原鹿頂殿五間，在睿安（按：殿）東北。」：歷代宮詞卷二「明周王一百首」：「鹿頂殿中逢七夕，遙瞻牛女列珍羞。明朝看巧開金盒，喜得蛛絲笑未休。」

(23)「興聖宮在大內之西北」：道園遺稿卷三「興聖宮朝退次韻袁伯長見貽是日上加尊號禮成告謝集即東出奉祠齋宮」：「翠蓋重重寶扇斜，從官穿柳散慈鴉。過宮路遠紆天步，上壽杯深閣雨花。玉貫兩虹通象錦，衣成五彩練雲霞。奉祠東出蓬萊道，春水鳧鷖踏漢槎。」

(24)「原天歷元年十月，帝御興聖殿。」：可閑老人集卷二「塞上謠」：「親王捧寶送回京，五色祥雲抱日明。錫宴大開興聖殿，盡呼萬歲駕中興。」　近光集卷二「興聖殿進講即事是日賜酒飲杏花下」：「穆穆西清講幄重，黃封賜飲杏花中。晴開步障衣籠錦，香沁流霞頰暈紅。千載奇逢酣聖澤，一時凡骨盡仙風。相看天上無它願，與物爲春四海同。」　「至正歲己丑仲冬興聖西殿進講禹謨」：「疎直承明己四年，殊恩重侍五雲邊。敢持橐筆依嚴陛，喜進詩書徹御筵。雪濕龍樓延愛景，春生麟闕囿祥煙。陳編何補唐虞治，比屋清風沸誦弦。」

(25)「原文宗建奎章閣，蒐羅中外才俊置其中。」：至正集卷十六「奎章閣」：「先帝憂勞總萬機，退朝游息不宮闈。球琳璀璨開玄圃，奎壁森羅拱紫微。圖史聖功方未已，乾坤神器遽長違。詒謀有道心無憾，千古中天日月輝。」　元詩紀事卷十七「柯九思宮詩十五首」：「儒臣春值奎章閣，玉陛牙牌報未時。仙仗己迴東內去，牡丹花畔得圍棋。」自註：「上日御奎章閣，報未時，則還內殿矣。」　輟耕錄卷七「奎章政要」：「文宗之御奎章日，學士虞集，博士柯九思，常侍從，以討論書法名畫爲事。時授經郎揭傒斯，亦在列，比之集、九思之承寵眷者，則稍疏。因潛著一書，曰奎章政要以進，二人不知也。萬幾之暇，每賜披覽。及晏朝，有畫授經郎獻書圖，行於世，厥有深意存焉。句曲外史張伯雨題詩曰：侍書愛題博士畫，日日退朝書滿床。奎章閣上觀政要，無人知有授經郎。蓋柯作畫，虞必題故云。」

(26)「原至正元年，改奎章閣，爲宣文閣。」：近光集卷一「十一月二十八日承詔篆題宣文閣牓作」：「詔題宮牓號宣文，延閣山儲盡典墳。自笑蟲魚箋爾雅，敢將蛇蚓儗凌雲。明經重席從今見，妙選登瀛在昔聞。比屋可封知有日，經天緯地是吾君。」「明日承詔篆宣文閣寶作」：「閣璽新成敕摹篆，昆吾試手盡豪茫。六書點畫原河洛，八法鉤盤本籀倉。嫣汭膺符弘制作，陶唐稽古煥文章。泰元神筴綿千葉，微菽欣依日月光。」「紀恩三十韻有序」：「歲壬午四月三日，上御宣文閣，親試學宮子弟員。講誦經史稱旨，賜臣伯琦中統鈔五千貫，繡衣材各一。謹賦長篇，歌頌湛恩作。」

(27)「即興聖宮西偏，故宣文閣，改曰端本堂。」：可閑老人集卷二「輦下曲」：「端本堂深繡榻高，滿前學士盡風騷。星河騎士知唯馬，慣識金牋玉兔毫。」

(28)「原萬歲山，在大內西北，太液池之陽，金人名瓊花島，中統三年修繕之，至元八年，賜今名。」：可閑老人集卷二「輦下曲」：「萬歲山中瓊島居，廣寒宮殿畫難如。迴鑾風過黃金鐙，颸下爐香十里餘。」　燕石集卷七「和杜德常萬歲山暮春」：「霧杳雲深日馭西，紅稀綠暗鬧黃鸝。雙娥有淚仍啼竹，四老無情謾採芝。遊冶喜逢三月閏，芳草空度一春遲。誰家甲第歌聲咽，何處名園舞袖垂。祇有情懷似中酒，那能心緒及遊絲。少年笑我眞痴絕，一日閑愁十二時。」

元風雅集卷三「交趾王，萬歲山侍宴」：「碧漢鳴鸞隔世塵，玉京開宴會星辰。舞迴鼇背千山雪，酒上龍顏萬國春。物被仁風榮御苑，水流聖澤溢天津。越南羈旅陪賓列，咫尺光瞻日月新。」

元詩紀事卷十七「柯九思宮詩十五首」：「花明畫錦柳搖絲，仙島陪鑾濯禊時。曲水番成飛瀑下，逶迤銀漢接清池。」自注：「故事，上巳節，錫宴於萬歲山。」　陳剛中詩集卷一「瓊島春陰」：「一峰亭亭湧寒玉，露花不墮瑤草綠。珠樓千尺星漢間，天飆吹下笙韶曲。萬年枝上掤葉滿，小鸞棖棖遶龍管。金根曉御翠華來，三十六宮碧雲暖。」按：瓊島，即瓊華島，或瓊花島。

(30)「原至元十四年五月，以蒙古軍與漢軍相參，備都城內外，及萬壽山宿衛。」「臣等謹按：元萬壽山，即金之瓊華島。陶宗儀輟耕錄及元史，或稱萬歲山。」：「元風雅集」卷四「陳濟淵、萬壽山」：「萬壽山頭五尺天，空同直下小如拳。五更霧冷乾坤濕，六月風酸甲子偏。細草己肥燕地馬，奇兵先鎖漢江船。行人莫問征南事，墮看蘇杭在眼前。」

(31)「原廣寒殿，在山頂。」：惟實集卷六「廣寒殿在萬歲山上。山在水中，高數十丈。怪石古木，蔚然天成。又有殿，縈然竹石間。山下積石爲門，門前有橋。橋有石闌如玉，前有石台，上建圓殿，繚以黑粉墻，如太湖石狀。臺東西皆板橋，橋東接皇城，西接興聖宮，水光雲影，恍惚天上，喜而遂賦二首。」：「萬歲之山天半青，廣寒宮殿倚空晴。雲生檜柏巖巒暝，日射蒲荷海水明。白玉闌深仙仗隱，綠楊橋鎖小舟橫。人間天上神飛越，恍惚霓裳第一聲。」

(32)「原太液池，在大內西，周回若干里，植芙蓉」：至正集卷十「至正壬午六望，大都留守星公吉甫，以故事，率所屬，啓廣寒殿。視或罅敝，而塡葺之。有壬待罪政府，法當與觀。適中使至自灤京，賜留守正尊，因肆筵太液池上。既醉，留守謂：不可不詩，乃賦長句，記一時之盛。

而終以規諷，庶幾風人之義焉。」：「人間炎暑無地逃，神仙何處追六鼇。一朝凡骨忽輕舉，乃得天上參遊遨。乘風徑謁廣寒宮，不知脚底青雲高。三庚清氣凜毛髮，況值宿雨增蕭騷。瑤臺瓊室光射日，藻井盡出昆吾刀。西山形勢壯天府，下土品類森秋毫。蒼龍捲水噴遙碧，玉階淲淲鳴銀濤。一簾瀑布散空闊，雨亭瓴建懸周遭。驪珠跳躍奪不得，千氣萬力徒相鏖。石分輦路隱巖壑，松挂薜壁愁猿猱。紅蕖太液幾千頃，水仙雜遝雲錦袍。宮官導我坐翠樾，清風颯颯吹二毛。上林貢餘有珍果，中使日下來醇醪。九重殊眷在留鑰，豈期邂逅及老饕。賀蘭公子素奇士，習氣正愛詩人豪。自知綱轄非所任，宴亭適足彰吾叨。世皇基構示宏遠，吾君繼述當勤勞。願因登覽念世訓，萬年磐石隆神皋。」

元詩紀事卷十七「柯九思宮詩十五首」：「觀蓮太液泛蘭橈，翡翠鴛鴦戲碧苕。說與小兒牢記取，御衫繡作滿池嬌。」自注：「天歷間御衣，多爲池塘小景，名曰滿池嬌。」

圭齋文集卷三「京城雜詠」：「鰲山宴罷月溶溶，太液池邊湛露濃。不用金蓮送歸院，水晶宮出玉芙蓉。」

惟實集卷六「天池魚」：「君不見，萬歲山下天池中，赬魴赤鯉森蟻蜂。荷陰柳影護深碧，揚鬐鼓鬣何憧憧。恩波浩蕩得所記，異日或可隨雲龍。乘輿北狩未及遠，魚已就戮遭群兇。公然自日忍竊盜，得錢聊復斗酒供。聖恩自謂守禦固，豈知守者元非忠。群鮮無知固可負，忍負主意將爲容。又不見，蒼生與魚正相似，託身天地尚如此。」按：天池即太液池。

可閑老人集卷二「輦下曲」：「直從海子望蓬萊，青雀傳言日幾回。爲造龍舟載天姆，院家催造畫圖來。」按：金稱元時之太液池爲海子。亦即金稱中都之海子，即元之太液池。

(33)「原儀天殿，在池中，圓坻，上當萬壽山。」：可閑老人集卷二「輦下曲」：「圓殿儀天十六楹，向前黃道不教行。帳房左右懸弓角，盡是君王宿衛兵。」

(34)「有白玉橋，乃萬壽山之道也。」草堂雅集卷十「海子橋」：「暮登海子橋，西繞紅門歸。霜風著宮樹，葉葉帶紅飛。據鞍吹短笛，乘月搗征衣。江雨冰雪裏，音信寄來稀。」　石田文集卷二「海子橋二首」：「南望蓬萊觀，行人隔苑墻。有時馴象浴，不見狎鷗翔。宮樹飄秋葉，江船認石梁。辟雍直可作，擬賦獻文王。」按：通萬壽山之白玉石橋，疑稱海子橋。

(35)「原泰定元年十二月，新作棕殿成。二年閏正月，作棕毛殿。」可閑老人集卷二「輦下曲」：「棕毛四面擁龍床，殿角涼生紫霧香。上位勵精求治切，不曾朝退不抬湯。」

(36)「補至正二年七月丁亥，帝御慈仁殿。」近光集卷二「六月七日慈仁宮進講」：「清都虎豹肅重關，文石晨趨講習班。傍闕雲容開寶醫，隔簾山影擁翠鬟。芸編緗帙分章進，玉斝金罍特詔頒。聖學有傳光大業，前星在待舞斕斑。」　「越四日供職拜覲慈仁宮謝恩作」：「碧樹風微紫殿清，衣冠鵠立侍前楹。遺經畢講陳愚戇，特命中頒拜寵榮。久汙清華多士駭，獨憐駑怯聖君明。同文昌運齊天壽，誓益涓埃罄此生。」　「七月二十日欽承特命以崇文丞兼經筵參贊官進講慈仁宮謝恩作」：「五雲深護碧簾櫳，面錫綸音簡帝衷。兩被特恩旬浹內，三登講習五年中。風光蕩蕩乾坤大，寸草依依犬馬忠。既醉流霞春浹髓，卷阿拭目鳳棲桐。」

二、「日下舊聞考」未載者

(1)西宮：元詩紀事卷十七「柯九思宮詞十五首」：「親王上璽宴西宮，聖祚中興慶會同。對捲珠簾齊仰聖，瑞雲捧日御天中。」自註：「天歷元年，十二月十七日，篤怜帖木兒怯薛，第二日寶房內對速吉兒赤，明里董阿，平章月魯不花，右丞大都赤哈剌八口口尚書口有來。典瑞院官吉寶兒，同僉答失蠻，經歷柯都事奏。十月二十三日，上都送寶來的時分，興聖殿御宴，其間有五色祥雲，捧日當殿。本院官院判鄭立，經歷張符，都事柯九思等，與衆於殿前一同仰觀。郁郁紛紛，非霧非煙，委係卿雲現。似這般祥瑞應時呵，如今與省家文書行移，國史院標寫入史呵。怎生奉聖旨，您每行文書者。」故西宮，即興聖宮，亦即興聖殿。　歷代宮詞卷二「明周王一百首」：「月夜西宮聽按箏，文殊指撥太分明。音音溜亮天顏喜，彈罷還來合鳳笙。」　可閑老人集卷二「宮中詞」：「從行火者笑相招，步輦相將過釣橋。鹿頂開天樂動，西宮今日賽花朝。」　雁門集卷二「西宮春日」：「九重五朵金銀闕，冠帶將軍盡羽林。上苑春鶯隨柳囀，西宮午漏隔花深。天開閶闔收金鎖，簾捲金章聽玉音。白髮儒臣賣詞賦，長門應費萬黃金。」按：西宮即興聖宮，興聖殿。

(2)太子宮，輟耕錄卷二十一「宮闕制度」：「三門之外，有太子鄂爾多，荷葉殿二，在香殿左右，各三間。」　至正集卷十六「謁太子宮」：「五雲東郭起青宮，仙杖旌旗掩映紅。少海波明花萼盛，廣寒天近桂香通。談經敢廁鑾坡客，毓德當延鶴髮翁。恩遇等閒過設禮，玉觴賜酒注新醑。」自注：「予病止酒，乃以玉杯賜馬酪。」　秋澗集卷三十四「春宮元日口號」：「日融欄檻猊金麗，春滿松廊鶴禁深。四海謳歌皇子壽，一年得拜老臣心。」　學言稿卷六「青宮受寶朝賀日次韻」：「綠樹重重秘殿陰，畫堂甲觀九重深。青宮昨夜初承詔，丹扆今朝又進箴。」

(3)合香殿：歷代宮詞卷二「明周王一百首」：「春日融和上翠臺，芳池九曲似流杯。合香殿外花如錦，不是看花不敢來。」

(4)徽儀殿：可閑老人集卷二「宮中詞」：「徽儀殿裏不通風，火者添香殿閣中。榻上重重舖設好，君王今夜定移宮。」

(5)咸寧殿：南村輟耕錄十七頁：「至正二年午春，三月十有四日，上御咸寧殿，中書右丞相脫脫等，奏命史臣纂修宋遼金三史，制曰可。」　近光集卷二「越三日謝恩于咸寧殿入直即事」：「九重偃殿擁春雲，穆穆天子蒞大昕。華蓋風鳴蒼水佩，寶屏霧藹博山薰。抱經重得承龍袞，直閣惟知理蠹芸。俯僂循墻歌聖德，百年禮樂際同文。」　「二月十九日承詔復兼經筵官是日進講咸寧殿面賜卮酒作」：「隨班曉侍太微垣，講席綸音忝特恩。兼綰白麻垂澤渥，一卮雲液溥春溫。緝熙共仰參亭毒，啓沃長思固本根。道統有傳民極建，巍巍文德照乾坤。」

(6)流杯池：輟耕錄卷二十一「宮闕制度」：「後有流杯池，池東西流水，圓亭二。」　秋澗集卷二十八「流杯池」：「九曲灣環碧玉闌，錦香吹浪下龍池。一觴修禊宮中舊，正是梨花雪滿枝。」石田文集卷五「和王左司竹枝詞十首」：「流林池邊是鎬宮，金輿翠幰逗微風。塢川玉液清如水，湛露承恩樂大同。」

(7)坤德殿：元明事類鈔卷二十九「坤德殿」：「元史忽都皇后，居坤德殿，終日端坐，未嘗妄踰戶閾。」

(8)嘉禧殿：輟耕錄卷三十一「宮闕制度」：「嘉禧殿，又曰西暖殿。在寢殿西。中位佛像，傍設御榻。」　蛻菴集卷四「翰林三朝玉容，戊戌仲冬，把香前宮」：「嘉禧殿前初日高，瑞光先映赭黃袍。雲間瑞露收金掌，仗外微風颺彩旄。黃鶴仙人周子晉，碧雞使者漢王褒。禁園尚覺餘寒在，未放春紅上小桃。」　松雪齋集卷五「宮中口號」：「殿西小殿號嘉禧，玉座中央靜不移。讀罷經書香一炷，太平天子政無爲。」

(9)緝熙殿：雪樓集卷二十九「緝熙殿御題紫薇花扇面壽郝中丞」：「江南千里花茫茫，紫薇靜對中書堂。畫工會得無窮意，一枝宛轉留芬芳。緝熙殿裏日月長，御筆落處蛟龍翔。花前未覺風流遠，扇底猶含雨露香。烏府先生黃閣老，高倣新齋坐霜昊。聊持此畫託千年，從今永伴中書考。」

(10)射圃：秋澗集卷二十三「西池幸遇詩」：「壬午歲，十月十二日，惲以承華事略求見，引見者工部尚書張九思。己刻，拜太子於宮西射圃北，前命近侍趨入者再。既見，問秦始皇何如？惲以所行過暴爲對。太子首讀明分篇，問漢成帝不敢絕馳道事，喜甚。至輟射繙閱，悉問其各篇，主意所在，張九思舒固鼐略爲應對。讀訖，以書付近侍董布格，會靜時細聽。未刻，賜酒，沾醉而出。」：「射殿風清巳午間，電裾挾策拜龍顏。首詢帝子龍樓召，喜輟犀弓偃月灣。葵藿儘酬承日志，簡編不負半生閒。滿樽春露沾恩處，光動西池玉筍班。」

⑾宮室建築：元氏掖庭侈政一頁：「七寶，搖光，通雲，凝翠……等殿。」二頁：「翠華宮，擇勝宮，連天樓，紅鸞殿，入霄殿，五花殿。」「清杯閣，四面植喬松修竹，南風徐來，林葉自鳴，遠勝絲竹。旁立二亭，東曰松聲，西名竹風。」「九引堂」，「刺繡亭」。三頁：「延香亭」，「拱璧亭」，「集寶臺」，「眺遠閣」，「留連館」，「萬年宮」。四頁：「梨花亭」，「聯縞亭」。六、七頁：「迎祥亭，漾碧池。」「跨池三橋，橋上結錦爲亭。中匾集鸞，左匾凝霞，右匾承霄。」「一潭，曰香泉潭。」十一、十二頁：「翠鸞樓」，「柏香堂」。

三、結論

欽定日下舊聞考卷首，乾隆御製詩自註云：「朱彝尊所編日下舊聞，捃拾載籍，及金石遺文，分爲十三門，四十二卷，頗爲綜核。「但其書，不免罣漏淆訛，因命館臣，重加考訂。」並詔于敏中，領其事。敏中，清史稿校註，卷三二六本傳謂：「乾隆三年，一甲一名進士，授翰林院修撰。以文翰受高宗知，直懋勤殿。」「二十五年，命爲軍機大臣。敏中敏捷過人，承旨得上意。」「三十三年，加太子太保。三十六年，協辦大學士。三十八年，晉文華殿大學士，兼戶部尚書如故。」「開四庫全書館，命敏中爲正總裁。又充國史館，三通館正總裁。」乃一代飽學之名臣。

按其所訂之凡例，「原本所引昔人，詩賦序記之屬，頗傷繁冗。謹擬擇其無用者，酌加刪汰。其名人著作，可資考證，而未經採擇者，亦間爲酌增。」故其採錄者，雖合乎此一凡例。然四庫全書中，其他人之詩文集，亦皆名人著作，可資考證，何以未加採錄？且其所謂之「酌增」，並無標準，似便於上下隨心而已。

所編元代之各宮室，多採錄若干時人之詩文。或讚美宮室之富麗莊嚴，或歌頌有關各宮室之活動。然若千步廊，崇天門，日精門，月華門，延春閣，延華閣，隆福殿等，均未採錄時人之吟詠。而合香殿，坤德殿，德儀殿，咸寧殿，西宮，流杯池等，既未刊載，亦無時人之有關詩文。

至於元氏掖庭侈政，僅採錄武宗，中秋節，與嬪妃太液池之活動，其他均未採用。按著者陶宗儀，爲一代名家，所著輟耕錄中之「宮闕制度」，尤爲欽定日下舊聞考，重要之參考圖書。所以，似不宜以無從考證，而否定其可供增補，元宮室建築之價值。

「安南即事」考釋

壹、研究元代安南之珍貴史詩

㈠作者之生平與著作

陳孚，字剛中，台州臨海人。元初，嘗為僧，以避世變。一日大書所作詩，於其父執某之粉墻上云：我不學寇丞相，地黃變髮髮如漆。又不學張長史，醉後揮毫掃狂墨。平生紺髮三十丈，幾度和雲臥石上。不合感時怒衝冠，天公罰作圓頂相。肺肝不無兒女情，亦豈惜此雙鬢青。只憶山間秋月冷，搔首不見鬖髿影。父執見之曰：此子欲還俗也。呼來館穀之，命養髮，謂之曰：汝當娶，吾將以女事汝。剛中因辭，謝再三。既而命寓他所，遣媒妁，行言擇日迎歸。父執喜曰：五馬入門矣！蓋預言其將拜太守也。1

至元中，剛中以布衣，上大一統賦。江浙行省，聞之於朝，署上蔡書院山長。考滿，謁選京師。二十九年，世祖命梁曾，以吏部尚書，再使安南，選南人為介。朝臣荐孚博學有氣節，擢翰林國史院編修，攝禮部郎中，爲曾副。陛辭賜五品服，佩金符以行。三十年正月至安南，世子日燇，以憂制不出郊，遣陪臣來迎，又不由陽明中門入。曾與孚回館，致書詰日燇，以不庭及不郊迎詔之罪。往復三書，辭直氣壯，皆孚筆也。還除翰林待制，兼國史院編修官。帝方欲寘之要地，而廷臣以孚南人，且尚氣節，頗忌之。遂除建德總管府治中，再移衢州路之台州。大德七年，奉使宣撫循行諸道。時台州旱，脫歡察爾不恤民困，驅脅有司，動寘重典。孚遂詣宣撫使，愬其不法十九事。按實抵罪，發倉賑民，全活者衆。因以致病，卒於家，年六十四。贈臨海郡公，諡文惠。孚天材過人，任俠不羈。有詩集三卷，附錄一卷，行於世。2

按陳剛中詩集，卷一曰觀光稿，乃其署上蔡書院山長，考滿，謁選京師時所作。卷二曰交州稿，爲至元二十九年，奉使安南，往返道中，及駐其境五十二日所作。其中尤以「安南即事」，最爲珍貴。卷三曰玉堂稿，皆官翰林待制時所作。其詩任意疾書，不事雕斲。瞿宗吉歸田詩話，評其詩謂：鸚鵡洲有陳剛中一篇，詞語跌宕，議論老成，誠佳作也。葉盛水東日記，亦謂：其詩與文稍異，以詩兼興趣，有感慨，調笑風流脫洒處，如長詩落句翻空，時一出奇焉。3

1. 輟耕錄卷八「五馬入門」。歷代詩話卷一「五馬」，「珊瑚鉤詩話曰：五馬之事，不見於書。以詩言之，孑孑干旟，在浚之都。素絲組之，良馬五之。周禮注云：州長建旟，太守視之，漢御五馬。或云：古乘駟馬車，至漢，太守出，則加一馬，漢官儀注云。」

2. 新元史卷二三七「文苑上、陳孚」。

3.四庫全書陳剛中詩集卷首「提要」，新元史卷二三七「文苑上、陳孚」。

㈡元代出使安南人員現存最珍貴之文獻

中統元年，遣禮部郎中孟甲，禮部員外郎李文俊，宣撫安南。中統三年，命納剌丹，元史謂納剌丁，為安南達魯花赤。至元二年，遣侍郎寧端甫，郎中張立道，使安南。至元五年，遣忽隆哈雅，使安南。元史謂，以忽籠海牙，代納剌丁，為達嚕花赤，張庭珍副之。至元七年，命伊實諾，為安南達嚕花赤，歿其國。至元九年，以葉式揑，為安南達嚕花赤，李元副之。至元十年，葉式揑卒，命李元代之，以哈撒兒海牙副之。至元十二年，遣尙書色格爾哈雅，侍郎李克忠，召安南王入朝。至元十五年，遣禮部尙書柴椿，會同館使哈剌脫因，工部郎中李克忠，工部員外郎董端，諭曰烜入朝。至元十六年，復遣柴椿等四人，再詔曰烜入朝。至元十六年，復遣柴椿等四人，再詔曰烜來朝。至元十八年，加授柴椿行安南宣慰都元帥，李振副之。領兵送安南王陳遺愛就國。至元二十年，命陶秉直，持璽書使安南。至元二十六年，命遼東道提刑按察司劉廷直，禮部侍郎李思衍，兵部侍郎鄂諾，儒學提舉徐明善，使安南。至元二十八年，命禮部尙書張立道，兵部郎中「缺」，使安南，諭世子入朝。至元三十年，遣吏部尙書梁曾，禮部侍郎陳孚，使安南，諭世入子覲。不聽，遂興兵。至元三十一年正月，世祖崩。成宗即位，詔罷兵。遣禮部侍郎李思衍仲實，兵部侍郎蕭登泰太望，使安南，詔赦其罪。大德五年，遣禮部尙書馬合馬，禮部侍郎喬宗亮，詔諭日燇。至大元年，武宗即位，命禮部尙書阿魯威，吏部傳郎李京，兵部侍郎高復禮，使安南，詔遣使貢賀。至大四年，仁宗即位，遣禮部尚書奈曼岱，侍郎尼古巴，兵部郎中杜與可，使安南，諭遣使貢賀。至治元年，英宗即位，命吏部尚書教化，禮部郎中文矩，使安南，詔入貢朝賀。泰定元年，詔吏部尚書瑪哈特穆，禮部郎中楊宗瑞，使安南。至順三年，命吏部尚書森濟烏克，禮部郎中趙期頤，使安南，宣文宗即位詔。元統三年，遣吏部尚書特殊，禮部郎中智熙善，使安南，宣今上即位詔。4此外，尚有出使安南，紀年不詳五人：翰林學士元明善，郎中張子期，尚書鐵柱，廣州教授傅若金。5

4.元史卷二〇九「外國、安南」，安南志略卷二「大元奉使」，卷十八「翰林學士嘉興張伯淳送李仲實蕭太望序」。按李思衍，字仲實，號兩山。蕭登泰，字則平，號方崖，亦號太望。安南志略卷十七「侍郎李思衍兩山世子燕席索詩」，卷十八「翰林學士嘉興張伯淳送李仲實蕭太望序」。

5.南村輟耕錄十二頁：「翰林學士元文敏公明善，字復初，清河人，參議中書。日會朝廷遣蒙古大臣一員，使交趾，公副之。將還國之，僞主賞以金，蒙古受之，公固辭。僞主曰：彼使臣已受矣，公獨何爲？公曰：彼所以受者，安小國之心。我所以不受者，全大國之體。僞主嘆服。」輟耕錄卷二「使交趾」，安南志略卷十七「郎中張子期和太子世子韻」，「廣州教授傅若金佐尚書鐵柱使安南。」芳谷集卷首「提要」：「徐明善……爲江西佛學提舉，嘗奉使安南。」

元代遣使安南，既如此頻繁，凡二十二次。且人員多達五十二人，其中漢人三十六人。故有關安南風土文物之紀載，當至爲豐富。蓋使節返京，皆有奏報。而漢人出使異域，乃一生奇遇，必對安南之見聞，多所吟詠、錄存。然遍檢元人文集，除「安南即事」，與頗豐之送行詩、序外，僅有「安南行紀」，「越南行稿」，「南征稿」，「使交錄」，「張尙書行錄」，「天南行記」六種。且前四種，唯存其序，文已失傳。後兩種，無安南風土文之記載。「南征稿」，凡安南道路所經，山川城廓，宮室墟墓，草木蟲，百物之狀，風土文物之異，無不記載。「使交錄」，更自上都至安南，州郡山川，人物禮樂，異政殊俗，怪草奇花，人情治法，癒病約方，逐日編次，不覺成集，歸以板行，以廣其傳。惜其文均已失傳，無可稽考，殊令人無限浩嘆！故陳剛中詩集中之「安南即事」，已成研究元代安南，最珍貴之文獻。6

6. 清容居士集卷二十二「文子方安南行記序」，至正集卷三十「智子元越南行稿序」，傅與礪文集卷四「南征稿序」，安南志略卷三「蕭方崖使交錄序」，「張尙書行錄」，說郛卷五十六「天南行記」。

㈢元代記載安南最早之著作

元代有關安南之著作，除陳剛中詩集中之「安南即事」外，尙有「安南志略」，「島夷志略」。「安南志略」，黎崱撰。崱字景高，號東山，亦號靜樂居士。安南人，東晉交州刺史阮敷之後，世居愛州。幼與黎琫爲子，因從其姓。仕其國，至侍郎，遷左靜海軍節度使陳鍵幕。至元中，世祖征安南，鍵率崱出降。其國邀擊，鍵歿於軍，崱幸入朝。授奉議大夫，居漢陽。以鍵志不伸而名泯，乃撰此以致其意。「島夷志略」，汪大淵撰。淵字煥章，南昌人。至正中，嘗附賈舶浮海，越數十國。紀所聞見，成此書。7

7.安南志略卷首「題要」，至正集卷三十三「靜樂居士傳後序」島夷志略卷首「張翥敘」。

「安南志略」，二十卷。豐於歷史、都邑、山川、行政區劃、官制、章服、兵制、藝文、物產之記述。其他，則不若「安南即事」之細緻、特殊。至「島夷志略」，僅一卷，所記交趾，約一百四十三字，尤不足以望「安南即事」之項背。兼以「安南即事」，成於至元三十年，西元一二九三年。刊本，明英宗庚辰，天順四年，西元一四六〇年。而「安南志略」，則成於元統三年，西元一三三五年。「島夷志略」，成於至正十年，西元一三五〇年。故「安南即事」，早「安南志略」，四十二年。「島夷志略」，五十七年。所以，「安南即事」，為元代最早紀述，安南風土文物之著作。更為研究元代安南，最重要之史料。

8.陳剛中詩集卷二「交州稿、安南即事、癸巳除夕孚敬書」，陳剛中詩集「明庚辰刊本」，西域南海史地考證譯叢丁集「唐代安南都護府疆域考」，至正集卷三十「安南志略序」，安南志略卷三「大元奉使」，島夷志略卷首「提要」，辭海「附中國歷代大事年表」。

按「安南志略」，許有壬謂：「至順初，朝廷以制作上之。」初，始也。故成於元統元年，西元一三三三年。法學者馬思伯樂，亦主是說。然卷三「大元奉使」言：「元統三年，遣使……安南。」故應成於元統三年，西元一三三五年。否則，安有此項記載！

㈣數百年未受重視皆因乃詩

吾國正史，凡有外國傳者，均有其風土文物之記載。宋史安南傳，有關其風土文物之記載，即錄自其出使安南，宋鎬等之奏言。然元史「安南傳」，則無。降至元史類編，元史新編，新元史，其「安南傳」，雖有風土文物之記述。然詳加比對，不僅三者之內容，一字不差，均出自邵遠平之手，且未採錄「安南即事」之內容。宋濂、邵遠平、魏源、柯劭忞，皆一代碩學彥儒，無人敢疑其未覩「安南即事」，然未受重視，似非誣妄。9

9. 元史卷二〇九「安南」，元史類編卷四十二「安南」，元史新編卷九十三「安南」，新元史卷二五一「安南」，宋史卷四九六「安南」。

按元史，成於明洪武二年，西元一三六九年。元史類編，成於清康熙三十八年，西元一六九九年。元史新編，刊於清光緒三十一年，西元一九〇五年。新元史，庚午修訂本，刊於民國十九年，西元一九三〇年。與「安南即事」之成，西元一二九三年相較，以次晚七十六年，五〇二年，六一二年，六三七年。即以「安南即事」，明庚辰刊本，西元一六四〇年計之，早元史類編，三三五年。元史新編，四四五年。新元史，四七〇年。何以「安南即事」，數百年，既不獲史家之青睞。即說郛，學海類編，廣百川學海，淵鑑類涵，稗編，等類編之學者，亦未加重視，予以採錄。考其因素，悉由乃詩，有以致之。蓋世人視詩，爲文學作品，非史學文獻也！然詩以言志，詩亦紀事，自有其史學之價值。故治史，應旁及當代之詩集。從史學觀點，以論斯時之詩，實爲擴大史學研究範籌，方向之一。10

10.元史卷首「進元史表」，元史類編卷首「進呈元史類編表」，元史新編卷首「清光緒巳年刊本」，新元史卷末「參考書目、本書之異本」。

貳、安南即事之全文及其注釋

聖德天無外，恩光燭海隔。遂須越南詔，載命北門儒。11萬里秋持節，千軍夜執殳。12前驅嚴弩矢，後爨擁樵蘇。13

11.北門儒：毛詩注疏卷三「國風、邶、泉水四章、章六句」：「序北門，刺仕不得志也。言衛國之忠臣，不得其志爾。箋：不得其志者，君不知己志，而遇困苦。正義曰：衛士有才能，不與厚祿，使之困苦，不得其志。」義爲貧困不得其志之儒者，亦自謙之詞。

12.執殳：毛詩注疏卷五「國風、衛、河廣二章、章四句」：「伯也執殳，爲主前導。」傳：「殳，長丈二而無刃。」言手執兵器焉。

13.樵蘇：史記卷九十二「淮陰候列傳第二十三」：「樵蘇後爨，師不宿飽。」「集解：駰案漢書音義：樵，取薪也。蘇，取草也。」言薪草補給載之於後。

睠彼交州城，初爲漢氏區。14樓船征既克，徵側叛還誅。15五代頹王紐，諸方裂霸圖。16遂令風氣隔，頓覺版章殊。17丁璉前猖獗，黎桓後覬覦。一朝陳業構，八葉李宗徂。18

14.睠：毛詩注疏卷二十「小雅、大東」：「睠言顧之。」注：「睠，反顧也。」

15.徵側：後漢書卷五十四「馬援列傳第十四」：「徵側者，雒將之女也。嫁爲朱鳶人詩索妻，甚雄勇。交趾大守蘇定，以法繩之，側怨怒故反。攻沒其郡，九眞，日南，合浦。蠻夷皆應之，寇略嶺外六十餘城，側自立爲王。於是璽書拜馬援伏波將軍……，斬徵側、徵貳，傳首洛陽。」

16.王紐：史記卷一百五「扁鵲倉公列傳第四十五」、「上有純陽之絡，下有破陰之紐。」注謂：「正義：紐，女九反素問云：紐，亦脈也。」紐，脈絡也。王紐，即帝王之世系。

17.版章：管子卷四「宙合第十一」：「修業不息版」。注謂：「版，牘也。」國語卷二「周語中」：「將以講事成章。」註：「章，章程也。」義等典章制度。

18.徂：孟子注疏卷九上「萬章」：「放勳乃徂落。」注：「徂落，死也。」釋名卷八「釋喪制、徂落」：「徂祈也，福祉殞落也。徂，亦往也。」言世系斷絕。

安南19本漢交州，唐立都護府。梁貞明中，土豪田承美據其地。楊廷藝、結洪（宋史卷四八八「外國四、交趾」作紹洪）、吳昌岌、昌文，互相爭襲。宋乾德初，丁公著之子領部立，傳子璉、璿，大將黎桓簒之。桓子至忠，又爲李公蘊所簒。公蘊、德政、日尊、乾德、楊煥（宋史作陽煥）、天祚、龍翰（安南志略作龍輪）、昊旵，凡八傳。20

19.釋交趾、安南、越南：交趾之由來，交州記卷一「交趾之人，出南定縣。足骨無節，身有毛，臥者更扶，始得起。」太平御覽卷一七二「安南都護府」：「山海經曰：交脛國，因腳脛曲戾相交，所以謂之交趾。」按此二說咸不可信。讀史方輿紀要卷一一二「廣西七，外國附考、交州府、交州城」：「杜祐曰：交趾之名，以南方夷人，其足大趾開廣，並足而立，其趾則交，故名。」所以稱安南者，因唐置安南都護府。自茲以降，累世多沿襲其舊。宋淳熙元年，封李天祚爲安南國王。元明以至清之嘉慶初，亦均封之爲安南國王，故世以安南名之。初以名地，後以稱國。至於改稱越南，嘉慶重修大清一統志卷五五三「越南、建置沿革」：「冊封阮福映爲越南國王。先是阮福映，表請以南越二字錫封。上諭（按：仁宗嘉慶八年）大學士曰：南越之名，所包甚廣。考之前史，今廣東、廣西兩地，亦在其內。阮福映即在安南，亦不過交趾故地，何得遽稱南越。該國先有越裳舊地，後有安南全境。天朝褒錫國號，著用越南二字。以越字冠其上，乃其先世舊疆。以南列於下，表其新賜藩封，且在百越之南。與古南越，不致混淆。所頒敕印，即以二字稱之。」

20. 南安割據之遞變：宋史卷四八八「外國四、交趾」，安南志略卷十一「五代時僭竊、丁氏世家」，卷十二「李氏世家」略謂：曲顥據交趾↓傳子承美↓南漢將梁克正，擒承美，而有其地↓楊廷藝逐梁克正，而領其地↓楊廷藝爲其牙將矯公羨所殺，而統其地↓矯公羨牙將吳權弑公羨，而主其地↓權傳子昌岌↓傳弟濬↓傳弟昌文↓昌文卒，其下吳處玶、楊暉、杜景碩爭立。交州華閭洞人，丁領部平之，而併其地↓傳子璉↓傳弟璿↓璿爲部將，愛州人，黎桓所害，而專其地↓傳子龍鉞↓弟龍廷殺而代之，宋賜名至忠↓龍廷卒，子方十歲，弟明昶爭立。交州人李公蘊，逐而殺之，而轄其地↓傳子德政↓傳子日尊↓傳子乾德↓傳子陽煥↓傳子天祚↓龍翰↓傳子昊旵。李氏八傳，亡於陳。

宋嘉定乙酉歲，陳氏始奪其國。21陳本閩人，有陳京者，僞謚文王，婿于李。值龍翰昏耄，

不恤政事。京與弟，僞謚康王，盜國柄。旲昷沖幼，其子承篡立，僭號太上皇。22死，子光炳嗣，在宋名威晃，上表內附，國朝封爲安南王。死，子日烜立，在宋名日照。死，今日燇代領其衆，於是有六十九年矣。

21.安南陳氏開國者，福州之傳說。齊東野語卷十九「安南國王」：「安南國王陳日煚者，本福州長樂邑人，姓名爲謝升卿。少有大志，不屑爲舉子業，間爲歌詩有云：池魚便作鵾鵬化，燕雀安知鴻鵠心，類多不羈語。好與博徒豪俠遊，屢竊其家所有，以資妄用，遂失愛於父。其叔乃特異之，每加回護。會兄家有姻集，羅列器皿頗盛。至夜悉席捲而去，往依族人仕於湘者。至半途呼渡，舟子所須未滿，毆之，中其要害。舟遽離岸，謝立津頭以俟。聞人言，舟子殂，因變姓名逃去，至衡爲人所捕。適主者亦閩人，遂陰縱之。至永州，久而無聊，授受生徒自給。永守林岊亦同里，頗善里人。居無何，有邕州永年寨巡檢過永，一見奇之，遂挾以南。寨居邕宜間，與交阯鄰近。境有棄地數百里，每博易，則其國貴人，皆出於市。國相乃王之婿，有女，亦縱而來。見謝美少年，悅之，因請以歸。令試舉人，謝居首選，因納爲婿。其王無子，以國事授相。相又昏老，遂以屬婿，以此得國。自後屢遣人至閩，訪其家。家以爲事不可料，不與之通。竟以歲久，難以訪問返命焉。其事得之陳合惟善僉樞云。」

22.安南陳氏之有國，除「南安即事」之說外，尚有五說。(甲)、宋史卷四八八「安南傳」，元史卷二百九「安南傳」略謂：旲昷無子，以女昭聖主國，遂爲其婿陳日煚所有。(乙)、郡縣時代之安南「附錄安南國王陳日煚考」略謂：太尉陳嗣慶，柄國政。長女，婿陳日煚。次女，昊旵妃。嗣慶卒，日煚繼爲太尉，主國政。遂篡昊旵，而有國。(丙)、安南志略卷十二「李氏世家」略謂：昊旵立，國亂。二世陳，與弟建國平之。以功爲其子，求尚王女昭聖，從之。昊旵無子，立昭聖爲嗣。昊旵卒，昭聖立一年，歲庚寅，以國政授子天陳。(丁)、越史略下卷「阮紀」略謂：惠宗，諱日旵，即昊旵。遜位於昭聖公主，謚昭王，尊王爲太上王。王以女主而幼爲憂，召馮佐國謀曰：「朕以爲太尉仲子某，年雖沖幼，相貌非常，必能濟世安。欲以爲子，而主神器，仍以昭聖配之。建嘉十五年，冬十二月初一日，命備法駕，赴星罡府，迎我太宗，受禪即位。(戊)、欽定越史通鑑綱目卷五卷六，略謂：龍翰崩，子昱繼立，是爲惠帝，改元建嘉。以國事委譚以蒙，以蒙不學無術，政事日隳。人民困苦，盜賊蜂起。六年，立元妃陳氏爲皇后。以后兄嗣慶爲太尉，承爲內侍判首。時旵中風疾甚，寢發狂易，不能治事，政事悉委陳嗣慶。自是，天下大權，盡歸陳氏。十三年，嗣慶卒，以后兄陳承，爲輔國太尉，猶宰相也。十四年，后以從弟守度，爲殿前指揮使，禁廷政事，一聽裁處。后生二公主，長公主順天，適陳承長子柳。二公主佛金，帝甚愛之。十月，乃傳位於佛金，是爲昭帝，自徙居眞教寺。昭帝初立，年僅七歲，太后陳氏，急與守度密謀，令守度之從侄不及，爲近侍局六局祇候，陳僉爲祇候局，陳承次子煚（宋史元史明史，皆曰日照），爲正首，入侍禁中。煚時年八歲，昭帝見而悅之。嘗夜召入侍，復以檳榔巾抛授之。於是，守度遂率其親屬，入禁中，閉諸門，百官入朝不得入。守度因遍告曰：陛下已有尚矣，群臣皆諾，請擇日朝見。十二月二十一日，群臣拜賀，遂詔禪位于昗，是爲陳太宗，改元建中。昗因年幼，以其父陳承稱上皇居攝。從叔守度，爲太師統國行軍征討事。李氏八傳，遂爲外戚陳氏所篡。二年八月，守度更弒李旵於眞教寺。以上陳氏開國之六說，或言辭簡約，或語意不明，或立說歧異，故以(戊)說最爲詳細周延可信。

下俗澆浮甚，中華禮樂無。諱嫌訛氏阮，23托制僭稱孤。24

國諱李字，姓李者皆易以阮，臨文爲字不成。以父死，自稱孤子。表疏文移，及對其群百皆然。

23. 澆浮：淮南鴻烈解卷十一「齊俗訓」：「澆天下之淳」：「澆，薄也。」國語卷十七「楚語上」：「教之樂，以疏其穢，而鎮其浮。」：「浮，輕也。」言其俗輕薄。

諱：禮記注疏卷三「曲禮上」：「卒哭乃諱」。注：「敬鬼神名也。諱，辟也。」避先王之姓，以斷民對李氏之懷念。

24. 孤：日講禮記解義卷三十四「玉藻」：「小國之君，曰孤」。謙言「寡德立孤」。

祭祀宗祊絕，25婚姻族屬汙。

雖有寢廟，26無歲時祀禮，惟供佛最謹。國族男女，與同姓爲婚，互相匹偶，以齒不以昭穆。27今酋之妻，其叔興道女也。28蓋竊國（闕），懲創而然。

25. 宗祊：春秋左傳注疏卷二十九「襄公、傳二十四年」：「以守宗祊」。注：「廟門，謂之宗祊」。國語卷二「周語中」：「今將大泯其宗祊」。注：「廟門，謂之宗祊，猶宗廟也。」

26.寢廟：禮記注疏卷十五「月令」：「寢廟畢備」。注：「廟前曰廟，廟後曰寢。」疏：「廟是接神之處，其處尊，故在前。寢，衣冠所藏之處，對廟爲卑，故在後。」謂宗廟陵寢。

27.昭穆：禮記注疏卷十九「小伯宗」：「辨廟祧之昭穆」。注：「自始祖之後，父曰昭，子曰穆。」周禮注釋卷二十一「春官、冢人」：「以昭穆爲左右。」言其婚姻，無視尊卑輩份。

28.興道女：即興道王之女。安南志略卷四「征討運餉」：「宗長興道王陳峻。」欽定越史通鑑綱目謂：興道王陳國峻。

尊卑雙跣足，老幼一圓顱。

民皆跣足，間有躡革履，29至殿則去之。郊迎之際，袍笏百人，30皆跣足而已。男子悉髡，31有官則以青巾幕之，民悉僧也。

29.革履：嶺外代答卷六「皮履」：「交阯人，足躡革履，正是今畫羅漢所躡者。以皮爲底，而中施一小柱，長寸許，上有骨朶頭，以足將指夾之而行。或以紅皮，如十字，倒置三頭於皮底之上，以足穿之而行。皆燕居之所履也。」頗類今日之涼鞋。

30.笏：釋名卷六「釋書契第十九」：「笏，忽也。君有教命，及所啓白，則書其上，備忽忘也。」

31.髡：說文解字卷九上「髡」：「鬄也。」即剃髮。

陟嶠輕於鹿，32泅渡疾似凫。33

足皮厚甚，其登山如飛，芒刺悉無所懼。父子男女，同川而浴，冬夏皆然。善水，有潛行數百里者。

32.嶠：爾雅注疏卷七「釋山」：「銳而高嶠。」注：「山銳而長也。」義爲山巒高峻，言其人長於登山。

33.鳧：本草綱目卷四十七「禽之一」：「狀似鴨而小，雜青白色，背上有紋，短喙長尾，卑腳紅掌，水鳥之謹愿者，肥而耐寒。」輶軒使者絕代語釋別國方言卷八「野鳧」：「其小而好沒水中者。」言其人善於游泳。

斜鉤青繒帽，34曲領35黑羅襦。36

巾色深青，鬆繒爲之。貫額以鐵線，前高一尺，而屈之及頸，以帶束，反結其後。頂有鐵鉤，有職掌，則加帶于鉤。家居囚首，見客乃巾。遠行，則一人捧巾以從，惟首髻以皀羅包束。遠望如道家綸巾，37而益廣出其旁，髮皆露「鬬」。皆衣黑皀衫，四裾38盤頭，39以羅爲之。婦人亦黑衣，但白裏廣出，就以緣其領，博四寸，以此爲異。紅黃紫色，絕無。

34.繒：漢書卷四十一「樊酈灌傳靳周傳第十一」：「灌嬰，睢陽販繒者也。」師古曰：「繒者，帛之總名。」

35.曲領：釋名卷五「釋衣服」：「曲領，在內以中襟領上，橫壅頸，其狀曲也。」急就篇卷二「袍襦表裏曲領帬」：「曲領者，所以禁中衣之領，恐其上擁頸也，其狀闊大而曲，因以名云。」

36.襦：急就篇卷二「袍襦表裏曲領帬」：「長衣曰袍，下至足跗。短衣曰襦，自膝以上。」說文解字卷八上「衣部，襦」：「短衣也。」

37.綸巾：三才圖會册四「衣服一卷、諸葛巾」：「此名綸巾，諸葛武侯嘗服綸巾，執羽扇，指揮軍事。」形如京戲中，武侯所戴之冠。

38.四裾：爾雅卷四「釋器」：「衣眥謂之襟，注交領。衱謂之裾，注衣之後裾也。」釋名卷五「釋衣服」：「襟，禁也。交於前，所以御風寒也。」故裾即襟。四襟，即其袍，前後由四塊布組成，故曰四襟。

39.盤領：三元圖會册「衣服二卷、盤領衣圖」，則其領，在前頸之中央，並未開口。且頸後之領，固定於衣上，頸前之領則否。扣時，自右至左，扣於頸之左側。故曲領、盤領，亦有區別。

語笑堂前燕，趨蹌屋上烏。

語音侏離，謂天曰敦未，地曰煙，日曰扶敦未，月曰敦義，風曰教，雲曰（闕），山曰幹喂，水曰掠，眼曰未，口曰皿，父曰乇，母曰哪，男子曰干，女曰干多蓋，夫曰重，妻曰陀祓，好曰領，不好曰張領，大率類此。聲急而浮，大似鳥語。趨進輕佻，往來如風。深黑一色，如寒鴉萬點。41

40.侏離：後漢書卷一一六「南蠻西南夷傳第七十六、南蠻」：「語言侏離。」注：「侏離，蠻夷語聲也。」

41.安南圖誌「夷語附」：「天、甸尼。地、只尼。日、非祿，月、都急。風、監濟。雲、姑木。山、牙馬奴。水、民足，谷亦里。目、乜。口、谷之。父親、阿舍都。母親、阿乜。妻、眠多木。不好、哇祿撒。」按陳孚與安南圖誌作者，明廣東瓊崖副總兵鄧鐘，所記之安南語，相互歧異，至爲懸殊。何以如此，待考。

抵鴉身偃豕，羅我背拳狐。

其舁人42，用布一匹，長丈餘，以圓木二，各長五寸，挈布兩端，更以繩挈圓木上，以大竹貫繩，兩人舁之。人側其中，若舉羊豕然，名曰抵鴉。43貴者則以錦帛，扛用黑漆，上拖黑油紙屋，高四尺許，銳其脊，而廣其簷，簷廣四尺，雨則張之，晴則撤屋而用傘。酋出入，以紅輦朱屏，八人舁之，甚麗。象背上拖鞍轡，凡座名羅我。44人坐其上，拳屈如狐。象頷編鈴數十，行則琅琅然。

42.舁、挈：說文解字卷三上「舁部」：「舁，共舉也。」荀子卷一「勸學篇第一」：「若挈裘領」：注：「挈，舉也。」

43.抵鴉：欽定越史通鑑綱目卷六「元豐四年」：「制自宗室，至五品官，皆得轎、馬、紙鴉。宗室鳳頭轎，朱漆。相國則鸚鵡轎，黑漆。」註：「紙鴉，明高熊徵安南志，原作牴鴉。其制，用長布一幅，掛於曲木，仍俔寘之，覆以大席，貴者在中，兩人舁之而行。今之輞子，在遺製也。」故抵鴉，安南語，以布爲兜，兩人抬之。安南雜記，「平民無貴賤，以網爲兜，兩人抬之。」即抵鴉。

44.羅我：欽定越史通鑑綱目卷三「聖武二年」：「以象引車，其蓬羅峨，用黃金飾。」註：「篷羅峨，舊史註蓬羅峨，占城象鞍也。吳仕史註，乃象蓬，駕之象背者，非象鞍也。」故羅我，狀似涼轎，上有頂，四面無屏，以絹錦爲簾，可舒捲。可置車上，以象駕之。或置於象背，可謂象輿。

寺號千齡陋，州名萬劫愚。

使者館于太師府，左有小刹，曰天啓千齡寺，前有碑，載建中八年壬辰歲造。乃其祖僭號，爲母李氏，追悼冥福。45李氏僞謚慈順太后，龍翰女也。46僞興道王陳峻，據萬劫府，即唐浪州，馬援駐兵浪西里地。47其重佛，故州名曰萬劫。48

45.千齡寺：欽定越史通鑑綱目卷五「建嘉十四年」，卷六「建中二年」，「政平元年」謂：陳煚即位，建元建中元年。建中八年，改元政平元年。故寺建於陳煚即位之第八年，即建中八年，亦即政平元年，宋紹定五年，歲壬辰。按陳氏之先世，欽定越史通鑑綱目卷六「建中二年」：「冬十月，尊父承爲上皇，母黎氏爲國聖皇太后。承祖京，（南安）即墨人。生翕，翕生李，李生承。」煚，承之子也。因陳氏尚公主，有二說，一曰陳京，一曰京之子，故寺爲何人之母——陳翕或陳李之母所建，待考。然由「其祖僭號，爲母」建寺，應即陳煚之祖，陳李爲母，亦即陳翕之妻所建，亦合陳京之子，尚公主之說。

寺在陳氏之都城，即昔之交州，時名昇龍，亦即今日之河內，已湮滅。

46.龍翰：安南志略卷十二「李氏世家」：「龍翰，天祚子，宋淳熙六年，封安南國王。光宗紹熙五年，加封恩忠功臣。十一年，復加封濟美功臣。後李氏聲威不振，盜賊蜂起，合圍羅城，龍舶走依歸化江何高家。外戚陳氏昆仲，集鄉兵，平其亂，迎王還宮，寧宗嘉定五年薨。在位三十年，謚高王，子昊旵嗣立。」欽定越史通鑑綱目卷五「龍應元年」，「帝營造不息，聞城有盜賊，佯爲不知，以掩之。惟徇財貨，諸臣效之，賣官鬻獄，餘無所恤。」「帝外嬖內寵，日事遊樂，不恤國政。由是盜賊蜂起，不可復制，至於亡國。」

47. 浪西里：浪即浪泊，欽定越史通鑑綱目卷一「建武十八年，浪泊」：「一名霪潭，在大羅城西街之西，黎改名西湖，今河內之西湖是。」讀史方輿紀要卷一一二「廣西七、外國附考、安南、交州府、浪泊」：「東關鄉西北，一名西湖。」

西里，讀史方輿紀要卷一一二「廣西七、外國附考、安南、交州府、浪泊」：「援既乎交趾，奏分西里，置封谿、望海二縣。」「平道城」：「今安朗縣地，後漢建武十九年，馬援平交趾蠻，置封谿縣。」「府西有望海廢縣。」故西里，即安朗縣地。

48. 萬劫、萬劫府：萬劫，佛家語，言劫難之多且長也。安南人，虔信佛教，以萬劫名府，寓有多行善政，以消弭劫難，而自警惕之意。

萬劫府：欽定越史通鑑綱目卷七「官軍退保萬劫津」：「萬劫，社名，今改萬安，屬北寧省陸岸縣。」按社即鄉，欽定越史通鑑綱目卷五「建嘉十年春三月，阮嫩據扶董，自稱懷道王。」註：「扶董，鄉名，今仙遊，扶董社是。」安南志略卷一「山」：「萬劫山，前接大江，後山萬重，有茂林修竹，小橋流水之勝，興道王隱其中。」故今之萬劫社，即萬劫府，在北寧省陸岸縣境。一九四九年出版之「越南地圖集」略謂：北圻，即越南北部，分二十七省，北寧爲其一。

笙簫圜醜妓，牢禮[49]祀淫巫。[50]

嘗宴于其集賢殿，男優女倡，各十人，皆地坐，有琵琶　箏三弦之屬，其謳與絃索相和，歌則先哩喻而後詞。[51]殿下有踢（闕）上竿杖頭傀儡。又有錦袴，裸其上體，跳擲號呶。婦人赤腳，十指爪，槎枒越舞，[52]醜態百出。人家門首，必有小祠，其神曰馬夫人，[53]刻木象，猥惡不可名狀。朔望則陳庭，老稚羅拜。

49.牢禮：周禮注疏卷十二「地官、牛人」：「凡賓客之事，共其牢禮，積善之牛。」注：「牢禮，飧饔也。」釋：「凡賓客者，謂五等……。上公飧五牢，饔餼九牢五積。侯伯飧四牢，饔餼七年四積。」言祭祀之隆重，供品之豐盛，若牢禮然。

50.淫巫：禮記注疏卷五「曲禮下」：「非其所祭而祭之，曰淫祀。」故淫巫之淫，乃言其祭祀，泛濫無節，不當祀而祀之。

51.哩喻：待考。

52.槎枒：說文解字卷六上「木部」：「槎、枝也。」「枒，杈也。」義即樹枝，枝椏。言舞者指手之變化，若樹枝之歧出橫生，參差雜亂之狀。

53.馬夫人：明景寧縣志卷二「廟祠、馬夫人廟」：「在縣西三都鸕鶿村，祀唐孝婦馬氏。李陽冰爲之記曰：護國夫人馬氏，括蒼下邑，鸕鷀人也。地之距郡與邑，幾三百里。源深水迂，山高路阻。猿猱紛紛，虎狼相尾，居民鮮少。鸕鷀水鳥，善捕魚，因名其地，即夫人故居也。自仙居之，異獸屏跡，仙跡既往，而井存焉。上元間，連歲苦旱，郡守火子，率更令司馬公，與郡屬吏，遍禱境內之靈湫。禾霑之間，有二老告諸馬司公曰：某之下邑，有馬氏之祠。世井里人，禱有所驗。郡守遣吏，同二老抵祠，所置亨禮，吏未旋踵，合境告足。公異之，乃復命二老，至黃堂，問仙姑始終出處之跡。二老曰：某兒時，聞諸故老云：仙家貧，事姑孝。工碎纑機，杼事以致養。家距鶴溪百有餘里，晨往夕返。至食，以羨與姑，如出釜甑然。水潦泛濫，舡斷獎（按：槳）摧。輒倒持其傘，以自載，望之隱隱若雲霧間。人莫有知者，後莫識其所往……。」龍泉縣志卷之四「廟祠、馬夫人祠」：「在留槎閣西……，凡祈禱輒應……，即景寧鸕鷀村之護國夫人也。」按浙東溫州一帶，自唐初以降，即崇信馬夫人。此馬夫人之信仰，疑因五代十國之亂，隨避難者之移居安南，遂成元代安南之廣泛信仰。因典藏於法國遠東學院之「皇越神祇總册」，未能見及，故上述推論，無法印證其正誤。

國尉青盤護，軍掫白挺驅。54

當國二人，其叔僞太師陳啓，弟僞太尉陳暚（按：曄）。55國事巨細，暚啓皆專之。每至殿門下輿，則二人各執二大木，圓如鏡，色青，廣六尺，上畫日月北斗二十八宿，意以自障也。每州縣有官曰將掫，司巡徼之事，兼領土兵。有驚，則盡驅丁壯以往。器械悉自備，無弓矢，惟持（闕），亦有操白挺者。

54.掫：春秋左傳注疏卷四十九「昭公二十年」：「賓將掫。」註：「掫，行夜。說文云：夜戒有所擊也。」言巡夜者，以杖驅民。

55.太師、太尉：安南志略卷十四「官判」：「僭宰執：太師、太尉平章政事。」欽定越史通鑑綱目卷六「建中四年」：「註：陳制，以太尉和諸宗室親王。居是職者，兼相銜輔政。」「建中二年」：「以陳守度爲太師，統國行軍征討事。守度帝從叔，得天下，皆出其謀也。帝初受禪，拜國尙父，掌理天下事，至是復有是命。」卷七「紹隆四年」：「以昭明大王光啓，爲太尉。帝兄國康年長，以常才不用，故相光啓。」「紹隆八年」：「三月以欽天大王日皎，爲相國太尉。帝欲以日皎爲太師，固辭……，乃加相國二字，拜爲相國太尉，總天下事。」故太師太尉，皆宰相，且李氏王朝，多以親王加太師太尉銜，主軍國政務。而太師之地位，較太尉爲高。由陳守度始拜太師，陳日皎固辭太師，而任太尉，可以概見。

陳啓、陳⿰日雩：國史與欽定越史通鑑綱目、安南志略頗多歧異。如國史曰李龍翰、陳日照、光昺、日烜、日熻、日熣、陳峻。欽定越史通鑑綱目、安南志略則曰：李龍翰、陳煚、晃、昑、烇、暭、陳國峻。故陳光啓，即陳啓。陳德曄，即陳⿰日雩，蓋曄即雩。且欽定越史通鑑綱目卷六「紹隆元年、元憲宗八年」：（晃）「十一月，封弟光啓爲昭明大王。光啓上皇第三子，帝之同母弟也。」卷七「寶符六年、元至元十五年」：晃「封子德曄爲佐天王。」卷七「紹寶四年、元至元十九年」：「以昭明王光啓，爲上相太師。」卷七「紹寶五年、元至元二十年」：昑「冬十月，以興道王國峻爲國公。」陳剛中詩集卷二「安南即事」：「至元壬辰（二十九年）秋九月朔，詔命吏部尚書梁曾，禮部郎中臣陳孚，奉璽書問罪于交趾……。明年正月二十有四日，至其國。」時晃之子昑在位，故光啓乃昑之叔，德曄爲昑之弟，輩份官職亦合。

至於安南史與國史中，其國王、親王名字，所以如此之歧異，當如陳孚「安南即事」所言：「使臣至其國，不復行舊徑，皆鑿山開道，縈迴跋涉，意示險遠也。」乃實故示以虛，虛故示實之策略運用使然。

閲係親獄訟，明字掌機樞。

官自司尉而下，有檢法、明字，皆執政官。[56]今丁公文、[57]杜國器、[58]黎克復[59]等爲之。次有尚書、亞卿、翰林、奉旨、判首、三司。[60]又有閲係，則親法令刑獄。其族有昭明、[61]興道、[62]昭懷、[63]昭文、[64]佐天，[65]皆僭王號。正月四日，椎牛饗其官屬。以七月十五日爲大節，人家相問遺，官屬，各以一口，[66]獻其酉。十六日開宴，酬之。

56. 檢法、明字：欽定越史通鑑綱目卷七「命宦者陳雄韜，兼檢法官。」「祗侯局首杜克終，弟天覷與人訟，情理俱曲，刑官曲爲回護。帝出幸，其人邀駕陳訴。帝曰：此畏避克終耳。即命內書火正掌陳雄韜兼法官按問，天覷果曲。青衫檢法，自此始。」安南志略卷十四「官判、近侍官」：「太師太尉衙都官，乃其輔也，明字爲之。」欽定越史通鑑綱目卷五「降明智王爲侯，保寧侯爲明字。」潘輝註：「歷朝憲章，明字爵名，以賜有功者。」

57.丁公文：時任安南少保國相，平章政事，頗長於詩。欽定越史通鑑綱目卷六「政平五年」：「潘輝注歷朝憲章，陳官制大要，以三公三少，司馬司徒司空，爲文武大臣。其宰相，則加左右相國平章政事。」陳剛中詩集卷二「交州稿、交趾僞少保國相丁公文以詩餞行因次韻」，詩前錄丁公文詩云：「使星飛下擁祥煙，不憚崎嶇路九千。雙袖拂開南海瘴，一聲喝破下乘禪。（按：乃指陳孚爲書，嚴責安南國王，以憂制未出郊迎詔之事。）妙齡已出終軍上，英論高居陸賈前。歸到朝端須爲說，遠氓日夜祝堯年。」

58.杜國器：杜氏家族，頗爲通顯。杜國器既任執政，杜國計，曾奉使入貢元廷，後遷知審刑院事。杜國佐，亦以文學，擢中書令。安南志略十四「陳氏遣使」：「至元十四年……，明年，世祖命禮部尚書柴椿，召世子入朝。以疾不行，遣其大夫鄭國瓚、杜國計入貢。」元史卷二〇九「安南」：「十五年八月，遣禮部尚書柴椿……，持詔諭日烜入朝。日烜差御史中贊、兼知審刑院事杜國計先至，其太尉率百官，自富梁江（按：富良江）岸，奉迎入館。」欽定越史通鑑綱目卷七「紹隆十三年、元至元七年」：「辰（按：凡例，諱越南國王阮福時，改時曰辰）……，杜國佐爲中書省中書令。文學得柄，用自此始。」

59.黎克復：初任大夫，後封國相，曾兩次奉使入貢元廷。新元史卷一四八「安南」：「十一年，遣黎克復、黎文粹入貢。」元史卷二〇九「安南」：「十三年二月，光昺遣黎克復、文粹入貢。」安南志略卷十四「陳氏遣使」：「至元乙亥（按：十二年），遣大夫黎克復、黎文梓（按：元史新元史誤爲文粹）貢。會大兵平宋，明年，克復等，由湖廣還國。」「大德壬寅（按：六年），遣其相黎克復，大夫陶永貢。」

60. 尙書、亞卿、翰林、奉旨、判首、三司：欽定越史通鑑綱目卷六「政平五年」：「謹案歷朝憲章，陳官制大要：以三公、三少、太尉、司馬、司徒、司空，爲文武大臣。其宰相，則加左右相國平章事，次相則加參知政事、入內行遣，或加左輔右弼，參預朝政。文階內職，則有六部尙書，侍郎、郎中、員外郎中、中書令、尙書令、左右僕射行遣、左右司郎中、左右司言、參議。御史台：侍御史、監察御史、主書御史、御史中贊、御史中相、御史大夫。侍經筵大學士、天章學士、入侍學士。」故其六部尙書、亞卿、翰林、奉旨，其職掌，頗類元代之尙書、侍郎、翰林學士、翰林待制。欽定越史通鑑綱目卷四「龍符元年」：「判首、都押衙，制未詳。」安南志略卷十四「官判、三司院官」：「一宣清，二肅憲，三刑政，乃問訟所。」

61. 昭明：即昭明王，生平見欽定越史通鑑綱目卷八「甲午、英宗皇帝、興隆二年」：「元至元三十一年秋七月昭明大王光啓卒。光啓有學識，通諸蕃語。每北使至，輒充伴接。初聖宗親征婆羅蠻，光啓扈從。適北使至，太宗召興道王國峻曰：上相扈從，朕欲以卿爲司徒，以備酬應。國峻對曰：酬應北使，臣請當之。司徒之命，臣不敢奉詔。官家遠征，光啓扈從，而陛下別行拜封，上下之義，恐有未安，事寢。光啓與國峻，素不相協。後國峻自萬劫來，光啓與之博戲終日。光啓不喜沐浴，國峻爲解衣，澡洗之曰：今日得洗上相。光啓亦曰：今日得國公洗浴，自是交歡情篤。身爲將相，夾輔王室，與國峻齊稱。卒年五十四，有樂道詩集行世。子文肅王道載，亦以文學名。孫威肅侯文璧，歷位太保。曾孫章肅侯元旦，亦有顯名。德澤深厚，與王室相始終焉。」安南志略卷十九「安南名人詩」，曾錄其詩二首，茲選其一，以見異國親王之才情。「老國叔昭明王樂道先生二首、贈天使柴莊卿李振等」：「一封鳳詔下天庭，咫尺皇華萬里行。北闕衣冠爭祖道，南州草木盡知情。口銜威福君褒貶，身佩安危國重輕。敢囑四賢均泛愛，好爲翼卵越蒼生。」

62. 興道：即興道王，生平見欽定越史通鑑綱目卷八「庚子八年」：「元大德四年……，秋八月，節制統領諸軍，興道大王陳國峻卒。先是國峻病，帝幸其第，問之曰：如有不諱，北兵來侵，其策安在。對曰：昔趙武立國，漢帝加兵，小民清野……。若用蠶食緩行，不務民財，不求速勝。則拔用良將，觀變如圍棋然，隨辰制宜，收得父子之兵，始可用也。且寬民力，以爲深根固柢之計，此守國之上策也。帝深以爲然。國峻……容貌魁偉，聰明過人，博覽群書，有文武材略。父安生王（按陳柳，乃陳煚之兄），初與太宗有隙，心懷怏怏，徧求藝能之士以教之。臨終執其手囑曰：汝不能爲我得天下，我死不瞑目，國峻心終不以爲然……。嘗陽問其子，興武王國巇曰：古人富有天下，以傳於子孫，於汝何如？國巇對曰：縱異姓猶爲不可，況同姓乎，國峻深然之……。余今歷撰諸家兵法爲一書，名曰兵法要略。汝等或能專習是書，受余教誨，是夙世之臣主也……。蒙韃乃不共戴天之讎，汝等既恬然不以雪恥爲念，而又不教士卒，是倒戈迎降，空拳受敵，使平虜之後，萬世遺羞，尙何面目，立於天地覆載之間哉！又集諸家兵法，爲八卦九宮圖，名曰萬劫宗秘，傳書仁惠王慶餘序之。

至是卒，贈太師尚父上國公仁武興道大王。諒江州人，立祠祀之。」

63. 昭懷：昭懷王，待考。

64. 昭文：即昭文王，生平見欽定越史通鑑綱目卷九「開祐三年、元至順二年」：「太師昭文大王日曒卒。日曒涉獵經史，通玄言，曉音律，辰以該博稱。兼通諸國語，仁宗嘗曰：昭文叔，蓋蕃落後身也。應接元使，不假傳譯。攜手飲酒，歡如平生。元使曰：君乃眞定人，來仕此耳。日曒深卻之，終不信。以狀貌言語，皆似眞定人也。爲人有雅度，喜怒不形於色，而請託不行。因應機變，勇於赴敵……。鹹子之役，大破唆都，爲重興戰功稱首。以親王之貴，歷事四朝，三領巨鎭。居家無日不倡歌宴樂，而人不之非，或比之唐郭子儀云，卒年七十九。」按鹹子，即鹹子關。

65. 佐天：即佐天王。欽定越史通鑑綱目卷七「寶符六年」：「元至元十五年……，封子德曄，爲佐天大王。」

66. 一口：諸蕃志卷上「志國、交趾國」：「以七月十五爲大節，家相問遺，官僚以生口獻其酋。」故一口，即牲一口。

教窣官中客，67鬅鬙座上奴。68

奴皆涅其額，69有曰官中客，則官奴也。曰座上奴，則可至酋左右，餘皆白。70

67. 教窣：昭明文選卷七「子虛賦」：「嫛姍教窣。」韋昭曰：「教窣，匍匐上也。」

68. 鬅鬙：集韻卷四「平聲四、登第十七」：「鬅，鬅鬙，髮亂。」

69.涅：淮南鴻烈解卷二「俶眞訓」：「今以涅染緇，則黑於涅。」注：「涅，礬石也。」言以礬染其額。

70.餘皆白：白即白丁，無官職者曰白寸。

台章中賛糾，邑賦大僚輸。

置御史台中賛，即中丞也。71刑法酷甚，盜及逃亡，斮手足，72指其人心甘。或付象蹴殺之。國有大鐘樓，民訴事扣鐘。州設安撫、通判，縣有大僚。箕歛煩重，73魚蝦蔬果，悉以充歛，皆大僚主之。

71.御史台：新元史卷五十七「百官志三、御史台」：「掌糾察百官善惡，政治得失。大夫二員，從一品。中丞二員，正二品。」

72.斮：尙書注疏卷十「周書、泰誓下」：「斮朝涉之脛。」疏：「樊光云：斮，斫也。說文云：斮，斬也。」

73.箕歛：前漢書卷三十三「張耳陳餘傳第二」：「頭會箕歛。」注：「服虔曰：吏到其家，人人頭數出穀，以箕歛之。」言苛歛之重。

吏榷檳榔稅，人收安息租。

產檳榔最多，其稅亦重，專立官榷之。74安息木，取其津及葉，揉爲小圓，大數寸，歲收租，利甚厚，然與西域安西不類。75

黃金刑莫贖，紫蓋律難踰。

民間金銀，雖銖兩，悉徵送官，有私服用者罪死。官品崇卑，視傘爲差。卿相則用三青傘，次二傘，一傘。若紫傘，惟親族用之，他人不敢用。

安化橋危矣，明靈閣岌乎！

自館行六十里，過安化橋。復一里，至清化橋北，其上爲屋十九間。至酋所，其門曰陽明門，上有閣，曰朝天閣。左小門，曰日新門。右小門，雲會門。門內天井，廣深數十丈。升自阼階，76閣下扁，曰集賢殿。上有大閣，曰靈明閣。道右廡，至大殿，曰德輝殿。左門曰同樂門，右門曰橋應門，其扁皆金書。

74.榷：前漢書卷六「武帝紀第六」：「初榷酒酤。」注：「榷謂禁民酤釀，獨官開置。」即官方專賣。

75.安息木：大清一統志卷五五三「安南、土產」：「安息香，樹如苦楝，大而直，葉類羊桃而長，中心有脂作香。」御製廣群芳譜卷八十「安息香樹」：「安息香樹，出波斯國，波斯呼爲辟邪樹。高三丈，皮色黃，黑葉，有四角，經冬不凋。二月開黃花，不結實。刻其樹皮，其膠如飴，名安息香。六七月堅凝，乃取之燒，通神明，辟群惡。」

76.阼階：尚書注疏卷十七「顧命」：「由阼階隮。」疏：「阼階者，東階也。謂之阼者，鄭玄云：冠禮注云：阼猶酢也，東階，所以答酢賓客，是其義也。」言待以客禮，由東階升殿。東，左也。左爲尊。

曲歌歎時世，樂奏入皇都。

男子十餘人，皆裸上體，聯臂頓足，環繞而歌。久之，各行一人舉手，則十餘人皆舉手，垂手亦然。其歌有莊周夢蝶77、白樂天母別子、78韋生玉簫、79踏歌，80浩歌等曲。81惟歎時世，最愴惋然，漫不可曉。每酌酒，則大呼曰樂奏某曲，廡下諾而奏之。其曲曰降黃龍，曰入皇都，82曰宴瑤池，83曰一江風，84音調亦不近古，但短促耳。

77.莊周夢蝶：源於莊子注卷一「齊物論第一」：「昔者，莊周夢爲胡蝶，栩栩然胡蝶也。自喻志與，不知周也。俄然覺，蘧蘧然周也。不知周之夢爲胡蝶與，胡蝶之夢爲周與。周與胡蝶，則必有分矣，此之謂物化。」由史九散仙，或謂史九散人，史九敬先，撰爲雜劇。其生平，錄鬼薄卷上「史九散仙，眞定人，武昌萬戶」：「武昌萬戶散仙公，閫國元勳，廕祖宗，雙虎符，三顆明珠重，受金吾，元帥封。」曹楝亭刊本，新編錄鬼薄卷上「史九散人，眞定人，武昌萬戶。」：中國古典戲曲論集成三「太和正音譜」：「史九敬先：莊周夢」。因均言，眞定人，武昌萬戶。故史九散仙、史九散人、史九敬先，當爲一人。劇目，則現存元人雜劇本事考之第一章「現存元人雜劇總目」謂：「簡題，莊周夢。正目，太白三度燕鶯忙，老莊周一枕胡蝶夢。」錄鬼薄卷上題爲「莊周夢：去酒色財氣漆園春，破鶯燕蜂蝶莊周夢」。曹楝亭刊本錄鬼薄，題曰「花間四友胡蝶夢」。本事：則現存元人雜劇本事考第二章「莊周夢」謂：「戰國時，莊周字子休，四川成都府人。本爲大羅仙，因在玉帝座失儀，謫降塵寰。莊游學杭州，蓬壺仙恐其迷失正道，特領風、花、雪、月四仙女，化爲娼妓以迷之。更由太白金星，化爲李府尹，令燕、鶯、蜂、蝶爲四仙女，各攜琴、棋、書、畫，作詩唱和，乘間勸莊戒卻酒、色、財、氣。旋又帶春、夏、秋、冬四仙，桃、柳、竹、石四女，爲之煉丹，丹成後，先由三曹官，責四女泄漏天機，擒之去。然後金星，引莊周證果還元，仍入仙籍。」

78. 白樂天母別子：其歌詞，見白香山詩集卷四「長慶集四、諷諭、新樂府下、三十首、母別子」：「母別子，子別母，白日無光哭聲苦。關西驃騎大將軍，去年破虜新策勳。敕賜金錢兩百萬，洛陽迎得如花人。新人迎來舊人棄，掌上蓮花眼中刺。迎新棄舊未足悲，悲在君家留兩兒。一始扶行一初坐，坐啼行哭牽人衣。以汝夫婦新嬿婉，使我母子生別離。不如林中鳥與鵲，母不失雛雄伴雌。應似園中桃李樹，花落隨風子住枝。新人新人，聽我語，洛陽無限紅樓女，但願將軍重立功，更有新人勝於汝。」按樂府詩集卷九十「新樂府辭」：「凡樂府歌辭，有因聲而作者……，有因歌而造聲者……，有有聲有辭者……。新樂府者，皆唐世之新歌也。以其辭，實樂府，而未常被於聲，故曰新樂府也……。自風雅之作，以至於今，莫非諷興當時之事，以貽後世之審音者。儻採歌謠，以被聲樂，則新樂府其庶幾焉。」故樂府，均有詞有譜，可歌可奏，新樂府，唐時僅有語而無譜，然後世亦製譜，可歌唱亦可演奏。由「安南即事」謂：「其歌……有白樂天母別子……等曲」，可以概見。

79. 韋生玉簫：源於唐傳奇「玉簫傳」，並見於雲溪友議卷第三謂：「西州韋相公皋，昔遊江夏，止於姜使君之館。姜氏孺子，曰荊寶，已習二經，雖兄呼於韋公，而恭事之禮，如父叔也。荊寶有小青衣，曰玉簫，纔十歲，常令祇侍於韋兄，玉簫亦勤於應奉。後兩載，姜使君入關求官，而家累不行，韋乃易居頭陀寺。荊寶亦時遣玉簫，往彼應奉。玉簫年梢長大，因而有情。時廉使陳常侍，得韋君季父書云：姪皋久客貴州，初望發遣歸覲。廉察啓緘，遺以舟楫服用，仍恐滯留，請不相見，泊舟江渚，俾篙工促行。昏暝拭淚，乃裁書以別荊寶。寶頃刻與玉簫俱來，既悲且喜，寶命青衣從往。韋以曠覲日久，不敢偕行，乃固辭之。遂爲言約，少則五載，多則七年，取玉簫。因留玉指環一枚，并詩一首遺之。暨五年，既不至，玉簫乃默禱於鸚鵡洲。又逾二年，泊八年春，玉簫嘆曰：韋家郎君，一別七年，是不來矣！遂絕食而殞。姜氏愍其節操，以玉指環，著於中指，而同殯焉。後公鎮蜀，到府三日，詢鞫獄情……。一輩（按：輩）五器所拘，偷視廳事，私語云：僕射，是當時韋兄也。乃厲聲曰：僕射僕射，憶得姜荊寶否？公曰：深憶之。姜曰：即某是也。公曰犯何罪，而重羈縲。答曰：自辭違之後，尋以明經及第，再選青城縣令，家人誤爇廨舍牌印等。韋公曰：家人之犯，固非已尤。便與雪冤，仍歸墨綬。乃奏授眉州牧，勑下未令赴任……。問玉簫何在？姜牧曰：僕射……逾時不至，乃絕食而殞……。韋公聞之，益增淒嘆，廣修經像，以報夙心……。時有祖山人者，有少翁之術，能令逝者相親，但令府公齋我七日。清夜，玉簫累至。謝曰：承僕射寫經供佛之力，旬日便當托生。卻後十三年，再爲侍妾，以謝鴻恩……。後韋以隴右之功……，累遷中書令、同平章事。天下嚮附，瀘僰歸心。因作生日，節鎮所賀，皆貢珍奇。獨東川盧八座，送一歌姬，未嘗破瓜之年，亦以玉簫爲號，觀之，眞姜之玉簫也。其中指有肉環，隱出不異留別之玉環也。京兆公曰：吾乃知存沒之分，一往一來，玉簫之言，斯可驗矣！」由喬吉撰爲雜劇。其生平，現存元人雜劇本事考第一章「現存元人雜劇總目三十三喬吉」謂：「喬吉，亦名吉甫，字夢符。號笙鶴翁，又號惺惺道人。太原人，流寓杭州。美容儀，能詞章，以威嚴自飭，人皆敬畏之。散曲集有喬夢符小令，夢符散曲二種。所作雜劇十一本，存二。旦末各一，皆甚有名。生於世祖至元十七年，卒於順帝至正五年，六十五歲。」至於劇目：據前引書章，「簡題：兩世姻緣。正目：韋元帥重諧配偶，玉簫女兩世姻緣。又：韋元帥百年風月，玉簫女兩世姻緣。又：梓潼君謫降金仙，張延賞大鬧西川。韋元帥重諧配偶，玉簫女兩世姻緣」。本事則「玉簫傳」，與古典戲曲存目彙考卷五「元代作品下、玉簫女兩世姻緣」相較，後者僅將侍女，改爲名妓。由盧八座所獻，改爲托生於張延賞家，餘皆同「玉簫傳」。

80. 踏歌：西京雜記卷三「戚夫人侍兒……又說：在宮內時，嘗……相與連臂，踏地爲節」而歌，是爲踏歌。

81. 浩歌：楚辭章句卷二「九歌章句第二、大司命」：「望美人兮未來，臨風怳兮浩歌。」注：「臨疾風而大歌，冀神聞之……。浩，大也。」

82. 降黃龍、入皇都：均曲牌名。曲之詞句，猶今日之歌詞。曲之牌名，亦猶今日之歌譜。故可以歌唱，可以演奏。且一曲牌，皆可按曲塡詞，故均有若干曲同詞異之作。茲錄御定曲譜卷九「降黃龍」：「宦室門楣，寒士尋常，望若雲霄。時移事遷，地覆天翻，君去民逃，多嬌。此時相見，和你因緣非小，做夫妻相呼廝喚，怎生恁消。換頭何勞，獎譽過多。昔日榮華，眼前窮暴。身無所倚，幸遇君家，危途相保，英豪。念孤恤寡，再生之恩容報。久以後銜環結草，敢忘分毫。」以概見其大要。

83.宴瑤池：詞牌名。御定詞譜卷首「序」：「詞之有圖譜，猶詩之有體格也。」卷首「凡例」：「詞者，古樂府之遺也。前人按律以製調，後人按調以填詞。」卷首「提要」：「今之詞譜，皆取唐朱舊詞以調名。」詞律卷首「發凡」：「詞有調同名異者。」故詞可歌，可奏，亦可調同詞異。御定詞譜卷九「越江吟」：「因蘇詞起句，有瑤池宴字，更名宴瑤池。」其詞云：「非煙非霧瑤池宴，片片碧桃冷落誰見。黃金殿，蝦鬚半捲，天香散。春雲和，孤竹清婉。入霄漢，紅顏醉態爛漫。金輿轉，霓旌影亂，簫聲遠。」

84.一江風：曲牌名。茲錄御定曲譜卷八「一江風」：「俏冤家，獨立簾兒下，手撚香羅帕。細端詳，亂綰烏雲，斜彈金釵，似活菩薩。若還到我家，燒香供養他，說幾句知心話。」以見其曲詞之格式，與音調之概要。

龍蕊常穿壁，蔞藤不離盂。

以龍花蕊，85和安息油，揉爲小鋌如筯，長尺許，插壁上然（按：燃）之，終日不絕，香甚清馥。閩廣人，檳榔86皆啗乾者，87以蔞藤81石灰和之。交人惟啖軟檳榔，88取新採嫩者，以蔞葉89二寸，塗蜆灰90裹而食。貴者以黃銀榼，僮攜之，不離左右，終日咀嚼不少休。

85.龍花蕊：本草拾遺卷之四「木部、上品四十四種」：「那耆悉」。卷四「那耆悉」：「味苦，寒，無毒。主結熱，熱黃，大小便澀赤，痟毒諸熱。明目，取汁洗目，主赤爛熱瘴。生西南諸國，一名龍花。」太平聖惠方卷第三十四「口齒論、揩齒龍腦散方」、「龍腦一分、寒水石一兩、監花半兩、石膏一兩、藁本半兩、白芷半兩、川芎半兩、川升麻一兩、細辛半兩、龍花蘂半兩。右件……每日早晨及臨臥，揩齒，益牙齒甚效。」故龍花蕊，疑即那耆悉，亦名龍花。因解熱，除瘴，明目，益齒，故安南宮中，因之搗磨成粉，和安息香油，製成箸狀燃之。曾為安南貢品，文獻通考卷二十二「土貢考一、歷代土貢」：「眞宗咸平二年，內侍裴愈，因事至交州，謂龍花蕊，難得之物，宜充貢，本州遂以爲獻。上怒，黜愈隸崖州，仍絕其貢。」

86. 檳榔：南方草木狀卷下「檳榔樹」：「高十餘丈，皮似青桐，節如桂竹。下本木大，上枝不小。調直亭亭，千萬若一。森秀無柯，頂有葉，葉似甘蕉，條泒開破。仰望眇眇，如插叢蕉於竹杪。風至獨動，似羽扇之掃天。葉下繫數房，房綴數十實。」太平寰宇記卷七一。「檳榔樹」：「如椶櫚，高七八丈，無枝柯，上有十許葉。正月結房，二百餘子，花甚香，每生即落。」子即檳榔。

87. 乾檳榔：本草綱目卷三十一「檳榔」：「釋名，賓門，仁頻，洗瘴丹。集解：蘇恭言，其內極易爛，不經數日。今入北者，先以灰煮熟，焙熏令乾，始可久留也。」

88. 蔞藤：本草綱目卷十四「蒟醬」：「釋名，蒟子，土蓽茇，苗名扶惡士蔞藤。集解，蔓生，葉似王瓜，而厚大光澤。味辛香，實似桑椹，而皮黑肉白……。交州、愛州人家，多種之。蔓生，其子長大，苗名浮留藤。取葉，合檳榔食之，辛而香也。」南越筆記卷十五「蔞」：「蔞以東安、富霖所產爲上。其根香，其葉尖而柔，味甘，多汁，名曰穫扶留。他地產者色青，味辣，名南扶留……。冬間以蒻草覆之，稍沾霜雪立萎矣。凡食檳榔，必以蔞葉爲佐。」

89.軟檳榔：新採之檳榔，謂之軟檳榔。安南，台灣均食之。本草綱目卷三十一「檳榔」：「生食，其味苦澀，得扶留藤與瓦屋子灰，同咀嚼之，則柔滑甘美也。」

90.蜆灰：本草綱目卷四十六「蜆」：「釋名，扁螺。集解：時珍曰：溪湖中多有之，其類亦多，大小厚薄不一，漁家多食之。」「爛殼，氣味鹹溫，無毒。」按蜆灰，經向賣檳榔者請教謂：先將蜆殼搗磨成粉，加以煮熟，去其浮雜之物，取其沈澱者，另密方加料，放置數月，始可塗抹蔞葉之上，裹檳榔而食之。

玳簪穿短髮，蟲紐刻頑膚。

婦女斷髮，留三寸，束于頂上。（闕）其杪再束如筆，後無鬌鬟，亦無膏沐，環珥91之屬，富者玳瑁，92珥餘骨角而已，錙銖金珠無有也。人皆文身，93爲鉤連屈之文，如古銅爐鼎款識。又有涅字于胸，曰義以捐軀，形於報國，雖酋子姪亦然。

有室皆穿竇，無床不尚爐。

屋無折架法，自棟至簷，直峻如傾。棟雖至高，簷僅四五尺。又有低者，故欲黑暗，則就地開牕，如狗竇然。人用蒲席，地坐而向明。睡榻之側，必有爐，熾炭，盛暑亦然，以辟濕蒸之氣。

91.珥：前漢書卷六十五「東方朔傳第三十五」：「去簪珥。師古曰：珥，珠玉飾耳者也。」

92.玳瑁：本草綱目卷四十五「瑇瑁」：「釋名，玳瑁。集解：藏器曰：瑇瑁，生嶺南海畔山水間。大如扇，似龜，甲中有文。士良曰：其身似龜，首嘴如鸚鵡……。老者甲厚而色明，小者甲薄而色暗……。取時，必倒懸其身，用滾醋潑之，則甲逐片應手落下……。煮揉作器，治以鮫魚皮，瑩以枯木葉，即光輝矣。」

93.文身：春秋穀梁注疏卷二十「哀公疏，十有三年」：「吳夷狄之國也。祝髮文身。注：祝，斷也。文身，自刻畫其身，以為文也。必自殘毀者，以辟蛟龍之害。」

星華舟作市，花福水為郛。94

星華府，即唐驩州，95去交州城二百餘里。96海外諸蕃，舟航輻輳，97就舟上為市甚盛。酋叔昭文祖廟，與其重寶皆在，實大鎮也。交州無城壁，土墻睥睨而已。98西有花福州，99以水圍繞，前有莫橋、西陽、麻他，老邊四橋，以通出入。

94.郛：春秋左傳注疏卷二「隱公疏、經五年」：「伐鄭入其郛，以報東門之役。注：郛，郭也。」

95.星華府：西域南海史地考證譯叢丁集「李陳胡三氏時安南國之政治地理」：「驩州，在一一〇一年，早已改為乂安州也。乂安之名，今日尚存。是安南北部，清化之南，一大省。」「安南省道沿革表」：「一八二〇年，至一八四〇年，復改為三十省：一七二三年之十三道，乂安。嘉隆時代之行政區域，乂安。」一九四九年出版越南圖集「中圻地理概況」：「中圻分十三省，省名乂安，省會宜安。」故星華府，即驩州，今爲乂安省。按乂，即義。

96.交州：越史通鑑綱目卷五「咸道七年」：「大羅城，在交州府城外，漢交阯郡，唐都護府，皆在此。歲久廢壞，舊址難考。今河內省城外，四面土壘，是李陳以後，修築不一，俗亦名羅城。」卷七「順天元年」：「秋七月，徙都昇龍城。帝以花閭城湫隘，欲遷之。諭群臣曰：昔商家（按中國商代）五遷……。大羅城居天下中……，乃自花閭徙都大羅城。御舟至城下，有龍見焉，命改其城，曰昇龍城……。註：昇龍城……，陳改爲東都，屬明，爲東關城……，今河內省城是。」「神武二年」：「秋八月，初立文廟……。註：文廟在昇龍城，今河內文廟是。」故交州，即大羅城，昇龍城，今河內。

97.輻輳：前漢書卷四十三「酈陸朱劉叔孫傳第十三、叔孫通」：「人人奉職，四方輻輳。師古曰：輳，聚也。言如車輻之聚于轂也。」謂舟船盛聚也。

98.睥睨：釋名卷五「釋宮室」：「城上垣曰睥睨，言於其孔中睥睨，非常也。亦曰陴，陴，裨也，言裨助城之高也。亦曰女墻，言其卑小。」蓋其都城，土築，如前述。有女墻，俗稱城垛。

99.花福州：待考。

突兀山分臘，100汪茫浪注瀘。101

其國西面皆山，惟寄狼、寶台、102佛跡、馬鞍，103於境內爲高。西南善汝縣，有赤土山，104萬仞插天。將數百（闕），南柵江，105以筏渡行四十里，至富良江。水湍急，不甚闊。

江之南，名橋市，居民頗衆。又四十四里，曰歸化江，一曰瀘江。與漢鄂等江，106自大理西下東南，入于海，即諸葛武侯渡瀘之下流也。107有四津，潮汐不常。

100.分臘：臘，接也。故分臘，言群峰併起，峰峰相連焉。急就篇卷四「祠祀社稷，叢分臘。」：「臘，接也。」

101.瀘：即瀘江。世界列國國情習俗叢書「安南、河網密佈」：「紅河，又稱珥河，發源于中國雲南省大理，在中國境內叫元江。」「瀘江是紅河北岸支流，上游發源于中國雲南省。一條叫明江，一條叫錦江。在宣光匯會合後，稱爲瀘江，全長四五二公里。」讀史方輿紀要卷一一二「廣西七、外國附考、安南、交州府」：「富良江，在府北三十里……。自車里宣慰司東北界，及臨安府西南界流入境，曰蓮花灘，東流歷文盤州、臨洮府北境，亦曰洮江。又東至興化府境，合于江北之白鶴江。南岸又有沱江來注之，謂之三岐江。又東歷三帶州南，至府城之北，歷順安、上洪、下洪，諸府之境，縱橫貫連，以達於海……。一統志：富良江，一名瀘江，上接三帶州白鶴江，至交州府東，下通行四十四里，至歸化江。闊與漢鄂等江相似，自大理西下東南，入於海。有四津，潮汐不常。或曰歸化江，即富良下流矣。」故富良江，即瀘江，歸化江。今名紅河，又稱珥河。名稱之異，因上下游不同。

102.寄狼、馬鞍山、寶台：皆山名，主文謂：「老鼠關西行，有山……是爲寄狼山……，凡三十里，抵刺竹關。」故寄狼山，在老鼠、刺竹，東西兩關之間。去諒山府丘溫縣，西南約三四十里。讀史方輿紀要卷一一二「北江府」：馬鞍山在府西善誓縣境。
寶台山：陳剛中詩集卷二「交州稿、交趾支陵驛即事」：「六轡南驅下寶台……。」（註：寶台，交趾山名。按：支陵驛，即老鼠關，見109註。）故寶台山，在丘溫縣，赴老鼠關之間。東北至丘溫，約三四十里。

103. 佛跡、馬鞍：皆山名，大清一統志卷三五五「安南、山川」：「佛跡山，在交州府石室縣。上有巨人蹟，下有池。景物清麗，爲一方勝槩。」

104. 赤土山：讀史方輿紀要卷一一二「廣西七、外國附考、安南、北江府」：「赤土山，在府西善誓縣境，萬仞揷天，亘數百里。志云：安南西面皆山……，其傑出者，則赤土山也。」

105. 南柵江：讀史方輿紀要卷一一二「廣西七、外國附考、安南、北江府」：「市僑江，在府西，東南流入富浪江……，一名市橋江。志云：南柵江，以筏渡行四十里，至富良江。水湍急，不甚闊。」

106. 漠鄂等江：漠江、鄂江，待考。

107. 諸葛武侯渡瀘：大清一統志卷三〇五「四川統部、寧遠府、山川」：「若水，源出西蕃，經晃寧縣西界，折而東流，經西昌縣西南，又轉而南，經鹽源東，又南至會理州西，合金沙江，亦名瀘水，俗名打沖河……。元和志：瀘水，在西瀘縣西一百十二里。諸葛亮表曰：五月渡瀘，深入不毛，謂此水也……。西蠻名黑惠江，又名納夷江，源出吐蕃，下流合金沙江……。按此水，上流今名鴉龍江（按：雅礱江），發源西番界，巴延喀喇山，西南流千餘里，至鹽源縣西北，有打沖小河，自西流入焉。自下始名打沖河，折而東流二百里，又折南流三百餘里，會金沙江。自此以下，今皆謂之金沙江。」大清一統志卷三〇五「四川統部，寧遠府、古蹟」：「武侯城，在西昌縣。明統志：在都司城南三十里，瀘水東。蜀漢諸葛武侯所築。所謂五月渡瀘，即此。」故諸葛武侯，五月渡瀘，乃中國瀘水之下流，亦曰若水，今名雅礱江，合於金沙江。非安南之瀘水，亦名富良江，歸化江之下流。

鼠關林翳密，狼塞澗縈紆。

丘溫東南行，108 十數里，陟岡度嶺西，山行兩山間。初所見，黃茅修竹，既而深林（闕）。水深不盈尺，然周遭百折，或百步一涉，或半里一涉，凡六七十。復度一嶺，夾道皆古木蒼藤，有巨石挺出，篁竹叢薄，最爲嶮，名老鼠關。109 西行，有山峰秀峙，綿亙不絕，是爲寄狼山。翠壁蒼崖，異木翳密，鸚鵡孔雀，飛鳴互荅，猿猱無數，凡三十里，抵刺竹關，110 下有兵守之。關上兩山相交，僅通鳥道。大竹皆圍二尺，上有芒刺，蓋其國控扼之地也。

108. 丘溫：縣名，讀史方輿紀要卷一一二「廣西七、外國附考、安南、諒山府」：「邱溫城，府北二百里，即今縣，舊屬廣西思明州。」

109. 老鼠關：安南志略卷四「征討運餉」：「西兵破之陵隘，即老鼠關……。羅岱爾，由支陵隘，王大軍由可利隘……。」卷二十「敘事」：「驛馬至支凌寨，彼兵急攻，官軍夜戰……，抱屍馳數十里，出丘溫瘵之。」欽定越史通鑑綱目卷七「紹寶六年」：「元軍遂入支稜關。」故老鼠關，亦名之陵隘、支陵隘、支陵寨、支稜關。主文謂：「丘溫東南行十數里，陟岡度嶺，西行兩山間……。或百步一涉，或半里一涉，凡六七十……，復度一嶺……，最爲嶮，名老鼠關。」以每涉經半里，凡七十計之，約三十五里。故老鼠關，在丘溫西南四十餘里。欽定越史通鑑綱目卷一「天福二年」：「支稜，社名，屬長慶府溫州，爲諒山界首。」

110.刺竹關：因以棘竹爲城，故名。竹譜「棘竹」：「棘竹駢深，一叢爲林，根如推輪，節若束針，亦曰笆竹。」又曰：「棘竹，生交州諸郡，叢生，有數十莖，大者二尺圍，肉至厚實中，土人破以爲弓枝。節皆有刺，彼人種以爲城，卒不可攻。萬震異物志：所種爲藩落，阻過層墉者也。或卒崩，根出，大如十石物。縱橫相承，如緲車，一名笆竹。見三倉筍味，落人鬚髮。」東距老鼠關三十里，西北去丘溫七十餘里。

士燮祠將壓，高駢塔未蕪。

吳士燮，蒼梧人。兄弟四人，一爲合浦太守，一爲九眞，一爲南海。111士燮爲交趾太守，有惠政，死葬焉，土人祠之甚厚謹。高駢既定交州，112遂於富良江上，橋市之左，立石塔，巋然猶存。

111.吳士燮兄弟四人：三國志卷四十九「士燮、子徽、燮弟壹、䵋、匡」：「士燮，字威彥，蒼梧廣信人……，舉茂才，除巫令，遷交趾太守。弟壹……領合浦太守。次弟徐聞令，䵋九眞太守，䵋弟武，領南海太守。」

112.高駢：唐書卷二二四下「高駢」：「字千里，南平郡王崇文孫也。家世禁衛，幼頗修飾。折節為文學……，後歷右神策都虞侯。党項叛，率禁軍萬人，戍長武。是時諸將無功，唯駢數用奇，殺獲甚多。懿宗嘉之，徙屯秦州，即拜刺使，兼防禦使。取河渭二州，略定鳳林關，降虜萬餘人。咸通中，將復安南，拜駢為都護……，大破南詔。」明一統志卷九十「安南、人物、高駢」：「時南詔陷交趾，駢治兵海門，進至南定，掩擊大破之，進破南詔，進駢為靜海軍節度使。駢從孫鄩嘗為先鋒，表荐自代，從之。」

鐵船波影見，銅柱土痕枯。

馬援征徵側，造鐵船四隻，沈于海。今水清，猶彷彿可見。銅柱援所立也，113在乾地鋪，其刻有云：銅柱折，交人滅。今陳日烜以土埋之，上建伏波祠。

113.鐵船、銅柱。鐵船，史稱銅船。太平寰宇記卷一百七十「嶺南道十五、愛州、軍寧縣」：「銅船湖，交州記云：九眞有一湖，去合浦四十里，至陰雨日，百姓見有銅船出水上。」同書卷一百七十「交州、朱鳶縣」：「東南至府五里……，朱鳶江，去縣一里，後漢馬援，鑄銅船於此。排揚燃火，炙船頭令赤，以焦湧浪，及殺巨鱗橫海之類。」故銅船，沈于湖，沈于江，沈于海，確址已不可考。銅柱：有二說，㈠欽定越史通鑑綱目卷二「建武十九年」：「徵女王及其妹貳，與漢兵拒戰，衆潰勢孤，遂皆陷沒。馬援追擊其餘衆都陽等，至居封縣降之，乃立銅柱，為漢極界。後援還，土人哀感徵王，爲之立祠。註：居封，一名居風，漢屬九眞郡，三國吳改移風縣，宋齊以後，爲九眞郡治。隋平陳，郡廢，縣屬愛州。唐初隸南陸州，天寶初，省入日南縣。曾袞交州記。居風有山，出金牛，往往夜見。又山上有風門，門嘗風。今在清化省轄。舊史以爲在北江，武寧州界誤。」㈡舊唐書卷四十一「地理四、安南都護府、九德」：「漢遣馬援討林邑蠻，援自交趾，循海隅，開側道以避海。從蕩昌縣，南至九眞郡。自九眞至其國，開陸路至日南郡，又行四百餘里，至林邑國。又南行二千餘里，有西屠夷國，鑄二銅柱於象林南界，與西屠夷國分境，以紀漢德之盛。其時，不能還者數十人，留於其銅柱之下。至隋乃有三百餘家，南蠻呼爲馬留人。其水路，自安南府南海行三千餘里，至林邑，計交趾至銅柱五千里。」嶺表錄異卷中「銅柱」：「舊有韋公幹，爲愛州刺使。聞有漢伏波銅柱，以表封疆，在其境。公幹利其財，欲摧鎔，貨之於賈胡。土人不知，援之所鑄，且謂神物。哭曰：使者果壞，是吾屬爲海人所殺矣！公幹不聽，百姓奔走，訴於都督韓約，移書辱之，公幹乃止。」故二說中，當以㈠說，較爲可信。

墟落多施榻，巔崖屢變途。

村落有墟，每二日一集，百貨萃焉。五里則建屋三間，四面置榻，以爲聚墟之所。使臣至其國，不復行舊徑，皆鑿山開道，縈迴跋涉，意以示險遠也。

千艘商斥鹵，114 四獲粒膏腴。

國無儲蓄，惟舟恃（闕）貫販。稻歲四斂，雖隆冬苗芃芃然。

114.斥鹵：尚書注疏卷五「夏書」：「海濱廣斥。音義：斥，謂地鹹鹵。疏：說文云，鹵鹹地也。東方謂之斥，西方謂之鹵，海畔迴闊，皆斥鹹。」言海濱鹹鹵之地，船舶雲集。

短短桑苗圃，叢叢竹刺衢。

桑以椹，逐年（闕）以供蠶。每家無牆垣，竹籬環之刺竹。大者徑七八寸，刺堅如鐵，斷而插之則活。115

115.刺竹：嶺外代答卷八「竹、竻竹」：「上生刺，南人謂人刺爲竻，種之極易密，久則堅甚。新州素無城，以此竹環植，號曰竹城。交阯外城，亦種此竹。」筍譜：「箣竹筍，領表錄云：其竹枝上刺，南人呼爲箣。枝條展轉如織，雖野火焚燒，只燎細枝嫩條。其筍叢生，轉復牢密。邕州舊以爲城，蠻蜒來侵，竟不能入。」竹譜：「棘竹」，見註103。肇慶府志卷三「物產」：「竻竹，俗呼刺竹，有刺而堅，可作藩籬。」御定廣群芳譜卷八十二「竹譜、棘竹」：「棘竹……，按續竹譜，有箣竹即此。貴州志云：箣竹即竻竹，又名澀勒。」故棘竹，即蕀竹，箣竹，竻竹，笆竹，俗稱刺竹。

牛蕉垂似劍，龍荔綴如珠。

芭蕉116**極大者，冬不凋。中抽一榦，節節有花。花重則爲所墜，結實下垂。一穗數十枚，長數寸，如肥皂去皮，軟爛如綠柿，極甘冷，一名牛蕉。**117**龍荔**118**實如小荔枝，味如龍眼，**119**木與葉相似。一果古名奇果，**120**有波羅密，**121**大如瓠，**122**膚礧砢，如佛髻，味絕甘。人面子，**123**肉甘酸，核兩目口鼻皆具。又有椰子，**124**盧都子，**125**餘甘子，**126**皆珍味**

可食。

116. 芭蕉：南越筆記卷十四「芭蕉」：「草之大者，曰芭蕉。雖復扶疎若樹株，而莖幹虛軟。苞裹重皮，皮之中，無所謂膚也。即有微心，亦柔脆不堅……。其大者兼圍，高二丈餘，葉長丈，廣尺至二三尺。中分如輻帛，有雙角。其葉必三，三開則三落。落不至地，但懸莖間乾之，可以作書……。花出於心，每一心，輒抽一莖作花……。花開，必三四月乃闔。一花闔，成十餘子，十花則成百餘子。大小各爲房，隨花而長，長至五六寸許，先後相次，兩兩相抱。其子不俱生，花不俱落，終年花實相代謝，雖歷歲寒不凋，此其爲異也。子以香牙蕉爲美，一名龍奶……。曰牛奶蕉，曰鼓槌蕉，曰板蕉……，曰佛手蕉……，是皆甘蕉之知名者……。曰水蕉，其花如蓮，亦曰蓮花蕉。一種瘦葉，花若蕙蘭而色紅……，名蘭蕉，亦名美人蕉。宜種水中。其最小可揷瓶中者，曰膽瓶蕉。此三種，皆花而不實，但可名芭蕉，不宜言甘蕉。言甘蕉者以其實，言芭蕉者，以其開花即萎，故名芭蕉。」太平御覽卷九七五「果部十二、甘蕉」、「甘蕉……有三種，一種子大如梅，長而銳，有似羊角，名羊角蕉，味最甘好。一種子大如雞卵，有似牛乳，味微減羊角蕉。一種大如藕，子長六七寸，形正方，少甘味，最下。取其葉，以灰練之，績以爲絲。」桂海虞衡志「志果」：「雞蕉，子小如牛蕉，亦四季實。芽蕉，子小如雞蕉，尤香嫩甘美，秋初實。」故蕉之種類頗多，甘蕉有香牙蕉，牛奶蕉，鼓槌蕉，板蕉，羊角蕉，牛蕉，芽蕉，雞蕉。水蕉，亦名芭蕉，曰蓮花蕉，美人蕉，瓶蕉。

117. 牛蕉：小如雞蕉，見前註。

118. 龍荔：說郛卷六十二上「桂海志果」：「龍荔，殼如小荔枝，肉味如龍眼，木身葉亦似二果，故名。可蒸食，不可生啖。令人發癇，或見鬼物。開小白花，與荔枝同時。」

119. 荔枝、龍眼：南方草木狀卷下「荔枝」：「樹高五丈餘，如桂樹。綠葉蓬蓬，冬夏榮茂。青華朱實，大如雞子。核黃黑似熟蓮，實白如肪，甘而多汁，似安石榴。有甘酢者，至日將中，翕然俱赤，則可食也。一樹下子百斛。」嶺表錄異卷中「龍眼」：「樹如荔枝，葉小，殼青黃色，形圓如彈丸，核大如木槵子而不堅。肉白帶漿，其甘如蜜。一朶恒三十顆，荔枝方過，龍眼即熟，南人謂之荔枝奴。」

120. 奇果：說郛卷六十二上「桂海果志」：「鸚鵡舌，即紅鹽草，果之珍者。實始結，即類取紅鹽乾之，纔如小舌。」奇果，疑即此。

121. 波羅蜜：本草綱目卷三十一「波羅蜜，釋名：曩伽結。波羅蜜，梵語也。因此果味甘，故借名之。安南人名曩伽結，波斯人名婆那娑，拂林名阿薩嚲，皆一物也。集解：波羅蜜，生交趾南番諸國，今嶺南滇南亦有之。樹高五六丈，樹類冬青而黑，潤倍之。葉極光淨，冬夏不凋。樹至斗大方結實，不花，而實出於枝間。多者十數枚，少者五六枚。大如冬瓜，外有厚皮裹之，若栗毬，上有軟刺礧砢。五六月間熟時，顆重五六斤。剝去外皮殼，內肉層疊如橘囊，食之味至甘美如蜜，香氣滿室。一實數百核，核大如棗，其中仁如棗黃，煮炒食之，甚佳。果中之大者，惟此與椰子而已。」

122. 礧砢：昭明文選卷一「吳都賦」：「器用萬端，金鎰磊砢，注：磊坷，衆多貌。」礧即磊。

123. 人面子：南越筆記卷十三「人面子」：「人面子……，子大如梅李。其核類人面，兩目鼻口皆具。肉甘酸，宜爲密煎。仁絕美，以點茶，如梅花片，光澤可愛，茶之色香亦不變……。子皮薄，落之潰爛，乃乾出核囊之。其仁皮寬，稍搖即脫去。此樹最宜沙土，沙土鬆則根易發，數歲即婆娑偃地。」

124. 椰子：南方草木狀卷下「椰樹」：「葉如栟櫚，高六七丈，無枝條，其實大如寒瓜。外有粗皮，次有殼，圓而且堅。剖之，有白膚厚半寸，味似胡桃，而極肥美。有漿，飲之得醉，俗謂越王頭云。」嶺表錄異卷中「椰子樹」：「赤類海椶，結椰子大如甌盃。外有粗皮大如腹，次有硬殼，圓而且堅，厚二三分……，其爛班錦文，以白金塗之，以爲水罐子，珍奇可愛。殼中有液數合如乳，亦可飲，冷而動氣。」言其樹若棕櫚，果實巨大。有汁可飲，有肉可食，殼則可製器玩。

125. 盧都子：本草綱目卷三十六「胡頹子」：「釋名，蒲頹子、盧都子、雀兒酥、半含春、黃婆嬭。集解，盧都子也，其樹高六七尺，其枝葉軟如蔓，其葉微似棠梨，長狹而尖，面青背白，但有細點如星，老則星起如麩，經冬不凋。春前生花朶如丁香，蒂極細倒垂。正月乃敷白花結實，小長儼若山茱萸，上亦有細星班點，生青熟紅，立夏前采食酸濇。核亦如茱萸，但有八稜，軟而不堅。核內有白綿如絲，中有小仁。」

126. 餘甘子：嶺外代答卷八「餘甘子」：「南方餘甘子，風味過於橄欖，多販入北州。方實時，零落藉地，如槐子楡莢。土人乾以合湯，味極佳。其木可製器，欽陽所產爲最。蓋大如桃李，清芬尤甚也。

世間百果，無不軟熟。唯此與橄欖，雖腐尤堅脆，可比德君子。南人有言曰：餘甘一時熟……。欽州靈山縣一士人姓寧，其大父，一日往山間，忽見餘甘遍山如來禽紛熟，飽食快甚，須臾便青脆。」本草綱目卷三十一「菴摩勒」：「釋名、餘甘子、菴摩落迦果。集解、木高一二丈，枝條甚軟，葉青細密，朝開暮斂，如夜合。而葉微小，春生冬凋，三月有花，着條而生，如粟粒而黃。隨即結實作莛，每條二三子。至冬而熟，如李子狀。青白色，連核作五六瓣，乾即並核皆裂，俗作果子噉之。」嶺外代答卷八「百子」：「南方果實，以子名者百二十，或云百子，或云七十二子。半是山野間草木實，江浙山中木子亦有之。猿狙所食，非佳食也。」人面子，虞都子，餘甘子，均爲「百子」之一。然諸書——交州記、本草綱目、廣群芳譜、太平御覽、說郛、桂海虞衡、嶺外代答等所載，均未及此數。合以上諸書所載，存異去同，亦不及百子。

寶斚[127]羅鸚鵡，名香屑鷓鴣。

鸚鵡螺，[128]色紅如雲母，形嘴翅似鸚鵡，故名。香材最多，水沈栴檀，[129]亦有之，似鷓鴣斑者爲貴。[130]

127. 寶斚：春秋左傳注疏卷四十四「昭公、經七年」：「賂以瑤罋、玉櫝、斝耳，不克而還。注：瑤，玉也。櫝，匱也。斝耳，玉爵。」斚，即斝。故寶斝，珍貴酒杯也。

128. 鸚鵡螺：嶺表錄異卷中「鸚鵡螺，旋尖處，屈而朱，如鸚鵡嘴，故以此名。殼上青綠班文，大者可受三升。殼內光瑩如雲母，裝爲酒杯，奇而可翫。」

129.水沈梅檀：本草綱目卷三十四「沈香」：「釋名，沈木香、蜜香。時珍曰：木之心節，置水則沈，故名沈水，亦曰水沈……。越南志言：交州人稱爲蜜香，梵書名阿迦嚧香。集解，恭曰：沈香……，出天竺諸國。夏生花，白而圓。秋結實，似檳榔，大如桑椹，紫而味辛……。南越志云：交趾蜜香樹，彼人取之，先斷其積年老木根，經年，其外皮幹，俱朽爛。木心與枝節不壞，堅黑沈水者，即沈香也。」御定佩文齋廣群芳譜卷八十「木譜、檀香」：「一名旃檀，一名眞檀。出廣州雲南，及占城眞臘諸國。今嶺南諸地，亦皆有之。樹葉皆似荔枝，皮青而滑。澤有三種，黃檀，皮實色黃。白檀，皮潔色白。紫檀，皮腐色紫。其木，並堅重清香，而白檀黃檀尤盛，以紙封固，則不洩氣。」

130.鷓鴣班香：嶺外代答卷七「香門、鷓鴣班香」：「鷓鴣班香，亦出南海。蓬萊（按：香）好，箋香中，槎牙輕鬆。色褐黑，而有白班點點，如鷓鴣臆上毛，氣尤清婉。」故鷓鴣班香，即有白色班點之沈香。嶺表錄異卷下「鷓鴣」、「吳楚之野悉有，嶺南偏多。此鳥肉白而脆，遠勝雞雉，能解冶葛井菌毒。臆前有白圓點，背上間紫赤毛。其大如野雞，多對啼。越南志云：鷓鴣雖東西迴翔，然開翅之始，必先南翥。其鳴，自呼杜薄州。」

揭旌圖鬼像，擊折聚兵徒。

旌旗，黃黑青紅簇色。四腳中，畫星宮天神，或如羅刹之狀。呼集儔類，則以大竹，截爲筒，叩之，雖遠亦聞。

鼻飲如瓴甋，131頭飛似轆轤。

習以鼻飲，132如牛然，酒或以小管吸之。峒民133，頭有能飛者，以兩耳爲翼。夜飛往海際，拾魚蝦而食。曉復歸身，完如故，但頸下有痕如紅線耳。134

131. 瓴甋：前漢書卷一下「高帝紀第一下」：「六年……，地埶（按：勢）便利，其以下兵於諸侯，譬猶居高屋之上，建瓴水也。如淳曰：瓴，盛水瓶也。」淮南鴻烈卷十九「修務訓」：「今夫救火者，汲水而趍之。或以甕瓴，或以盆盂，其方圓銳橢不同，盛水各異，其於滅火鈞也。」故瓴甋，義爲安南人鼻飲之速，若瓶水救火之急傾，猶瓶水居高而不洩焉。至於爾雅注疏卷四謂：「瓴甋謂之甓，注：甎也。」則此釋，與似詩不通矣。

132. 鼻飲：桂海虞衡志「志器、鼻飲盃」：「南邊人，習鼻飲。有陶器如栝碗，傍植一小管若缾嘴，以鼻就管吸酒漿，暑以飲水云。水自鼻入咽，快不可言。」嶺外代答卷十「鼻飲」：「邕州溪峒，及欽州村落，俗多鼻飲。鼻飲之法，以瓢盛少水，置鹽與山薑汁數滴於水中，瓢則竅，施小管如瓶嘴，插諸鼻中，導水升腦，循腦而下入喉。富者以銀之，次以錫，次陶器，次瓢。飲時口噍魚鮓一片，然後水安流入鼻，不與氣相激。既飲必噫氣，以爲涼腦快膈，莫此也。止可飲水，謂飲酒非也。謂以手掬飲，亦非也。史稱越人，相習以鼻飲，非此乎！」

133. 峒民：桂海虞衡志「志蠻」：「西南諸蠻，蠻之區落，不可殫記。姑記其聲問相接，帥司常有事於其地者數種：曰羈縻州洞，曰猺，曰黎，曰蜑，通謂之蠻。」又謂：「羈縻州洞，隸邕州左右江者爲多……。自唐以來內附，分析其種落，大者爲州，小者爲縣，又小者爲洞。」中國民族史第十四章「苗猺狪獞四族，共同之習俗。」集韻卷七「去聲上、送第一」：「峒，山嵾嵯不齊也，一曰山穴，通作峒。」故洞即峒，狪，爲中國少數民族之一，亦南蠻之一支，且爲行政區劃之名稱。安南志略卷一「郡邑」：「長安府，本華閭洞，丁領部所生地。五季末，丁氏立國於此。」故稱峒民，當本於此。

134. 頭能飛：此乃傳聞失實，咸不可信。

蚺皮爲鼓擊，蝦鬚作筇扶。135

蚺蛇大者，如合抱之木，長稱之。臘其皮，刮去鱗，以鞔鼓面，闊數尺，但用背皮，腹皮不與也。向明視之，黑質白華，章如方勝。136 交人樂，以爲前列。巨蝦大如柱，鬚有七八尺長者。137 海濱之人，以爲挂杖甚佳。

135. 筇扶：史記卷一二三「大宛列傳第六十三」：「騫曰：臣在大夏，時見邛竹杖蜀布。正義：邛都邛山，出此竹，因名邛竹。節高實中，或寄生，可爲杖。」竹譜：「筇竹，高節實中，狀若人刻，爲杖之極……。杖又名扶。」

136. 蚺蛇、方勝：北戶錄卷一「蚺虵牙」：「蚺虵（按：蛇）大者，長十餘丈，圍可七八尺。多在樹上，候麞鹿過者，吸而呑之。至鹿消，即纏束大樹，出其頭角，乃不復動。夷人伺之，方以竹纖纖殺之，取其膽也……。故南裔異物志曰：蚺惟大虵，既洪且長。采色駮犖，其文錦章……。括地云：蚺虵，牙長六七寸，土人尤重之。云辟不祥，利遠行……，皮可鞔鼓。今潮州人，和鱗爲之，聲絕鳴，與象皮鼓相類。」
方勝：西廂記卷之三「詩句傳情、第一折、后庭花」：「紅唱，我則道拂花箋，打稿兒，元來他染霜毫，不勾思。先寫幾句寒溫序，後題五言八句詩。不移時，把花箋錦字，疊做箇同心方勝兒，忒風流，忒敬思……。」故連合兩斜方，以成形者，曰方勝。方勝，言蚺蛇之斑紋也。

137.巨蝦：本草綱目卷四十四「海鰕」：「釋名：紅鰕、鰝。集解：段公路北戶錄云：海中大紅鰕，長二尺餘，頭可作盃，鬚可作簪杖……。劉恂嶺表錄云：海鰕，皮殼嫩紅色。前足有鉗者，色如朱。最大者，長七八尺，至一丈者。」嶺南雜記卷一「潮州龍蝦，大者長五六尺，頭與龍無也，更大者，其鬚可為杖。」

家必烹蛇虺，人能幻虎貙。

山蛇水虺，138乃其常膳，間以充脯醢。139峒民有妖術，誦咒修煉，則幻形為虎，搏獐鹿生啗之，然不常有也。

魚鱗簷粲瓦，鵲尾海浮桴。140

瓦形如板，上正方，而銳其下之半，如古圭然。橫半竹以為棧，以竹釘，釘其瓦于棧上。自簷以次相壓，至屋脊，如魚鱗。舟輕而長，板甚薄，尾如鴛鴦之翅，兩旁翹起，操以三十卒，多有至百人者，其疾如飛。

138.虺：本草綱目卷四十三「蚖」：「集解：時珍曰：蚖與蝮同類，即虺也。長尺餘，蝮大而蚖小，其毒則一。食經所謂：「虺色如土，小如蝮蛇者是也。」

139. 脯醢：周禮注疏卷四「膳夫」：「凡王之稍事，設薦脯醢。注：鄭司農云……。脯醢者，是飲酒肴羞。」

140. 浮桴：論語集解義疏卷三「公孫冶長第五疏」：「子曰：道不行，乘桴浮於海。注：馬融曰：桴編竹木也。大者曰筏，小者曰桴也。」

水弩含沙擲，山獠出穴篭。

水弩亦曰含沙，射工以氣射三十步。射中其影，但覺紅痒，即以刀抉去肉，不爾必死。大率毒蟲毒藥，廣以南多有之。中州人至此，不善寶護，必爲所害。141 山獠一曰山都，多在大木爲巢，或居巖穴。獨足跳躑，能眩惑人，蓋山鬼水怪類云。142

141. 水弩毒箭：桂海虞衡志「志蠻」：「藥箭，化外諸蠻所用，弩雖小弱，而藥濡箭鋒，中者立死，藥以毒蛇草爲之。」嶺外代答卷六「藥箭」：「溪洞弩箭，皆有藥，惟南丹最酷。南丹地產毒虺，其種不一。人乃合集，醞釀以成藥。以之傅矢，藏之竹筒，矢鏃皆重縮。是矢也，度必中而後發，苟中血縷必死。唯其土人，自有解藥。南丹之戰也，人以甘蔗一節自隨。忽爾中矢，即噉蔗，則毒氣爲之少緩。急歸，繫身於木株，而服解藥。少焉毒作，身將奮擲於木株，繫身得不擲死。否則藥作，而自躍顧虛空，隕地撲殺耳。」

142. 山都：本草綱目卷五十一下「附山都」：「任昉述異記云：南康有神，曰山都，形如人，長二丈餘，黑色赤目黃髮。深山林中作巢，狀如鳥卵。高三尺餘，內甚光彩，以鳥毛爲褥。二枚相連，上雄下雌。能變化隱形，罕睹其狀。」爾雅卷十一則謂：「狒狒如人……，俗呼之曰山都。」故山都之說，本草綱目所言，殊不可信。

鰐魚鳴霹靂，蜃氣吐浮屠。

鰐魚大者三四丈，四足似守宮。黃色修尾，口森鋸齒，一名忽雷。143其聲如霹靂，鹿走崖上，聞其嗥吼，144則怖而墜，多爲鰐所啗。海中大魚多有之，惟海鰌最偉，145小者亦數千尺，呑舟之說非虛也。蜃於春夏間，吐氣蔽天。146如樓台宮室，亦有如七級塔者，人往見之。

143. 鰐魚：嶺表錄異卷上「鰐魚」：「其身土黃色，有四足修尾，形狀如鼉，而舉止趫疾。口森鋸齒，往往害人。南中鹿多，最懼此物。鹿走崖岸之上，群鰐嘷叫其下，鹿怖懼落崖，多爲鰐所得，亦物之相攝伏也。」

144. 嗥：說文解字卷二上「口」：「嗥，咆也。」按嗥即嘷。

145. 海鰌：嶺表錄異卷上：「即海上最偉者也，其小者，亦千餘尺。呑舟之說，固非謬也。每歲，廣州常發銅船，過安南貨易。路經調黎，深闊處，或見十餘山，或出或沒。篙工曰：非山島，鰌魚背也。雙目閃爍，鬐鬣若簸朱旗。日中，忽雨霢霂，舟子曰：此鰌魚噴氣，水散於空，風勢吹來，若雨耳。近魚即鼓舟而譟，倏爾而沒。交趾迴，乃捨舟……，蓋避海鰌之難也。」按海鰌，即鯨魚。身長百餘丈，當不可信。

146. 蜃：本草綱目卷四十三「蛟龍、附錄蜃」：「蛟之屬有蜃，其狀似蛇而大，有角如龍狀，紅鬣，腰以下鱗盡，逆食燕子。能吁氣成樓台城郭之狀，將雨即見。名蜃樓，亦曰海市。其脂和蠟作燭，香凡百步，煙中亦有樓閣之形。」按「海市蜃樓」，乃自然界光線折射所形成。姑引本草之言，以概見古人之說。

縣傷分阻，147生靈困毒痛。148舞階猶未格，折簡豈能呼。大社149初傳禡，150轅門合受俘。貔貅151微偃戢，蛇豕偶逃逋。天已殂渠惡，民猶奉僭雛。勢如純據隴，152政似浩亡吳。153鳳札重宣令，狼心更伏辜。154幸能寬斧鑕，155猶自戀泥塗。獻頌尊天子，騰章遣大夫。象鞮言可訂，156蠹冊事非誣。157功欲收邊徼，威須仗廟謨。沐薰陳此什，禮部小臣乎。

147. 寓縣：史記卷六「秦始皇紀第六、二十九年」：「宇縣之中，承順聖意。集解：宇，宇宙。」昭明文選卷七「雜詩、謝元暉和伏武昌登孫權故城詩」：「霸功興寓縣。注：寓，古宇字。」寓縣，乃天下也。

148. 毒痛：尚書注疏卷十「周書、秦誓下」：「作威殺戮，毒痛四海。傳：痛，病也。言害所及遠。」

149. 大社：禮記注疏卷四十六「祭法」：「王爲群姓立社，曰大法。王自爲立社，曰王社。」注：「群姓，謂百官以下，及兆民言。群姓者，包百官也。大社在庫門之內右……，王社在大社之西。」大社，代表天下萬民。故大社，猶言朝廷、國家焉。

150. 禡：禮記注疏卷十二「王制」：「天子將出征，類乎上帝，宜乎社，造乎禰，禡於所征之地。」注：「禡，師祭也，爲兵禱。」猶如後世，出征前之誓師然。

151. 貔貅：廣韻卷三「十八尤」：貅，貔貅，猛獸。」晉書卷七十一「熊遠」：「命貔貅之士，鳴檄前驅。大軍後至，威風赫然。」言猛將雄兵。

152. 純據隴：後漢書卷四十三「隗囂公孫述列傳第三」：「隗囂……季父崔，素豪俠，能得衆……。聞更始立……，遂共推（囂）爲上將軍……，分遣諸將，徇隴西武都金城武威張掖酒泉敦煌皆下之……。建武二年，大司徒鄧禹……，承制遣使持節，命囂爲西州大將軍，專制涼州朔方事……。終不降，於是誅其子恂，使吳漢與征南大將軍岑彭圍西城……。囂病且餓，出城餐糗糒，恚憤而死。王元周宗，立囂少子純爲王。明年……攻破落門……，純降。」義謂安南陳氏，將如隗純，以力蹙而亡。

153. 皓亡吳：三國志「吳志卷三孫皓」：「字元宗，權子和子也。一名彭祖，號皓宗。」孫休薨，皓繼位。「初皓每宴會群臣，無不咸令沈醉。置黃郎十人，特不與酒，侍立終日，爲司過之吏。宴罷之後，各奏其闕失……，有不舉者，大則加威刑，小者輒以爲罪。後宮數千，而采擇無已。又激水入宮，宮人有不合意者，輒殺流之。或剝人之面，或鑿人之眼……。好興功役，衆所患苦。是以上下離心，莫爲皓盡力。蓋積惡己極，不復堪命故也。」吳遂亡，晉封之爲歸命侯。義謂安南陳氏，將如孫皓，以殘暴而亡。

154.伏辜：辜，應爲辠。說文解字卷十四下「辛」部：「辜，犯法也……。秦以辠似皇，改辠爲罪。」故辠，罪也。

155.斧鑕：原本廣韻卷五「入聲、五質」：「鑕，斧也。」按斧鑕同義，用鑕，蓋爲押韻。

156.象鞮、周禮注疏卷十二「王制」：「五方之民，言語不通，嗜欲不同。達其志，通其欲。東方曰寄，南方曰象，西方曰狄鞮，北方曰譯。音義：通傳南方語官，謂之曰象者……。其通傳西方語官，謂之狄鞮者，鞮，知也。謂通傳夷狄之語，與中國相知。」卷三十四「秋官、司寇第五」：「象胥，每翟上士一人，中士二人，下士八人，徒二十人。注：通夷狄之言者曰象胥，其有才知者也。此類之本名，東方曰寄，南方曰象，西方曰狄鞮，北方曰譯，今總名曰象者，周之德，先致南方也。」毛詩注疏卷二十六「周頌、天作一章七句」：「彼作矣，文王康之。箋云：以此訂大王文王之道。音義：訂……，說文云：評議也。譜云：參訂時驗，謂平比之也。字詁云：訂，平也。」故「象鞮言可訂」，指所記蠻夷之言——亦即所記安南之事，可供評議也。

157.蠹册：漢魏六朝百三家集卷八十八卷「梁沈約集、和竟陵王抄書」：「教微因弛轡，維峻屬貞期……。披縢辨蠹册，酌禮訪深疑……。」故蠹册，乃蠹虫蛀壞之舊書。然此處，爲陳剛中自謙之辭。謂其所作無用，將爲蠹虫所壞，而無人檢閱珍視焉。

參、餘　論

宋史、元史、明史之安南傳，陳氏王朝之國王，以次爲陳日煚、陳光昺、陳日烜、陳日燇、陳日煃、陳日熞等。然欽定越史通鑑綱目，則爲陳煚、陳昺、陳烜、陳燇、陳煃、陳熞。何以安南史書，其國王均爲單名，而國史所記則否？且陳剛中所記，安南之諸王，如陳峻、陳啓、陳曄，均爲單名。然安南史書，則爲陳國峻、陳光啓、陳德曄。凡此，無不令人深爲驚異。

讀史方輿紀要，安南、交州府、富良江，所引海南使錄云：『富良江，行「四十四里，至歸化江，一名瀘江，闊與漢鄂等江」相似，「自大理西下東南入於海，」「有四津，潮汐不常，」或曰歸化江，即富良江下流矣。』同書，安南、諒山府、老鼠關，『在府北，南使錄，「邱溫東南十數里，」至陡關，「行兩山間，初所見黃茅修竹，既而深林」茂樹，水闊不數尺，「然周遭百折，或百步一涉，或半里一涉，凡六七十」處。「復度一嶺，夾道皆古木蒼藤，有巨石挺出，篁竹叢薄，最爲」扼「嶮，名老鼠關。西行有山峰秀」拔，「綿亘不絕，是爲寄狼山。翠壁蒼崖，異木翳密，凡三十里，抵刺竹關。」「有兵守之，關上兩山相交，僅通」馬「道，大竹皆圍兩尺，上有芒刺，蓋其國控扼之地，」所稱鼠關狼塞之險也。』上述凡雙括號內之文，爲海南使錄，南使錄之文。凡單括號內之文，則陳剛中所記。何以二者，竟雷同若斯，亦令人至爲矚目。

陳孚驛赴安南行程考釋

陳剛中詩集之作者陳孚，至元二十九年九月，奉命以禮部郎中，副吏部尙書梁曾，出使安南。沿途所經之名城巨鎭，古蹟勝境，輒有所吟詠，故可據以考定其驛赴安南之行程。詩雖爲文學作品，然亦有其史學價値，故治史宜旁及當代之詩集。蓋詩亦紀事，可提供史傳所無之珍貴資料，足以充實擴大史學之硏究。

作者曾據元詩，撰有「詩歌中之晚元國情」，「元代歲幸上都紀要」，「元代兩京間驛道考釋」，「元劉靜修文集詩箋，兼論其交遊與遊蹤」，「從元詩論元代宮廷節慶漢化考」，「從元詩論元代宮廷之飲食」，「元代宮廷婦女之生活」，「元代宮廷大宴考」，「安南即事考釋」諸文。謹再就陳剛中詩中集卷二「交州稿」，按其次序，考釋其驛赴安南之行程。

㈠出順承門：順承門，爲元大都三南門之一。元史卷五十八「地理一、大都路」：「京師，右擁太行，左控滄海。枕居庸，奠朔方。城方六十里，十一門。正南曰麗正，南之右曰順承。」

㈡過盧溝橋：自古即爲南北交通之孔道，抗日戰爭之爆發，即自此始。畿輔通志卷四十二「津梁、順天府、盧溝橋」：「在府西南三十里，跨盧溝河上。金史河渠志：大定二十七年，以盧溝河，爲往來津要，令建石橋，明昌三年橋成。長二百餘步，賜名廣利。並建東西廊，以便觀望……。明志：盧溝橋，正統九年重修，石欄刻有獅形。每早波光曉月，上下蕩漾，爲京師八景之一，曰盧溝曉月。」

三、良鄉縣早行：今河北省良鄉縣。嘉慶重修大清一統志六卷「建置沿革、順天府表、良鄉縣」：兩漢、三國、晉、南北朝、曰廣陽縣。五代、宋、元、明、清，曰良鄉縣。

四、涿州：今河北省涿縣。嘉慶重修大清一統志六卷「建置沿革、順天府表、涿州」：兩漢曰涿郡，三國、南北朝，曰范陽郡，唐、五代、宋、元、明、清，曰涿州。

五、樓桑廟：在今河北省涿縣樓桑村，廟名昭烈帝廟。剛中以廟在樓桑村，故以名廟。畿輔通志卷四十九「祠宇、順天府、昭烈帝廟」：「在涿州樓桑村，唐乾寧四年建。」三國志「蜀志卷二、先主劉備」：「先主姓劉，諱備，字玄德，涿郡涿縣人……。先主少孤，與母販履織席爲業。舍東南角籬上，有桑樹，生高五丈餘，遙望，見童童如小車蓋。往來者，皆怪此樹非凡……。先主少時，與宗中諸小兒，於樹下戲。言吾必當乘此羽葆蓋車。」

六、易州：今河北省易縣。讀史方輿紀要卷十四「易州」：隋、唐、五代、元、明、清曰易州。

七、保定府：今河北省清苑縣。畿輔通志卷十三「建置沿革、保定府」：宋曰保州清苑郡，元曰保定路，明、清曰保定府，治清苑縣。南北朝、隋、唐、五代，曰清苑縣。宋曰保塞縣，元、明、清，復曰清苑縣。

八、中山府：今河北省定縣。讀史方輿紀要卷十四「定州」：戰國初，爲中山國。漢置中山郡，景帝改爲中山國。後魏曰定州，隋、唐、五代、宋因之。元曰中山府，明、清復曰定州。

九、眞定懷古：今河北省正定縣。嘉慶重修大清一統志卷二十七「建置沿革、正定府表」：晉曰常山郡，南北朝曰恒州常山郡，唐曰鎭州，宋曰眞定府，元曰眞定路，明曰眞定府，清曰正定府。」

十、過滹沱河：今河北省之滹沱河，在正定縣南。畿輔通志卷四十五「河渠、滹沱河」：「源出山西代州繁峙縣太戲山，流經太原盂縣北，始入直隸平山縣地，又東逕靈壽縣南，入正定縣。」「按滹沱河，在山西本非巨川。至平山，合冶河而始大。冶河一名甘陶河，源自山西平定州之松嶺。流至平州，初不與滹水相通。元初鑿而通之，其勢遂猛。」

十一、宿趙州驛：趙州，今河北省趙縣，驛在州治。畿輔通志卷十四「建置沿革、趙州」：東漢曰趙州，隋曰趙郡，唐曰趙州，改曰欒州，復曰趙州，金初曰趙州，改沃州，元、明、清曰趙州。」

十二、望台：畿輔通志卷五十四「古蹟、正定府、趙州、望台」：「在州治東南，一名望漢台，高七尋，延袤二百八十尺，相傳耿純所築。」

十三、鄗南光武廟：在今河北省柏鄉縣北十四里。畿輔通志卷五十「古蹟、趙州、光武廟」：「在柏鄉縣北十四里，元和志：漢世祖廟，一名壇亭，即世祖即位之千秋亭也，後建廟於此。」按後漢書卷一上「光武帝紀第一上」：「行至鄗，（注：縣名，今趙州高邑縣）……，光武於是命有司設壇，於鄗南千秋亭，五成階，六月巳未，即皇帝位，燔燎告天。」復按嘉慶重修大清一統志卷五十一「古蹟、趙州、鄗縣故城」：「在柏鄉縣北……，光武從薊還至鄗，設壇場於鄗南千秋亭五城陌，即帝位，改鄗爲高邑……，今高邑縣是也。高邑故城，在柏鄉縣二十一里。」故古鄗城，既在柏鄉縣北二十一里，廟復在柏鄉縣十四里，故曰鄗南光武廟。

十三、過臨洺驛大雨雪寒甚：驛在今河北省永年縣西之臨洺鎭，以地名驛。畿輔通志卷四十三「驛站、永年縣」：「臨洺驛，在縣西四十五里，臨洺鎭，極衝。」

十四、邯鄲懷古：今河北省之邯鄲縣。嘉慶重修大清一統志卷三十二「建置沿革、廣平府表」：邯鄲縣，自兩漢以降，均曰邯鄲縣。

十五、磁州：今河北省之磁縣，嘉慶重修大清一統志卷三十二「建置沿革、廣平府表」：磁州，自南朝，以至元明清，均曰磁州。

十六、銅雀台：在今河南省臨漳縣西，初名銅爵台，因建大銅雀於台上，故又稱銅雀台。三國志「魏志卷一武帝操」：「十五年……冬，作銅爵台。」河南省通志卷五十一「古蹟、彰德府、銅雀台」：「在臨漳縣西，魏曹操築。幷金虎，冰井三台，相去各六十步。其上復道，樓閣相通。」

中央懸絕鑄大銅雀，高一丈五尺，置之樓頂。臨終遺令，施穗帳於上。朝晡使宮人，歌吹帳中，望吾西陵。後樓台俱毀，土人掘地，得瓦，色頗青，內平瑩，印工人姓名，皆八分書。硯譜云：人得此瓦爲硯，貯水數日不滲。」足證建築之美，用材之精。「金虎台，在臨漳縣西南鄴鎮，曹操於台下築渠，引漳水，入白溝，其趾尙存。」「冰井台，在臨漳縣西南，曹操建。石虎於上藏冰，三伏之日，以賜大臣。」

十七、彰德道中：今河南省安陽縣。嘉慶重修大清一統志卷一九六卷「彰德府表」：兩漢曰魏郡，三國曰鄴郡，晉、隋復曰魏郡，唐、五代、宋曰相州，元曰彰德路，明、清曰彰德府，治安陽縣。

十八、羑里歌：河南通志卷五十一「古蹟、彰德府、羑里城」：「在湯陰縣北九里，一名牖城，又名防城，北臨牖水，即文王衍易地也。」史記卷四「本紀第四、周」：「崇侯虎，譖西伯於殷紂曰：西伯積善累德，諸侯皆嚮之，將不利於帝。帝紂乃囚西伯於羑里……。其囚羑里，蓋益易之八卦，爲六十四卦。」河朔訪古紀卷中「羑里城」：「按史記音義，羑里，蓋獄名也。夏曰均台，商曰羑里，周曰囹圄。」

十九、淇州：今河南省淇縣。嘉慶重修大清一統志卷一九九「衛輝府表」：兩漢、三國、晉、南北朝曰朝歌縣，隋、唐、五代、宋曰衛縣，元曰淇州，明、清曰淇縣。

二十、衛州：今河南省汲縣。嘉慶重修大清一統志卷一九九「衛輝府表」：三國曰朝歌郡，晉曰汲郡，南北朝曰義州武城郡，唐曰衛州汲郡，五代曰衛州，宋復曰衛州汲郡，元曰衛輝路，明、清曰衛輝府，治汲縣。

二十一、黃河：在今河南省開封市北四十里。汴京遺跡志卷五「河渠一、黃河」：「按黃河，舊在汴城北四十里。自汜水縣入境，東至廣城縣，下達山東濟寧州界。洪武二十四年，河決原武縣黑洋山下，而東南流，經汴城之東五里，遂成大河，下達於淮。」

二十二、博浪沙：在今河南省開封市北三十里之博浪城。河南通志卷五十一「古蹟上、開封府、博浪城」：「在府北三十里，一名博浪沙亭。即張良令力士，擊秦始皇處。一云在陽武縣東南三里。」史記卷五十五「留侯世家第二十五」：「留侯張良者，其先韓人也。大父開地，相韓昭侯、宣惠王、襄哀王。父平，相釐王、悼惠王。悼惠王二十三年平卒。卒二十歲，秦滅韓。良年少，未宦事韓。韓破，良家僮三百人，弟死不葬。悉以家財，求客刺秦王，爲韓報仇，以大父、父五世相韓故……。得力士，爲鐵椎重百二十斤。秦皇帝東游，良與客，狙擊秦皇帝博浪沙中，誤中副車。」

二十三、汴梁龍德故基：在今河南省開封市，城內西北隅。河南通志卷五十一「古蹟上、開封府、龍德宮」：「在府城內，西北隅。本宋徽宗潛邸。及即位，廣之，易今名。」宋史卷十九「本紀第十九、徽宗一」：「辛酉，名懿親宅潛邸，曰龍德宮。」

二十四、登大相寺資聖閣：大相國寺，在今河南省開封市內東北。汴京遺跡志卷十「寺觀、相國寺」：「在縣治東本北，齊建國寺（疑爲在縣治東北，本齊建國寺）。天保六年創建，後廢。唐爲鄭審宅園。睿宗景雲初，遊方僧慧雲，見審後園池中，有梵宮影，遂募緣易宅，鑄彌勒佛，高一丈八尺。值睿宗舊封相王，初即位，因賜額爲相國寺。玄宗天寶四載，建資聖閣。東塔曰普滿，西塔曰廣願。宋眞宗咸平四年，增建翼廊三門。前樓迎取潁川郡，銅羅漢五百尊，置于閣上。神宗元豐中，增建東西廂，又立八院。東曰寶嚴、寶梵、寶覺、慧林，西曰定慈、廣慈、普慈、慧海。金元兵燬，國朝洪武初重建……。後累經黃河入城，僧舍多被渰塌。今存者聖容殿，結構奇絕，蓋舊殿也。」

河南通志卷五十「寺觀、開封府、大相國寺」：「在府治東北……，宋晉陽王柡記云：東京相國寺，乃瓦寺也。僧房散處，而中庭兩廡，可容萬人。凡商旅交易，皆萃其中。四方趨京師，以貨求售，轉售他物者，必由於此……。金章宗、元世祖，相繼修葺……。崇禎十五年，河水淤沒。皇清順治十六年，巡撫賈漢復，捐俸倡建，漸復其舊。並創建放生堂，古聖賢祠，乃賜名大相國寺。」

資聖閣：在相國寺內。汴京遺跡志卷八「宮室、閣、資聖閣」：「即相國寺之後閣。都人夏日，于此納涼。八景中，資聖薰風是也。」

二十五、石假山：即宋徽宗所建之艮岳壽山，周廣十餘里。燬於金元戰火，已堙滅。汴京遺蹟志卷四「山岳、艮岳壽山」：「在汴故城東北隅。初徽宗未有嗣，道士劉混康，以法籙符水，出入禁中。言京城西北隅，地協堪輿。倘形勢加以少高，當可多男子之祥……。於是命戶部侍郎孟揆，於上清寶籙宮之東築山，象餘杭之鳳凰山，號萬歲山。既成，更名曰艮岳。周迴十餘里，其最高一峰九十步……。初朱勔於太湖取石，高廣數丈，載以大舟，挽以千夫。鑿城斷橋，毀堰拆牐，數月乃至。」「宋史筆斷論花石綱之害」：「致天下之騷動，敵兵之憑凌，而身不能其宗社者，皆由朱勔花石綱之運，有以促亡之耳。初朱勔因蔡京以進，上頗垂意花石……。後歲歲增加，遂至舟船相繼，號曰花石綱……。花石至京師者，一花費數千緡，一石費數萬緡……。既而作萬歲山，運四方花竹奇石，積累二十餘年。山林高深，千巖萬壑。麋鹿成群，樓觀台殿，不可勝紀……。又為園囿，白屋不施五采，多為村居野店之景。又聚野獸禽鳥於花囿中。」

二十六、朱仙鎮：在今河南省開封市，西南四十五里。即宋高宗十二金牌，召回岳飛處。河南通志卷五十一「古蹟上、開封府、朱僊鎮」：「在府西南，即宋高宗十二金牌，召回岳忠武處。」

宋史卷三百六十五「岳飛」：「飛進軍朱僊鎮，距汴京四十五里……。自燕以南，金號令不行。兀朮欲簽軍以抗飛，河北無一人從者……。自北方來降金將韓當，欲以五萬衆內附。飛大喜，語其下曰：直抵黃龍府，與諸君痛飲爾……。檜知飛志銳，不可回。乃先請張俊、楊沂中等歸。而後言飛孤軍，不可久留，乞令班師，一日奉十二金字牌。飛憤惋泣下，東向再拜曰：十年之力，廢於一旦。」

二十七、鄢陵：今河南省鄢陵縣。嘉慶重修大清一統志卷一八六「開封府、鄢陵縣」：自兩漢，以至明清，均曰鄢陵縣。

二十八、上蔡縣驛：在今河南省上蔡縣。嘉慶重修大清一統志卷二二五「汝寧府表、上蔡縣」：自兩漢，以至明清，均曰上蔡縣。

二十九、蔡州：今河南省汝南縣。嘉慶重修大清一統志卷二二五「汝寧府表」：兩漢、三國、晉、南北朝、隋，曰汝南郡。唐、五代、宋，曰蔡州汝南郡。元、明、清，曰汝寧府，治汝陽縣，今曰汝南縣。

三十、蔡州至馬鄉遇大雪有作：今河南省汝南縣，縣南六十里之馬鄉店。嘉慶重修大清一統志卷二二六「汝寧府、古蹟、馬鄉城」：「在汝陽縣南六十里……，今爲馬鄉店。」

三十一、黃州黃陂驛：詩云：「晨發定遠驛，千崖紅櫟林。午慶大勝關，萬壑青松陰。」按定遠驛，即申報六十週年中華民國地圖：「山東與河南」之定遠店。在今河南省羅山縣南，約百里。大勝關，讀史方輿紀要卷五十「信陽州、羅山縣、大勝關」：「在縣南一百四十里。朱寶祐末，蒙古忽必烈等，分道南寇，自光山會軍渡淮南，入大勝關。」

至於黃陂驛，在今湖北省黃陂縣。元史卷五十九「地理志、黃州路」：「領司一，縣三：黃岡、黃陂、麻城。」嘉慶重修大清一統志卷三三八「漢陽府表、黃陂縣」：自北魏以至明清，均曰黃陂，明清屬漢陽府。

三十二、陽邏堡歌：陽邏堡，即今湖北省黃岡西，一百二十里之陽邏鎮。濱長江，爲古戰場。讀方輿紀要卷七十五「黃州府、陽邏鎮」：「相傳三國時，先主約孫權拒曹，旦夕使人于此邏吳兵之至，因名。宋人置堡于岸，陳船江中，以遏渡口。其地東接蘄黃，西抵漢沔，南渡江至鄂，北拒五關，誠要害處也。開慶元年，忽必烈渡淮……，至黃陂，漁人獻舟爲導，至陽邏堡，堡南岸即江滸黃州。官軍方以大舟扼江渡，董文炳曰：長江天險，宋所持以爲固，宜奪其氣，直前搏戰，官軍大敗，遂率諸軍渡江圍鄂州。又咸淳十年，伯顏以舟師攻陽邏堡不克……。乃命阿朮夜以鐵騎泛舟，直趨上流渡江……，至青山磯，遙見南岸，多露沙洲。即登舟指示諸將逕渡，宋軍與戰中流，敗卻。阿朮遂登沙洲，轉戰至鄂東門。還報，伯顏大善，揮諸將急攻陽邏。夏貴方救陽邏，聞阿朮飛渡，遂循去。」

三十三、黃鶴樓歌：黃鶴樓，在今湖北省武昌市城內西南黃鵠山，俗名蛇山上，下臨黃鵠磯。山江會聚，構建雄偉，自古即爲名勝之地。湖廣通志卷七十七「古蹟志、武昌府、江夏縣、黃鶴樓」：「在黃鵠磯上。南齊書：仙人子安，乘黃鵠過此。又世傳，費文禕登仙，駕鶴憩此……。宋陸游記：樓在郡門之南石城上，一曰黃鶴山。制度閎偉，登高尤勝。鄂州樓觀爲多，而此獨得江山之要會。山谷所謂：江東湖北行畫圖，鄂州南樓天下無是也。」

按黃鵠磯：在武昌市蛇山山麓。湖廣通志卷七「山川志、武昌府、江夏縣、黃鵠磯」：「黃鵠山麓，一名汝南磯。荊州圖經：夏口城西南，因磯爲墉，枕江流而峙。激浪噴震，舟人恒危之。

昔侯景沈鮑泉於此。前有弱水一規，每風濤恬息時，試以木屑羽毛，無不沈者。」

復按黃鵠山，俗名蛇山，在武昌市內。湖廣通志卷七「山川志、武昌府、江夏縣、黃鵠山」：「城內西南，俗呼蛇山，一名黃鶴。昔仙人子安，騎鶴憩此。志云：黃鵠山，蛇行而西，其首隆然，黃鶴樓枕焉，下有黃鵠磯。石照亭在樓之西，臨岸有石如鏡，西日照之，炯然發光。」

三十四、鄂渚晚眺：鄂渚，即樊湖，在今湖北省武昌市黃鵠磯，上溯江澣三百步。武昌縣志卷九「古蹟、鄂渚」：「即樊湖……。輿地紀勝：鄂渚在江夏縣黃鶴磯，上三百步。」

三十五、鸚鵡洲：在今湖北省武昌市城南，跨城西大江中，尾直黃鵠磯。已淪沒，不可得識。大明一統志卷五十九「武昌府、山川、鸚鵡洲」：「在府城南，跨城西大江中，尾直黃鵠磯，即黃祖殺禰衡處。衡嘗作鸚鵡賦，故遇害之地，得名。」湖廣通志卷七「武昌府、江夏縣、鸚鵡洲」：「在城西大江中……，上有禰處士墓。按陸游入蜀記：洲上有茂林神祠，遠望如小山。則宋時洲形頗高，後雖淪沒，每秋冬水落，猶有洲形，今不可復識矣。」

三十六、呂仙亭：在今湖北省武昌市之黃鵠山。湖廣通志卷七十七「古蹟志、武昌府、江夏縣、呂仙亭」：「在黃鵠山，即仙棗亭遺跡，明景泰四年重建。舊傳亭前棗木，未嘗實。一歲忽有實如瓜，太守命小吏採進。小吏私啖之，遂仙去。又傳太守與倅奕，有仙人忽至云：太守奕敗，果然。仙於樓前吹笛，隨笛聲至樓上，跡之，唯見石鏡題詩，末書呂字，故今名爲呂仙亭。」

三十七、岳陽樓：即今湖南省岳陽市，西城門之門樓。湖廣通志卷七十九「古蹟志、岳州府、巴陵縣、岳陽樓」：「風土記，城西門樓也，莫詳創始。唐開元四年，中書令張說，除守是州。每與才士，登樓賦詩，自爾名著。宋郡守滕宗諒，取古今詩賦，刻石其上。並求范仲淹撰記，樓名益重天下。」

三十八、潭州：今湖南省長沙市。嘉慶重修大清一統志卷三五四「長沙府表」：三國、晉曰長沙郡，南北朝曰湘州長沙郡，隋、唐、宋曰潭州長沙郡，元曰天臨路，明清曰長沙府，治長沙縣。

三十九、瀟湘八景：八景之說，宋時已有，然始自何時，待考。湖廣通志卷七十九「古蹟志、長沙府、長沙縣、八景台」：「在驛步門外，宋嘉祐中築。宋迪作八景圖，陳傅良建亭於側。一曰瀟湘夜雨，二曰洞庭秋月，三曰遠浦歸帆，四曰平沙落雁，五曰煙寺晚鐘，六曰漁村夕照，七曰山市晴嵐，八曰江天暮雪。」

按瀟湘八景，皆吟洞庭湖，景色幻變之美。湖在岳陽市西南一里，又稱九江、五渚、五湖、三湖、重湖。讀史方輿紀要卷七十五「岳州府、洞庭湖」：「在岳州府城西南一里，或謂之九江……。許愼云：九江即洞庭也。沅、漸、潕、辰、敘、酉、澧、資、湘九水，皆合於洞庭中。東入江，故名九江。或謂之五渚，戰國策，秦破荆襲郢，取洞庭五渚……。韓非子又作五湖也，或謂之三湖。三湖者，洞庭之南，有青草湖，在巴陵縣南七十九里，在長沙湘陰縣北百里，周迴二百六十五里。自冬至春，青草彌望，水溢則與洞庭混而爲一矣。洞庭之西，則有赤沙湖。湖在巴陵縣西百里，在常德村龍陽縣東南三十里，周迴百七十里。當夏秋水泛，則與洞庭爲一。一涸時，惟見赤沙彌望。而洞庭周迴三百六十里，南連青草，西呑赤沙，橫亙七八百里，謂之三湖。又或謂之重湖者，一湖之內，南名青草，北名洞庭，有沙洲間之也……。洞庭湖中有君山，亦名洞庭山，在湖中心，方六十里。」

四十、衡州：今湖南省衡陽市。嘉慶重修大清一統志卷三六二「衡陽府表」：三國、晉、南北朝，曰湘東郡。隋曰衡山郡，唐、宋曰衡州衡陽郡。元曰衡州路，明、清曰衡州府，治衡陽縣。

四十一、永州：今湖南省零陵縣，大陸爲永州市。嘉慶重修大清一統志卷三七〇「永州府表」：漢、三國、晉、南朝、隋，曰零陵郡，唐、宋曰永州零陵郡，元曰永州路，明清曰永州府，治零陵縣。

四十二、湘山寺無量壽佛：湘山寺，疑即今廣西省全縣，湘山之寺，或爲光孝寺。全縣志「第一編、地理、山」：「湘山，在城西二里，峰巒蓊鬱，巖洞幽邃，有光孝寺。上有飛來石，東有雲歸菴，巔有甲亭，眺覽遠邇如圖畫。塔後有鎖龍巖，最深險。西北數十步，又有巖，俯入數丈，不甚軒敞，名轉身。西有洗鉢巖，泉頗甘冽。案湘山佳處，殆在吳之武邱，越之靈隱上。然人以爲寂照禪師藏骸地，梵宇崔巍，金錯碧鏤，歲修月葺，歷久如新。」

四十三、盤石山：在今廣西省全縣，城西三里。全縣志「第一編、地理、山」：「盤石山，在城西三里。兩壁峽立千尋，下臨寒潭，澄澈無底。壁罅有泉一線，甘冷沁齒，大旱不涸，石壁題刻甚夥。」

四十四、全州：今廣西省全縣，大陸曰全州。嘉慶重修大清一統志卷四六一「桂林府表」：五代、宋曰全州，元曰全州路，明清曰全州。

四十五、靈川縣觀桂林山：按靈川縣，今廣西省靈川縣。嘉慶重修大清一統志卷四六一「桂林府表」：自唐以降，歷代均曰靈川縣。復按桂林山，非山名。乃陳剛中，居高臨下，觀賞桂林之山。由其詩又謂：「天教盡見桂州山」可知。

四十六、馬王閣：在今廣西省桂林市，文昌門外，象鼻山前。臨桂縣志卷十九「古蹟三、馬王閣」：「在文昌門外，象鼻山前。」按臨桂縣，今桂林市。嘉慶重修大清一統志卷四六一「桂林府表」：三國、晉、隋曰始安郡，唐曰桂州始安郡，五代曰桂州，宋曰靜江府，元曰靜江路，明清曰桂林府，治臨桂縣。

四十七、七星山玄元觀棲霞之洞：七星山，在今桂林市，城東里許。臨桂縣志卷二「山、明田汝成覲賀將行遊廣西諸山記略、七星山」：「去城東里許，錯落如北斗之形。下有玄風洞，陰風𩙪（即澤）烈，盛暑如躡層冰，襟涬不可久處。」

棲霞洞，亦名玄元洞，在桂林市，七星山之西。臨桂縣志卷二「山、明田汝成覲賀將行遊廣西諸山記略，棲霞洞」：「七星山……繞而西，爲棲霞洞。內極寬衍，兩崖石乳凝結，刻畫崢嶸。蒼翠濆潤，若佛剎畫。壁頂懸金鯉，鬐尾狎獵，勢欲騰騫。稍深窈黑，秉炬而入，所見益奇，瓌璋百態，其最肖者，漁父施罛，傴僂踏船，彷彿若畫。中多岐路，云通九疑，然未有探極者。洞口有老君像，傳唐明皇所置，故又名仙李宮。宮前有齊雲碧虛二亭，今廢矣。」

玄元觀：臨桂縣志卷二十「古蹟四、棲霞寺」：「在城東七星岩下，唐建。」桂勝卷二「棲霞」：「唐祀玄元於此，故名玄元。」舊唐書卷二十四「志第四、禮儀」：「開元二十年正月巳丑，詔兩京及諸州，置玄元皇帝廟一所。」故棲霞寺，即玄元觀。

四十八、題水月洞：水月洞，在今桂林市，東南之訾家洲，又謂在宜山之麓。臨桂縣志卷二「山、明田汝成覲賀將行遊廣西諸山記略、水月洞」：「水月洞，泊訾家洲。洲上舊有亭榭，乃唐督都裴行立所營，而柳子厚爲之記者，今皆蕩滅。而環山洄江，夸奇競秀之景，猶存舊觀。」桂林虞衡志「志山，水月洞」：「在宜山之麓，其半枕江。天然剜刻作洞，透澈山背。頂高數十丈，其形正員，望之端整，如大月輪。江別派流貫洞中，踞石弄水，如坐捲蓬大橋下。」

按訾家洲，在桂林市東南。臨桂縣志卷十九「古蹟三、訾家洲」：「舊志，在城東南，先是訾氏所居，因以名之。水大不能浸，古以爲浮洲。」

四十九、自永福縣過八十里山：八十里山，即廣西省雒容縣北八十里之平頭山。北距永福縣七十里，爲赴柳州之交通孔道。嘉慶重修大清一統志卷四六三「柳州府、山川、雒容縣、平頭山」：「在縣北八十里。」廣西通志卷十「疆域、桂林府、永福縣」：「永福縣……西南至獨厄塘，接柳州雒容縣界一百五十里。」

五十、馬平謁柳侯廟：在廣西省馬平縣，亦即柳州府治，或謂城東，又謂東關。嘉慶重修大清一統志卷四六三「柳州府、祠廟、柳侯祠」：「在府治北，舊名羅池廟，祠唐柳宗元，內有韓愈羅池廟碑。」馬平縣志卷三「壇廟、柳侯祠」：「在城東，舊名羅池廟，祠唐刺史柳宗元，有昌黎韓愈碑記。」馬平縣志卷三「壇廟、賢良祠」：「舊在城西，祀唐柳州司戶劉蕡……。後又建祠於東關，柳侯祠之左。」故三說，以祠在馬平縣東關，最爲明確。

按舊唐書卷一六〇「列傳第一一〇、柳宗元」：「元和十年，例移爲柳州刺史。時朗州司馬劉禹錫，得播州刺史。制書下，宗元謂所親曰：禹錫有母年高，今爲郡蠻方。西南絕域，往復萬里，如何與母偕行。如母子異方，便爲永決。吾與禹錫爲執友，胡忍見其若是。即草章奏請，以柳州授禹錫，自往播州。會裴度亦奏其事，禹錫終易連州。柳州土俗，以男女質錢，過期則沒入錢主。宗元革其鄉法，其沒入者，仍出私錢，贖之歸其父母。江嶺間，爲進士者，不遠數千里，皆隨宗元師法。凡經其門，必爲名士。」柳州士民，懷其德澤，故立廟以祀之。

五十一、賓州：今廣西省賓陽縣。嘉慶重修大清一統志卷四六五「思恩府、賓州」：五代曰領方郡，唐、五代、宋、元、明、清曰賓州，民國曰賓陽縣。

五十二、過牂牁江：牂牁江，在今廣西省，粵江上游，西江支流之左江。讀史方輿紀要卷一〇六「左江」：「左江之上源，即盤江也。有二源，一曰北盤江，出四川烏撒府西亂山中……。一曰南盤江，源出雲南曲靖府東南……。入廣西界，經泗城州東，始謂之左江。從其流而言之，亦曰鬱江……。又東經貴縣，及潯州府城南，繞府城而東，合於黔江。並流經藤縣北，至梧州府城西，合於桂江，又東而爲廣東肇慶之西江也。本名牂牁江，漢書西南夷傳，夜郎臨牂牁江，江廣百餘步，足可行船。」

五十三、過邕州崑崙關：崑崙關，在廣西省宣化縣，東北一百六里，崑崙山上。邕寧縣志卷二「地理二、山川上」：「崑崙山，明史地理志：宣化縣東，有崑崙山。大清一統志：在宣化縣一百六十里（原作百二十里，今訂正），巉巖峻拔，高出群山。有道極險，古設關於此。方輿勝覽：崑崙山，在宣化縣東，崑崙關在焉。名勝志：上有台，可瞭遠。宋皇祐間，爲儂智高所據，安撫使狄青破勝之。」

五十四、邕州：今廣西省南寧市。嘉慶重修大清一統志卷四七一「南寧府表」：晉、南北朝曰晉興郡，唐、五代、宋曰邕州，元曰南寧路，明、清曰南寧府，民國曰南寧市。

五十五、江州：今廣西省江州，在崇善縣南二十五里。欽定大清一統卷三六五「太平府、建置沿革、江州土州」：宋、元、明、清曰江州土州。民國廢州，亦未設縣。

五十六、度三花嶺：三花嶺，在廣西省養利縣西三十里。嘉慶重修大清一統志卷四七二「太平府、山川、散花嶺」：「在養利州西三十里，廣闊多花木。」疑此散花嶺，即三花嶺。按欽定大清一統志卷三六五「太平府、建置沿革」：「養利州，在府北一百五十里。」前引，江州在府南二十五里。故自江州，至養利州西三十里之散花嶺，相去約兩百里。當因陳剛中，藉此一生奇遇，復有驛騎可乘，故而遊興大發使然。

五十七、思明州元曰：思明州，今廣西省寧明縣。嘉慶重修大清一統志卷四七二「太平府表」：元、明曰思明州，清曰寧明州，民國曰寧明縣。

五十八、度摩雲嶺至思凌州：摩雲嶺，在廣西省寧明縣南十五里。嘉慶重修大清一統志卷四七二「太平府、山川」：「摩天嶺，在土思州南十五里，亦名掛榜山。奇峰嶙峋，延袤數十里，惟中峰崢屹然，其頁（按：一面）獨無樹木。」疑摩天嶺，即摩雲嶺，且行程亦合。

思凌州，在廣西省寧明縣南四十五里。嘉慶重修大清一統志卷四七二「太平府表」：唐、元、明、清曰思凌土州，民國廢。「建置沿革」：「思凌州，在府南二百四十里……，北至上思州四十五里。東南至越南界五十里，西南至越南界三十五里。」

五十九、祿州遇大風：祿州，今越南諒山省之祿平州。越史通鑑綱目卷七「陳仁宗紹寶六年」：「註祿州：舊屬思明路，宣德元年，始隸本國。黎因併於西平州之地，改爲祿平州，今因之屬諒山省。」

六十、交趾境溫邱縣：交趾，今越南，古稱交趾。讀史方輿紀要卷一百一十二「安南」：「周曰交趾……，漢元鼎五年，平南越，置交趾、九眞、日南等郡。」

邱溫縣，在今越南諒山省北二百里。讀史方輿紀要卷一百一十二「安南、諒山府、邱溫城」：「府北二百里，舊屬廣西思明州，洪武十九年，思明府奏，安南奪邱溫、如嶅、慶遠、淵脫等縣。」

六十一、二月三日宿丘溫驛見新月正在天心衆各驚異因詩以記之：丘溫驛，在今越南諒山省邱溫縣城內。

六十二、交趾支陵驛即事：支陵驛，在越南邱溫縣西南之支陵隘，一名之凌隘、支陵關、老鼠關，屬支陵江之支陵社（按社，越南地方行政區劃之名稱）。請參閱「安南即事」考釋註109。

六十三、交趾朝地驛：地址待考。

六十四、交趾橋市驛戲作藥名詩：橋市驛，在今越南北江省市橋江，一名南柵江，與富良江會合處，南岸之橋市。讀史方輿紀要卷一百一十二「安南、北江府、市橋江」：「在府西，東南流，入富良江。自廣西入安南，江爲必由之道……，一名南柵江。志云：道出南柵江，以筏渡行四十里，至富良江，水湍急，不甚闊，江之南，名橋市，居民頗衆云。」

總之，陳孚剛中，驛赴安南之行程，大體而言，自今河北之北京，沿乎漢線，至河南之淇縣。自汲縣，因欲暢遊七朝古都之開封，乃偏離平漢線而東，約百餘里之地南行，經大勝關，至湖北之武昌。復南行，則仍循平漢線，達湖南之衡陽。自衡陽而至廣西之寧明，則改循湘桂線南下。最後，捨湘桂線而偏東，經思凌，進入越南。

元代之泉州

一、泉州之繁盛

㈠商船雲集

元代之泉州，至爲繁盛，外人評爲乃世界最大之商港。馬哥孛羅謂：「這裏是海港，所有印度的船，皆來到這裏。載著極値錢的商品，許多頂貴重的寶石，和許多又大又美麗的珍珠。他也是四鄰蠻子國商人，所群聚的一個商埠。一言以蔽之，在這個商埠，商品寶石、珍珠的貿易之盛，的確是可驚的。由這城的海港，所有這些貨，皆分配到蠻子全國。我鄭重的告訴你們罷，假如有一隻載胡椒的船，去到亞力山大港，或到奉基督教國之別地者，比例起來，必有一百隻船，來到刺桐港。因爲你們要曉得，據商業量額上說起來，這是世界上兩大港之一。」伊賓拔都達，亦譯爲易逢巴圖塔更言：「泉州，誠世界最大港之一。或逕稱爲世界唯一最大港，亦無不可也。余曾目睹有大帆船百艘，輻湊其地。至於其他小船，則更不可勝數矣！」（注一）

(二)外國咸至

宋代至泉州之外國商船，計有大食、日本、注輦、佛齊、靈牙蘇嘉、麻逸、三嶼、白蒲延、眞臘、日囉亭、眞里富、三泊、單馬令、闍婆、占城、賓達儂、渤泥、羅斛、雪峰、俱輪、須華公、琶離、佛羅安、達羅希、吉蘭舟、西棚、登流眉、波斯蘭、高麗、嘉令、麻辣、新條、甘秠、綠洋、蒲甘、日麗、木力千、新洲、蒲里喚，凡三十九國。（注二）

降至元代，由於四征不庭，聲震寰宇。疆域遼闊，亙古所無。兼以累世獎勵通商，保護商旅。世祖之世，更命正奉大夫、海外諸蕃宣慰使蒲師文，副使孫正夫、尤永賢等，通行海外，宣撫諸國。致海上之交通，殊爲繁榮暢達。不僅「海外島夷」，「莫不執玉貢琛，以修民職。梯山航海，以通互市。中國往復商販於殊庭異域之中者，如東西州焉。」元三山吳鑒爲泉州知府偰玉立，修「清源寺續志」，更據「島夷誌略」謂：「所載百國，皆通於閩中。」並舉三島國男子，「嘗經紀泉州，罄其資囊，以文其身。既歸國，國人以其至唐國，貴之。待以尊長之禮，延之座，雖父老不得爭焉。」古里地悶國，「其國淫濫，兼婦不恥，至者多染疾死。泉州吳宅，有百餘人，貿易其間，既畢，死者十八九。間存一二，類羸弱乏力。」土塔國中，「有土磚甃塔，刻漢文云：咸淳三年八月畢工，蓋我人爲之書。」以爲佐證。（注三）

按「島夷誌略」，元汪大淵所撰。大淵，字煥章，南昌人。至正中，嘗累附商船，遠航海外。所歷計有彭湖、琉球、三島、麻逸，無枝拔、龍涎嶼、交趾、占城、民多朗、賓童龍、眞臘、丹馬令、日麗、麻里嚕、遐來勿、彭坑、吉蘭丹、丁家盧、戎、羅衛、羅斛、東沖古剌、蘇洛鬲、針路、八都馬、淡邈、尖山、八節那間、三佛齊、嘯噴、敦泥、明家羅、暹、爪哇、重迦羅、都督崖、文誕、蘇祿、龍牙犀角、蘇門傍、舊港、龍牙菩提、毗舍耶、×卒、蒲奔、假里馬打、入老古、古里地悶、龍牙門、崑崙、靈山、東西竺、急水灣、花面、淡洋、須文答剌、僧加剌、交欄山、特番里、班達里、曼陀郎、喃啞哩、北溜、下里、高郎步、沙里八丹、金塔、東淡邈、大八丹、加里那、土塔、第三港、華羅、麻那里、加將門里、波斯離、撻吉那、千里馬、大佛山、須文那、萬里石塘、小唄喃、古里佛、朋知剌、巴南巴西、放拜、大烏爹、萬年港、馬八兒嶼、阿思里、哩加塔、天堂、天竺、層搖羅、馬魯澗、甘埋里、麻呵斯離、羅波斯、烏爹。凡九十七處，爲國數十。（注四）

上述諸地，中國商船，既可抵達。故彼等之商船，亦可達於中國。所以，來泉之外國商船，當倍於宋代。泉州之繁盛，亦遠勝於宋。故謂其萬商咸至，或不爲過。

(三)百貨俱全

宋代外商，輸於泉州之商品，計細貨曰金、銀、沈香、夾煎香、箋香、細胃頭、亞顯香、安息香、琥珀龜黿皮、夾煎黃熟香、膃肭臍、木香、蘆薈、蘇合油、珊瑚、琉璃、火丹子、蕃油、龍涎、金頭香、阿魏、血竭、丁香、鹿茸、鵬砂、薑黃、沒藥、米腦、腦版、朱砂、牛黃、硫磺、臘油、梔子花、薦耨腦、梅花腦、金腳腦、赤倉腦、丁香母、白荳蔻、薔薇水、薦耨皮、雞舌香、兜羅錦、沒石子、蔦耨瓢、石碌、鬼谷珠、番紅花、毛絲布、瑪瑙珠、草蝎、玳瑁、龜筒、象牙、犀柴磺、眞珠、木珠、藥珠、頂珠、條珠、麻珠、束香、乳香，凡六十六種。粗貨曰暫香、檀香、胡椒、黃臘、黃熟香、生香、丁香、香札、桂皮、茴香、蘇水、粗熟香、降眞香、修割香、肉荳蔻、荳蔻花、華澄茄、丁香皮、洗銀砵、土琥珀、赤石珠、雞骨香、水牛角、海桐皮、香螺醫、大石芎、青桂頭、烏庫香、扶津膏、石決明、烏紋木、花梨木、桂花、蒔羅、番布、訶子、犀蹄、大黃、魚膠、胡芹、水藤、麂皮、香沈、榛子、魚皮、草蓆、番絲、牛皮、鹿皮、杏子、松子、華撥、硇砂、益智、白錫、黑錫、麻籸、椰子、高良薑、石花菜、麝香木、水盤頭、赤白藤、大腹子、吉貝紗、帽頭香、吉貝、松花、螺殼、苧、麻、科、布、簟，凡七十五種。故此等貨品，元代亦當輸入於泉。（注五）

此外，馬哥孛羅、汪大淵所見，南洋、東非、印度、阿拉伯諸國之產品，貓兒眼、鴉鶻石、雅忽石、蘇祿珠、青琅玕、紅寶石、藍寶石、黃玉石、紫水晶、柘榴石、金剛石、白香、金顏香、茄藍木、烏梨木、蘇方木、羅斛香、打白香、甘松香、茅香、細花木、索則子、机子花、甸子、翠羽、鶴頂、軟錦、兜羅錦、大綿布、高你布、皮桑布、竹布、刺速斯離布、闍波布、八丹布，凡三十五種，自會見之於泉。（注六）

所以，元代外商輸泉之貨物，凡一百七十六種。因此，謂其百貨俱全，誠非虛妄之言。

二、泉州之建築與航運

㈠城垣與河渠

泉州，古名刺桐。蓋初築城時，環植刺桐，故名。刺桐，俗名火紅刺。其葉如繡球花而長，折之有乳，葉生幹心，刺布幹上。細花金色，圓而齊出，久而壽之。高可丈許，大可七八扶。心如桐，木可製琴，因以名桐。今村落間，常以樊墻屋園圃，取其可以禦盜。泉人以其盛衰，卜年豐歉。蓋花盛開乃歉，旱花也，故名火紅。府治晉江縣，因南臨晉江而得名。

昔城四重，曰衙城，子城，羅城，翼城。城壕兩重，子城內外，支溝十一。子城，在羅城內。唐天祐三年，節度使王審知所建。周三里一百六十步。爲門四，東曰行春，西曰肅清，南曰崇陽，北曰泉山。衙城，在子城內，南唐保大中節度使留從効所築。蓋其開府建牙之地，故形勢甚壯，有北樓在其上，唐歐陽詹曾爲之記。羅城，在子城外，亦留從効所建。周二十里，高一丈八尺。城高壁堅，雉堞數千。樓櫓相望，瞻之巍然。閩之州郡，惟泉、福城垣爲壯。設七門，東曰仁風，西曰義成，南曰鎮南，北曰朝天，東南曰通淮，西南曰臨漳，曰通津。宣和二年，郡守陸藻，增築外磚內石。紹興二年，郡守連南夫重葺之。十八年，郡守葉廷珪，陶土爲磚，取蠣爲灰，以固城基。嘉定四年，郡守鄒應龍，以賈人簿錄之貲，請於朝，大修之。翼城，在羅城外。宋紹定三年，郡守游九功所築。東自浯浦，西至甘棠橋，沿江爲蔽，成石城四百三十八丈。高丈餘，基闊八尺。元至正十二年，監郡偰玉立，拓南羅城之地，合翼城爲一。周三十里，高二丈一尺。東西北基，寬二丈四尺，外甃以石。南基廣二丈，內外皆石。改鎭南曰德濟，廢通津門，復於臨漳、德濟間，建門曰南薰。故翼城、羅城，至是統稱羅城。此外，宋太平興國初，陳洪進納土於宋，帝命撤其城垣。因之衙城、子城、羅城，三城俱毀。故元代之泉州城垣，乃至正十二年，監郡偰玉立所築。（注九）

羅城之外壕，廣六丈，深兩丈餘。三面通流，縈迴如帶。獨東北一隅，曰泉山，迤邐而來。枕山之勢，潮不能通。南壕穿鎭南橋，直東抵通淮門，直西抵臨漳門。元大德間，宣慰司札剌丁重濬之。至正間，監郡偰玉立，南拓羅城，而鎭南橋壕，東西相抵者，悉砌以石，遂成爲城內之壕。今自臨漳門外，遶西而北、而東、而南，抵通淮門，皆舊外壕。其自通淮門，南遶德濟門，過南薰門之半，乃拓羅城而浚之。壕又自南薰門之半，西距臨漳門，則瀕晉江，而無壕。子城之外壕，環繞子城，深廣丈餘。壕皆有橋，北曰泉山，北而東曰迎春，東而南曰通淮，由北而西曰坂倉，西之南曰肅清，又南曰放生。子城之內，支溝五。舊名八卦溝，相沿以爲鑿溝，如八卦之象。子城之外，支溝六，均注之於羅城外壕。宋治平三年，夏六月大雨，通淮之壕淤塞，水無所宣洩，壞民舍數千百家。越二年，郡守丁竦，穴城爲門，開渠以通天水淮。峻疏東南潢汙，納之外河。經天水淮，注於晉江。紹興十六年，郡守葉廷珪，復闢治之。

經通淮門，江潮通河，可抵府學前。嘉定間，郡守直德秀，復因城內溝渠淤塞，開浚官溝，

凡五千二十九丈，明溝三千丈。民間開鑿者，不與焉。按天水淮，在晉江縣東南，尙書塘西南一里，灌田四百八十頃。（注一〇）

㈡晉江與航運

晉江，在泉州府治，晉江縣，南一里。因晉南渡後，衣冠士族，多沿江而居，故名。晉江上源，即南安縣之雙溪。雙溪一曰桃溪，出永春州。一曰藍溪，出安溪縣。自南安縣西北十里，雙溪口合流。東過金雞山，曰金溪。又東，溪流益大。繞縣南，曰黃龍江。東流至臨漳門，石塔山下，受凌斜溪、韓陂諸水，別名筍江。合諸水來會，又東流逆北，環城東南，復東行至溜石，名溜石江。蕟竈、葛洲二溪，皆合諸水來會，舟行頗險。又東行，至法石，石聖姑，岱嶼，別名蚶江，此晉江入海之河口也。（注一一）

泉州瀕臨晉江，東至河口七公里，海口寬廣深邃。其鎮南門，門之外有河，跨河爲橋，東西、直南，並受潮汐。故外國商船，乘潮溯江而上，可抵城下，南關之碼頭。因此，莊彌邵曾謂：「四海舶商，諸蕃琛貢，皆於是乎，集舊有鎮南門。」一城之盛，「莫盛於南關。」復因宋世，丁竦、葉廷珪，疏浚城中諸溝，通於羅城之外壕。又開渠，使外壕通天水淮，天水淮通於江。故已達泉州城下之外商，可換小艇，乘江潮，經通淮門，直抵州之學宮。所以，百賈貿遷，無不可至之於市。泉州之繁榮，致外人評之謂：世界第一大港，蓋由乎此。（注一二）

三、市舶司之設置與歷任之官員

㈠市舶司之設置

至元十四年，立市舶司於泉州，令孟古岱領之。立市舶司三，於慶元、上海、澉浦，令福建安撫使楊發督之。二十一年，設市舶都轉運司於杭泉二州。二十二年，併福建市舶司，入鹽運司，改曰都轉運司，領福建漳泉鹽貨市舶。三十年，計設泉州、上海、澉浦、廣東、杭州、慶元市舶司，凡七所。仍以溫州市舶司，併入慶元、杭州市舶司。大德元年，罷行泉府司。二年，併澉浦、上海入慶元市舶提舉司，眞隸中書省。至大元年，復立行泉府院，整治市舶司事。二年，罷行泉府院，以市舶提舉司，隸行省。四年，又罷之。延祐元年，復立市舶提舉司。至治二年，復立泉州、慶元、廣東三處提舉司。市舶提舉司，在府治南，水仙門內，即舊市舶務址。（注一三）

㈢歷任之官員

市舶提舉司，每司設提舉二員，從五品。同提舉二員，從六品。副提舉二員，從七品。知事一員。泉州市舶司之歷任官員，提舉：蒲師文，至元間任。黑的、宋熙、張鐸、陳珪，俱至正間任。八哈迭兒、馬哈謀、段庭珪，俱大德間任。沙的、石扶羌刺歹、係國英、海壽，俱至大間任。贍思丁、木八刺沙、嚴文、哈散、朱善輔、廉壽山海牙，上六人，俱延祐間任。倒沙刺、裴堅，俱至治間任。昔寶赤、劉敏、八都魯丁、劉選、亦思馬因、暗都刺、蠻子海牙、忽都魯沙、也先黏木兒、烏樞、葛紹祖、驢兒、合山、聶世英、回回、馬合馬沙、項棣孫，麗水人，上十八人，俱至正間任。副提舉：衛璧，至元間任。阿不撒、別都魯丁、忽辛，俱至大間任。楊思敬、石廷玉、欒禮，延祐間任。劉文佐、趙敬，俱至治間任。施澤、答亦兒不花、劉克禮、嚴亮、買住，上二人，俱至正間任。知事：高昇、張復禮，至正初任。提控：張信、虞澤，俱至元間任。唐珪，大德間任。蔡時亨，至大間任。照磨：張埜、袁裔。（注一四）

四、市舶司之規章

元代市舶司之規章，大抵皆因宋舊制，而爲之法。然初無定制，貪瀆滋多。至元二十九年，澉浦市舶司，上下需索無度，孔竇百出。每番船一至，則衆皆懽呼曰：亟治廂廩，家當來矣。番人憤恨，至露刃相殺。市舶司吏員，死者三人。市舶司隱匿，不敢上聞。故至元三十年，福建行省參知政事燕公楠，前狀元留夢炎，前鎮江行大司農丞李晞顏集議，擬定市舶司有關規章，報請核行。經中書省議定，頒發市舶司條例二十二條。至是市舶司之規章，乃大行完備。茲據大元聖政國朝典章「市舶」，元史「市舶」，條陳規章二十六條，並簡化之如下：

(1)至港之外商，所課稅額，細貨十分之一，粗貨十五分之一，舶稅三十分之一。

(2)權勢之家，興販船舶，以例徵稅。苟依勢隱匿，不依例繳稅，經人舉發，錢貨沒入。首告者，獎以沒入財貨三分之一。

(3)市舶司官員，嚴禁以貲，令船商代購貨物販售。違者，經人舉發，錢貨斷沒。首告者，獎以沒入財貨三分之一。

(4)因公赴海外之官員，返國時，所帶貨物，依例課稅。不得僞稱貢品，隱瞞免稅。違者，貨物沒入。

(5)和尙、道士、回教教士、基督教教士，聖旨特許，出海興販，依例徵稅。匿報，論罪斷沒。

(6)船商出境，均須赴所在之市舶司，請領驗證。大船公驗，小船公憑。書明所赴何地，不得轉往他國。待回航，仍至原發之市舶司，依例課稅。如因暴風，衝往他國，販貨而返。經查屬實，依例課稅。不實，斷沒。首告，給獎。

(7)凡商船出境，均須具保。塡具船上人員姓名，船之長寬檣高，貨物名稱，航往何地。既達，須逐日詳記，販售貨物名稱、重量、件數。不實斷沒，首告獎以沒入財貨三分之一。官員包庇，斷罷。私帶金銀違禁物品，同保人併行坐罪。

(8)如遇暴風、被劫，經查屬實，免其賦稅。妄言被劫，斷沒。私用小船，假送生活所需，私運貴重貨物，不依法課稅，查獲斷沒，杖一〇七，首告獎以沒入貨物三分之一。

(9)商船私自出境，貨物沒入，犯者杖一〇七，首告獎以沒入財貨三分之一。

(10)船商所用兵器，并同鑼作具，隨住船處，申所屬，依例寄庫，起船日發還。

(11)海商每船，募綱首、直庫、部領、梢工、碇手，各從便具名，呈市舶司，申給文憑。船請公印爲記，人結五名爲保。

⑿海商貿易貨物，以舶司給籍，用印關防，具注各件、觔數、綱首、雜事、部領、梢工、書押。回日，以物籍公驗，納市舶司。

⒀海商自外國及海南，買販貨物到中國，雖已赴市舶司繳稅。若仍有匿報，貨物沒入，犯人斷罪。首告，以例給獎。

⒁金銀銅鐵，男女人口，不得下海私販。出境，均須公驗註明。違禁，坐其舶主。

⒂市舶司，招商船行商。下級不得占用差遣。新建船隻，籍定其數，不得差占。興販，以例課稅。

⒃市舶司，所販貴細貨品，每年十二月終，解赴杭州行泉府司官庫驗收。其他諸物，估價出售。至次年元月終，須完成估價，行省預爲選收。

⒄商舶往來不定，多在南海州縣，私卸細貨，逃漏課稅，仰籍其姓名。仍令海南、海北、廣東道，沿海州縣，遇回航船舶到岸，即加驅離。縱容受賄，依律斷罪。

⒅舶商梢水等人員，所在州縣，免其雜役。

⒆外商入境，應有其本國公驗文書。詳註其姓名，貨物件數、重量，依例課稅。返國，着給公驗文書，詳註所販貨物，並無違禁之物，限四月終完畢。其間不得見官行賄。違者，貨物沒入。首告，獎以沒入之半。

作弊。

⑳市舶司官員，每歲船舶回航時月，船到，依例封存。按先後日期，查驗課稅。不得違期，作弊。

㉑舶商出海，市舶司遣正官一員，查其有無違禁之物，即時開航。查驗官員，不得非法騷擾，並具結所查無誤。

㉒市舶司條例，各級官員，須嚴加執行，不得曲解違犯。

㉓至元十五年，定雙抽單抽之制。蕃貨雙抽，土貨單抽。

㉔至元十九年，令市舶司，以銅錢易海外金珠貨物。

㉕至元二十三年，禁海外博易者，勿用銅錢。

㉖至元二十五年，禁廣東官民，勿得運米至占城，諸蕃出糶。

順帝時，摩洛哥人，伊賓拔都達，對市舶司之依例斷沒，曾評之謂：「至岸，關吏查驗所有。若查有不報關，私藏之貨，則關吏將一切貨物及船舶沒收。天下不乎之事，莫踰於此。余足跡遍天下，信異教之國，以至奉回教之國，僅於中國見有此不公之事。在印度亦稍有此事，然私貨查出之後，亦僅科以十一倍之罰而已。摩哈美德帝在位時，除苛稅，併此亦廢之矣！」（注一五）

五、中外船舶之建造與差異

中國海船之建造，皆用厚重之松杉木板兩層，釘製而成。合縫之處，則用石灰與苧麻切碎，和桐油搗成之劑，以爲塡補膠合之用。然後，全船內外，油漆數重。因底艙隔間甚多，且極堅固。所以，即使碰衝破裂，一艙漏水，他艙與航行，亦不受影響。船身，每航行一年，則檢修一次。修時，全船四周，加釘厚木板一層，亦補縫膠合而油漆之。六年之後，此船即行報廢，不復再航行海上。船柱多爲四柱，或五六柱，更有多達十二柱之巨舟。每槳四人操之，甲板四層。可乘五六百人，大者千人，載胡椒六百筐。每巨舟，有七十人，或百人操槳之小舟，以繩繫之，隨行於後，裨運送生活之所需。後有小船十，懸於大船之上，以便人員登岸之用。至元十六年，詔揚州、湖南、贛州、泉州，造戰艦六百艘，以征日本。故泉州實爲中國，最大之造船中心。而斯時，往來中國，波斯灣之船隻，亦以中國之海船，最爲巨大。（注一六）

印度、阿刺伯、波斯灣諸國之造船，不用鐵釘，桐油，與石灰、桐油、碎麻，搗製而成之縫合劑以造船，防腐防漏。係以椰子樹皮，打擊而成之粗絲，所製成之繩索，穿木板縛結而成。實則所用之繩索，乃以頗似椰子之桄榔樹鬚所編成。蓋桄榔樹，枝葉繁茂，葉下有鬚，如粗馬尾然。以鬚結繩，經海水浸漬，即膨脹而韌。至於船之縫隙，則以橄欖糖塗之。蓋橄欖樹節之上，生脂膏，加桃膠。採而以其葉皮煎之，調如黑餳，謂之橄欖糖。用之塗船合縫，遇水即乾，堅如膠漆。復以魚油或瀝青，塗之數層，舟即告成。舟亦頗大，木蘭舟，即以此法造成。可乘千人，載一千婆蘭。按一婆蘭，三百斤。一千婆蘭，重三十萬斤。唯此等船舶，航行於印度洋上，時有風暴，殊爲危險，蓋其船不甚堅固焉。中國深廣沿海州軍造船，亦用此法。皆以木板穿藤，縛結而成。

縫隙中，則用海上所生茜草，乾而塡之。此草經水膨脹，舟爲之不漏。蜀人造船，因江中多石，故用柘木爲釘，不用鐵釘。（注一七）

至於歐西之遠洋船舶，亦甚大。小者可容數十人，中者可乘數百人。大者，上下八層，桅高十四尺，布帆十餘，帆寬八丈。載水手二三百人，銳士三四百人，客商數百人。（注一八）

六、船舶之人員職掌與中西之海道日程

㈠船舶之人員職掌

元代來華貿易之外國船舶，稱蕃舶，或夷舶。中國從事海外貿易之船舶，則稱船舶，或商舶。而中外從事海外貿易之船舶，亦稱市舶。蓋雙方自海外，至市舶司所在之港口，均同等課稅焉。

宋代之海舶，以巨商爲綱首。副綱首，掌船中雜務。市務司給文書，許其用笞，管理其衆。若遇死亡，籍其財貨。舟師，識地理。夜則觀星，晝則觀日。陰晦觀指南針，或以十丈之繩鉤，取海底之泥，嗅之，使知所至。明代則舶主爲政，諸商附之。下設財副一人，掌書記。總管一人，統理舟中事務，代船主傳呼。並以直庫掌戰具，阿班主船桅。司椗，有頭椗二椗，主船錨。司繚，有大繚二繚，主船帆。司舵，稱舵工，二人更代，掌行船操作。火長，司針。海道壯闊，行船悉聽指揮。外國之蕃舶，設總管一人，由國王任命。掌理合船事務，有賞罰生殺之權。舶師三人，歷師二人。舶師專主，侯風使帆，整理器用，吹掌號，指使役夫，探試淺水礁石，以定趨避。歷

師，則主窺測天文。晝則測日，夜則測星。用海圖量取度數，以識險易，以知道里。（注一九）

㈡中西之海道日程

中西之海上交通，以三佛齊為往來之要衝。自三佛齊正北行舟，歷上下天竺，交洋，乃至中國。自闍婆西北行舟，過十二子石，與三佛齊來華之海道，合於竺嶼之下。若來自大食，則以小舟南行，至故臨國，易大舟東行，至三佛齊，其海程，如三佛齊之至中國。近交阯海之諸國，海程不及三佛齊、闍婆之半。而至三佛齊、闍婆，又不及大食之半。大抵諸蕃國之入中國，一歲可往返。惟大食，必兩年而後方達。若自極西，今日之英法，而至中國，則二三年始達。蓋自大西洋，至小西洋，即印度洋，約六萬餘里。浮海晝夜兼行，又得順風，半年可達小西洋之天竺國。苟過大浪山，無法抵小西洋者，則須在黑人國過冬，二年始達小西洋之天竺國。自小西洋，復行半載，換船，舟行二三月，方至中國。此一繞道非洲之海程，艾儒略記之尤詳謂：自歐洲起程東來，因各國之遠近不一，水陸各異，大抵一年之內，皆集於邊海，波爾杜瓦爾國，里西波亞都城，候西商官船。春發，入大西洋。從福島之北，過夏，至赤道北二十三度半。踰赤道而南，過冬，至赤道南二十三度半。越大浪山，過黑人國，又踰赤道，至小西洋，南印度之臥亞城。大體自歐至此，一年可達。前行因海中多島，道窄難行。乃換中船，亦乘春月而行。抵則意蘭，經榜葛海。從蘇門答剌，與滿剌加之中，過新加步峽，歷占城、暹邏，閱三年方抵中國之廣州。（注二〇）

七、信風潮汐與海上之航行

遠洋貿易之船舶，雖有槳手，動輒逾百人。然仍需乘信風，以加速其行程。南洋諸國之商船，須乘夏季，五六月之南風，揚帆而北來中國。冬季則乘十一十二月之北風，張帆而南行。出入港口，亦宜乘風。故中國之市舶司，亦因之於夏正之後，徵其稅，而覆護之。歲十月，則大驗蕃商以遣之。至於印度洋之信風，猶如中國。故商船之行止，亦冬則南行，夏乃北上。（注二一）

海上商船，不唯須乘風而行。尤須乘漲潮而進港，隨潮退以出港。泉漳之潮汐，月臨於午，爲長潮之極。歷未及申酉，則極消。月臨於子，爲長潮之極。歷丑及寅卯，則極消。若每日之子午，亦有潮退。每日之卯酉，亦有潮至。若晝潮大於春夏，夜潮大於秋冬。潮之極漲，常在春秋之中。濤之極大，常在朔望之後。諺語云：初一十五，潮滿正午。初八廿三，滿在早晚。初十廿五，日暮潮平。至於駕舟海洋，雖憑風力，亦視潮信，而定向往。或晦夜無月，惟瞻北斗爲度。海外之潮已平，而內溪猶長。海口以潮平爲度，其穿達支流，仍以百里而緩三刻，不可以此而分遲速焉。（注二二）

八、海上航行之風險與祭祀

商船航行海上，風險至大，而且繁。其中尤爲可怖者如下。㈠操作錯誤：如往某國，遇急風。

雖未足日，已見某山，亦當改向。苟行太過，無法可返。颸至淺處，而遇礁，船則解體。蓋其船大，不懼風濤，而憂水淺。㈡海盜刦掠：龍牙門，俗好刦掠。至吉利門，船皆架箭棚，張布幕，利器械，以防之。賊舟往往二三百艘，故輙作殊死戰。若僥倖順風，或未遇之。否則，人爲所戮，貨爲所有，人死係乎頃刻之間。㈢海流洄漩：急水灣，居石綠嶼之下。水流奔鶩，船之航期，每困之延誤。兼以潮汐，南北人莫能測。船洄漩其中，則一月莫能出。昔有度元之船，陷入其中，二十餘日。失風、針迷、舵折，船遂擱淺。人船貨物，俱各飄流。當斯時，命懸之於天。㈣誤入斷沒：海外多盜，設遇劫掠，而非向其國投訴。如請占城之公據，而誤入眞臘。則盡沒其船貨，人縛而賣之。㈤風向凌亂：從大西洋，至大明海，四十五度以南，其風常有定候。自四十五度以北，風色即錯亂不常。尤異者，在大明東南隅，時有異風。變化凌亂，輙忽更二十四向，海舶惟任風而颸。且風水又各異道，前有南風，水必北流。焂爲北風，而水勢尚未趨南，舟莫能適從，因之損毀。㈥巨風：至正戊子，永嘉大風，海舟吹上平陸高坡三二十里，死者千數。㈦海嘯：小西洋之海潮（疑乃海嘯）極高大，又極迅速。平地順刻，湧數百里。大船隨潮湧入，不可復出。㈧擱淺：商船航行海上，不畏風濤，唯懼擱淺。時稱靠閣，亦曰湊淺。蓋其船大，又載重，遂不可脫。若遇暗礁，則船傾斜進水，甚至解體沈沒。（注二三）

出海貿易，既九死一生。故商賈於海上，既置生死於度外，日唯事椎牲而酣飲。迭爲賓主，盡情歡樂，以忘其憂。亦極其虔誠，祈求神靈庇護，裨得平安。不僅香火晝夜不斷，特命一人司香，不他事事。且船主每晨，亦率衆頂禮膜拜。至其所祀神明，一曰天妃，即天后、媽祖。自宋雍熙以降，濱海之地，討海之人，均祀之。二曰關公，漢前將軍壽亭侯也。敬其忠義，各地均祀之，商賈尤爲如此。三曰舟神，不知始自何年，惟舟人皆祀之。（注二四）

九、泉州蕃商之貴盛與巨富

㈠蒲氏之貴盛

蒲壽庚，其先西域人。總諸蕃互市，居廣州。父開宗，徙泉州。壽庚少豪俠無賴，宋咸淳十年，海賊寇泉州，與兄壽宬，平海寇有功，授福建沿海制置使。景炎元年，遷福建東建招撫使、提舉泉州市舶司，總海舶。自茲以降，擅海舶之利三十年。十一月，益王昰，欲入泉州。壽庚來謁，張世傑不可。或勸世傑留壽庚，凡海舶不令自隨。世傑不從，縱之歸。繼而船舶不足，乃掠其舟，並沒其貲。壽庚因於十二月戊辰，與知泉州田眞子，以城降元。世傑討之，攻泉州。宗室之居泉者，拔扈專横，奪人巨舶，又欲應之。乃置酒延宗室，僞議城守事，盡害宗室千餘人，及淮兵與士大夫之在泉者。世傑攻九十餘日不下，遂解去。壽庚以功，進昭勇大將軍、閩廣都提舉、福建廣東市舶事。至元十四年，除江西行省參知政事，遷平章政事，開平海行省於泉州。（注二五）

壽庚兄弟三人，長曰壽宬，次曰壽峸。壽宬，宋咸淳九年，官蒲州知府，於民一毫不取。曾建曾井，汲水二瓶，置於座右曰：曾氏井泉千古冽，蒲家心事一般清。宦後，家居蒲州。今山西陝西，多其苗裔。壽宬，咸淳七年，知梅州，頗致力於農政。十年，詔授吉州知州。因知宋祚不久，迄錄不赴，並勸壽庚降元。至元二十三年，程文海奉旨，求才江南。壽宬赴試，中一甲第一名，狀元及第。生二子，師孔、日和。（注二六）

壽庚三子，長師文，次師斯，三均文。師文，字章甫。至元十八年，官正奉大夫、宣慰使、右副都元帥，兼福建省市舶提舉。大德元年襲職，遷福建平海行省。壬辰卒，詔賜祭葬。翰林學士承旨留夢炎撰文，碑以瑪瑙石爲之。次子師斯，號篤庵，以人才選舉，至元甲申，授翰林太史院官。致仕，置百果園於泉州南門外，以自娛。三子均文，元貞二年，以才學著名，詔爲右喻德，兼中書省制告。壽庚長孫崇謨，以明經中皇慶二年，二甲進士。官至平章政事，元統年卒，謚忠惠。故蒲氏一門，三世通顯，貴盛冠於一時。（注二七）

(二)蕃商之巨富

泉州蕃商之富，除蒲壽庚一門外，首推回回人佛蓮。佛蓮，蒲氏之婿，居泉南。其家甚富，有海舶八十艘，癸巳歲卒，因無子女少，官沒其家貲。有珍珠一百八十石，他物稱是。省中有榜，許人告首，隱寄債責等。按「告首隱寄債責」，意即佛蓮之財產，已在他人名下者，限一月內報官。此外，宋代茲喜魯丁，回回人，自撤那威來泉州。於府治前，通淮北街，建清淨寺。置銀燈香爐，田產房舍。天竺僧人囉護哪，至泉州，蕃商以其胡僧，競持金繒珍寶施之。僧乃購地建寺於泉南，即今寶林院。蕃商施那幃，大食人。居泉南，輕財樂施。以西土氣習，建叢塚於泉州城外之東南隅，以掩舶商之遺骸。復有賈胡，建層樓於府學之前，士子以爲病，言之郡。然因此賈，擁貲鉅萬，上下俱賄，莫止誰何！所以，蕃商之富，獲利之豐，於此不難概見。（注二八）

十、蕃商泉州之居地與稱謂

(一)蕃商泉州之居地

前述曾言，蕃商佛蓮、施那幃、時羅巴智力干父子，均寓居泉南。囉護哪，亦建寶林院於泉城之南。故泉之蕃商，多聚居於此。按泉州，南距晉江里許。而其南門，則瀕臨晉江。蕃船旣泊於晉江之北岸，泉州「一城要地」，亦「莫盛於南關」。所以，蕃商聚居於此，可便於貨物之上下清點。因此，泉南者，係指泉州城南，晉江北岸之地區。而非晉江南岸之地區，當屬可信。（注二九）

(二)宋元外商之稱謂

外商宋元時期，每以獠、夷、蕃、胡稱之。故其人、貨、船、居地、組織，乃有「海獠」，「舶獠」，「島夷」，「諸夷」，「南蕃」，「諸蕃」，「蕃人」，「蕃貨」，「蕃舶」，「蕃商」，「蕃行」，「蕃坊」，「蕃長」，「住蕃」，「胡僧」，「胡賈」之謂。凡此，旣輕視，復漫辱，皆天朝心理使然。今日視之，遺禍後世者非淺！（注三〇）

注釋

注一：馬哥孛羅遊記三三六、三三七頁，中西交通史四九頁，中國阿剌伯交通史四九頁。

注二：閩書卷之三十九「版籍志：市舶稅課」，雲麓漫抄卷五「福建市舶司常到諸國舶船」。

注三：島夷志略：「吳鑒行」、「後序」，閩書卷之一百四十六，「島夷志」。

注四：島夷志略。

注五：閩書卷之三十九「版籍志：市舶課稅」。

注六：馬哥孛羅遊記三五七、三六〇、三七四、三九五、四二五、四二七頁，島夷志略四、五、六、七、一二、一六、一七、二四、三三、三四、三五、四五、四六、四八、五二頁。

注七：閩書卷之三十三「建置志：泉州城」，泉州府志卷十一「城池：府治」，大清一統志卷三二八「古蹟：晉江故城」。

注八：同注七。

注九：閩書卷之三十三「建置志：泉州城」，泉州府志卷十一「城池：府治」，讀史方輿紀要卷九十九「泉州府：晉江縣」，欽定大清一統志卷三二八「泉州府、古蹟、晉江故城。」

注一〇：閩書卷之七「方域志：泉州府、天水淮」，卷之三十三「建置志：泉州城」，泉州府志卷十一「城池、府治」，大清一統志卷三二八「泉州府、山川、天水淮」。

注一一：泉州府志卷八「山川、晉江」，大清一統志卷三二八「泉州、山川、晉江」。

注一二：唐宋貿易港研究一三五、一三六夏，閩書卷之三十三「建置志：泉州府」。

注一三：元史卷九十四「食貨志：市舶」，泉州府志卷十二「市舶提舉司」。

注一四：元史卷九十一「百官志：市舶提舉司」，泉州府志卷二十六「文職官上」，蒲壽庚傳九十頁。

注一五：欒郊私語「澉浦市舶司」，元史卷九十四「食貨志：市舶」，大元聖政國朝典章卷二十二「戶部八、市舶」，中國交通史料滙編三一一頁。

注一六：馬哥孛羅遊記三四一、三四二、三四三、三四四頁，中國阿剌伯海上交通史一二〇、一二一、二七五、二七六頁。

注一七：唐宋貿易港研究三四、三五、三六、三七頁，嶺外代答卷三「木蘭舟」、「藤舟」。

注一八：職方外紀卷五「海船」。

注一九：萍州可談卷二「甲令」，東西洋考卷九「舟師考」，職方外紀卷五「海船」。

注二〇：嶺外代答卷三「航海外夷」，西方要紀「路程」，職方外紀卷五「海道」。

注二一：萍洲可談卷二「廣州市舶亭」，嶺外代答卷三「航海外夷」。

注二二：東西洋考卷九「潮汐」。

注二三：嶺外代答卷六「木蘭舟」，島夷志略「龍牙門」，「急水灣」，萍洲可談卷二「甲令」，草木子卷三「永嘉大風」，職方外紀卷五，「海狀」。

注二四：嶺外代答卷六「木蘭舟」，東西洋考卷九「祭祀」。

注二五：蒲壽庚傳十、三八、三九、四十頁，中國阿剌伯海上交通史二三八頁，宋史卷四十七「本紀・瀛公」，晦菴集卷八十九「直秘閣贈朝儀大夫范公神道碑」，新元史卷一七七「蒲壽庚」。

注二六：蒲壽庚傳五二、五三頁。

注二七：蒲壽庚傳六三、六四、六五頁。

注二八：癸辛雜識續集下「佛蓮家貲」，泉州府志卷十六「壇廟寺觀：清淨寺」，諸蕃志卷上「天竺國」，「大食國」，「南毗國」，晦菴集卷九十八「朝奉大夫直秘閣主管建寧府武夷山沖佑觀傳公行狀」。

注二九：中國阿剌伯海上交通史六十六夏，泉州府志卷十一「城池、府治、莊彌邵記」。

注三〇：桯史卷十一「番禺海獠雜居」，諸蕃志卷上「南毗國」，「天竺國」，島夷志卷上「吳鑒序」，萍洲可談卷二「廣州蕃行」，大元聖政國朝典章卷二十二「市舶」，元史卷九十四「市舶」，嶺外代答，卷三「航海外夷」，癸辛雜識續集下「佛蓮家貲」，晦庵集卷九十八「朝奉大夫直秘閣主管建寧府武夷山沖佑觀傳公行狀」，天下郡國利病書第二十六册「福建、洋稅考」。

論元秘史在語言學中之價值

一、前　言

元朝秘史，係以元代華北民間之通俗語言所譯成。故不僅具有高度之史學價值，亦爲語言學中，璀璨之明珠。蓋其保存六百餘年前，華北民間之語言。

元朝秘史，明洪武十五年，西元一三八二年，已有部份譯本。其總譯，則見於永樂六年，西元一四〇八年，完成之永樂大典。按一四〇八年，距今二〇〇七年，爲五九九年。故元朝秘史之總譯，當在六百年前。（注一）

茲就元朝秘史，所保存華北民間之語言，再佐以元人之著作：大元聖政國朝典章，元人雜劇，三國演義，隋唐演義，粉粧樓，水滸傳，以爲旁證，並加注釋，以概見斯時，語言之用詞，語法，乃至與今相較，其演變之情形。至於由蒙文古直譯記音之用詞，如安達，別乞，乞顏等，則不與焉。

按三國演義，隋唐演義，粉粧樓之作者羅貫中，名本，號湖海散人，貫中其字也。太原人，或謂杭州人。與人寡合，編撰小說數十種，明初卒。水滸傳之集撰者施耐菴，字子安，耐菴其號焉。吳郡人，至順元年進士。官杭州，未幾棄去。洪武三年卒，壽七十五。至於謂其「集撰」者，蓋水滸傳，明嘉靖郭勛殘本，萬曆十七年，天都外臣序本，均題爲：「施耐菴集撰、羅貫中纂修。」故上陳著作，均爲元代作品，著者，亦爲元人。（注二）

二、用　詞

下列六百餘年前，華北民間通俗之語言，可分三類。㈠用詞之涵義，今昔歧異者。㈡用詞今已陶汰者。㈢用詞今已少用者。前二者，均錄其出處，並加注釋。後者，因人人易解，故僅錄其出處，而不予註解。至於今仍習用者，則不與焉。

㈠用詞之涵義，今昔歧異者

*1.*索：元朝秘史三頁：「前頭有個女兒，生得好，若不曾嫁人呵，索與弟朶奔篾干爲妻。」二十一頁：「也速該說：我往這兒子母舅，斡勒忽訥氏索女子去。」元曲選甲下八五五頁：「哥哥，我索錢回來了也。」按索，即討、要。

*2.*地面：元朝秘史四頁：「在阿里黑兀孫地面，生了這阿蘭豁阿名字的女兒。」四十四頁：「如今這三種篾兒乞惕脫黑脫阿，在不兀刺客額兒地面裏有。」元曲選一五一八頁：「誰想子胥

不忘舊交，將城池地面，復還於楚。」二九一八頁：「來到這樊城地面。」按地面，即地方。

3.知覺：元朝秘史七頁：「俺這母親，無房親兄弟，又無丈夫，生了這三箇兒子。家內獨有馬阿里黑伯牙兀歹家人，莫不是他生的麼？道說間，他母親知覺了。」按知覺，即察覺。

4.肚皮：元朝秘史七頁：「您不知道，每夜有黃白色人，白天窗門額明處入來，將我肚皮摩挲。」賽徵歌集四二二頁：「罵子介一頓，搶白子介一場，我滿肚皮包盡子個惡氣。」大元聖政國朝典章一四一頁：「行省地裏要了肚皮，覷面皮。有體例人，不行保舉。卻將不應的人，亂行保舉的官吏每根底，交監察廉訪司查知呵，罷了勾當，重要罪過呵。」按肚皮，即肚子、腹部，吃喝賄賂。

5.顏色：元朝秘史十八頁：「那三個人的顏色，好生不善，必害了你性命，你快走去。」二十七頁：「帖木眞兩兄弟，自前自後，將別克帖兒射死。帖木眞、合撒兒，回到家裏，他母親訶額侖，見他兩個孩兒的顏色，心裏覺了。」容與堂本水滸傳二六四頁，「阮氏三雄，如此豪傑，他（按：王倫）便有些顏色變了。雖是口中應答，動靜規模，心裏好生不然。」按顏色，即臉色。

6.休：元朝秘史十九頁：「你哭呵，他也不回頭。蹤跡尋呵，也不得見了。你住聲，休要哭。」三國演義三一五頁：「一將當頭提刀飛馬而來，乃關雲長也。大喝：賊將休走。」西廂記一二一頁：「得官呵，來見我。駁落呵，休來見我。」按休，即別，不要。

7.光景：元朝秘史二十四頁：「眼看看的茶飯不與了，起營時，不呼喚的光景做了也。」隋唐演義四。三、四〇四頁：「我正要問你，那前面是怎樣光景。」全元雜劇外編四、三〇九九頁：「自從與張端甫私奔出來，離我父母，今經可早十年光景也。」按光景，即情況，時光。

8.氣象：元朝秘史二十六頁：「養得兒子每長成了，都有帝王的氣象。」一一九頁：「已是驚得昏了，都爭上高山頂上去，並無廝殺的氣象。」隋唐演義一四三頁：「楊素坐在垂楊下，風神俊秀，相貌魁梧。幾縷白鬚如銀，趁著微風，兩邊飄起，恍然有帝王之氣象。」按氣象，即氣勢、情勢。

9.言語：元朝秘史四十六頁：「合撒兒別勒古台回來，將札木合的言語，對帖木眞說了。」全元雜劇初編一、六四二八頁：「秀才，我奉相公的言語，著張千送酒飯來。」全元雜劇外編四、二四九七頁：「我在酒席間，問他一句，他回我一句，你便依著他的言語，寫的明白著。」按言語，即話。

10.配：元朝秘史四十八頁：「拏不得帖木眞，只得了孛兒帖，將去配與赤列都弟，赤勒格兒力士爲妻。」賽徵歌集一七六頁：「人中龍虎，正好配人中龍虎。」隋唐演義四五〇頁：「一應天文經緯度數，無不明瞭。因此，隋主將他拜爲貴人。後因化及弒逆……。本要落髮爲尼，因楊義臣算他，尙有貴人作配，亨祿終身。」按配，即嫁。

11.面皮：元朝秘史四十九頁：「我聽得兒子每，做了王子。我這裏配了歹人，兒子每行面皮如何見得。」大元聖政國朝典章一四一頁：「近年以來，軍官每並奧魯官，亦將嫡長子長孫，不肯依例保舉。覷面皮，將妾妻兒男，並不應的弟兄每根底，偏向看，亂行保舉。」全元雜劇外編四、二九五三頁：「看俺哥哥面皮，且放你回去。」按面皮，即臉面，面子。

12.省：元朝秘史五十三頁：「那言語我不曾省得，也不曾回他話，特來問母親。」水滸傳六三三頁：「盧俊義道：便是我買賣上不省得，要帶李固去，他須省得。」六六四頁：「你這廝，不知禮義之人，如何省得。」全元雜劇二編二、六〇八頁：「哥哥這些話，我也省的。」按省，即懂。

13.廢：元朝秘史六十五頁：「在前塔塔兒，將我祖宗（按：俺巴孩）、父親（按：也速該）廢了的冤仇有麼道。」一五三頁：「有叔父荅阿兒台，因先曾從王罕，太祖要廢他。孛斡兒出等三人，對太祖說：自的家自壞，如自的火自滅一般。你的父親遺念，只留這個叔父，怎忍廢他。」賽徵歌集六十七頁：「只怕不得功名，家私又廢了。」水滸傳六十三頁：「你這兩個如何把寺來廢了。」按廢，即殺，敗，毀。

14.落後：元朝秘史八十七頁：「桑昆自大著說：俺的女子到他家呵，專一門後向北立地。他的女子到俺家呵，正向南面坐麼道。下覷著，不曾許親，以此成吉思心落後了。」大元聖政國朝典章一六三頁：「忽都魯不見跟隨車駕，前來上都。擅自落後，亦不見供報曹狀，乞定奪……。無故落後官員，驗實日，全刋俸祿。」按落後，即心情沮喪，逾期曠職。

15.氣力：元朝秘史一〇五頁：「如今教死呵便死，恩賜教活呵，出氣力者。」一六六頁：「拙赤說：察阿歹已說了，俺二人並出氣力，教斡歌歹承繼者。」水滸傳五四五頁：「我也多曾在山寨出氣力，他又不曾有半點之功。」大元聖政國朝典章一四五頁：「造下的水弓、皮袋、緞匹……等物將來者，軍的氣力用麼道。」按氣力，即效命，出力。

16.皮膚：元朝秘史一二〇頁：「荅亦兒兀孫，將他忽蘭名字的女子，獻與成吉思。來時，路間被亂兵所阻當……。成吉思因納牙留了三日，大怒著說，仔細問了，號令他。問間，其女子忽蘭說：納牙曾說我是皇帝的大官人……。若皇帝恩賜呵，天命父母生得皮膚全有，問我皮膚便了。」按皮膚，即身體。

17.斷：元朝秘史一二八頁：「百姓每分家財的事，你科斷者。凡斷了的事，寫在清册上。」元曲選四七九九頁：「一行人聽我下斷，鄭州太守蘇順，刑名違錯，革去冠帶，永不敘用。」水滸傳三〇三頁：「你卻快央人去，只囑葉孔目，要求他早斷出去，便可救得他性命。」按斷，即裁決，判決。

18.帳房：元朝秘史一四五頁：「若有急事來說，先見宿衛，一同來帳房後說者。」全元雜劇外編曲四、二五五二頁：「俺正在帳房裏，喫燒酒耍子，元帥呼喚，不知有甚事。」按帳房，即蒙古包，或處理錢財之房間。

19.中：元朝秘史一六六頁：「太祖說：斡歌歹既如此說，中也者。」一八二頁：「可教察乃、畏吾兒台兩個，去踏驗，中做營盤的地方，教穿井者。」全元雜劇初編一、五五二八頁：「搽旦：

你再喫一鐘，我也喫一鐘。正末：這事不中，喚俺哥哥來。」水滸傳二四七頁：「只怕奴家做得不中乾娘意。」大元聖政國朝典章一四三頁：「主簿、錄事，司錄判，掌管錢糧捕盜勾當，減去呵，不中也者。」按中，即好，可以。不中，即不好，不合，不可以。

20. 惱：元朝秘史一七九頁：「會諸王做筵席，於內我年長些，先喫了一二盞。不里、古余克兩個惱了，不曾筵會成。」元曲選五三三九頁：「但飲酒，只說酒中事。怎又傷我的心，著我心下惱。孫權云：妹子，你惱做甚麼？」全元雜劇外編四、三〇七七頁：「爲私情一念差錯，把相公心情激惱。」按惱，即怒，生氣。

㈡用詞今已陶汰者

1. 後生：元朝秘史二頁：「他有一箇家奴後生，名孛羅勒歹速牙勒必。」元曲選五五〇頁：「我是個後生家，我兩隻腳，伴著四個馬蹄子走……。走不到五里地面，早肚裏饑了。」全元雜劇二編二、一一三六頁：「我幾曾見禁持妻子，這等無徒輩。更和這不養爺娘的，這一等謊後生。」按後生，即青年。

2. 叢：元朝秘史三頁：「自那山上，望見統格黎名字的河邊，有一叢百姓行將來。」元曲選二一〇六頁：「我將這星辰再整，乾坤來扶定。我只索去那虎狼叢裡，覓前程。」按叢，即群。

3. 生得好：元朝秘史三頁：「那一叢起來的百姓裏頭，有一個黑車子，前頭有一個女兒生得好。」全元雜劇初編一、一七六七頁：「劉員外女孩兒，要招女婿，結起彩樓，拋繡球兒，則說那小姐生的好……，俺走一遭出來。」按生得好，即漂亮。

4.上頭：元朝秘史九頁：「孛端察兒因無喫的上頭，見山崖邊，狼圍住的野物，射殺了。」大元聖政國朝典章八十一頁：「軍站民匠管著的官人每，不用心撫治，率歛錢糧，無體例橫斜差役的上頭，百姓每生受。」按上頭，即這種事情，或原因。

5.頭哨：元朝秘史十一頁：「兄弟每商量了，教孛端察兒做頭哨。」一六七頁：「太祖命失吉忽禿忽做頭哨，與札剌勒丁對陣，敗了。」按多桑蒙古史上册一二七頁謂：此一戰役，失吉忽禿忽統兵三萬人。全元雜劇外編四、二七七六、二七七七頁：「張伯英……你領五千軍馬，爲右哨，看計行兵……。劉光世……你領兵五千，爲後哨，看計行兵。」按頭哨，即先鋒，或先遣之巡邏搜索之人員。大部隊，更有左哨，右哨，後哨，人員亦衆。

6.頭口：元朝秘史十一頁：「那其餘百姓，他兄弟五個，都虜將回來了。因這般，頭口也有，茶飯使喚的都有了。」八十五頁：「又將王罕在帖列格禿口子行的，一半百姓頭口，也虜將去了。」元曲選五五七頁：「我如今且替他籠住那頭口兒。」五一二八頁：「這是喂頭口的草料，怎生與小生喫？」水滸傳七一七頁：「此人善能相馬，得知頭口寒暑病證，下藥用針，無不痊可。」按頭口，即牛羊馬家畜。

7.有來：元朝秘史十三頁：「孛端察兒在時，將他做兒，祭祠時，同祭祠有來。」五十三頁：「札木合安答，人曾說他，好喜新厭舊有來。」大元聖政國朝典章九十六頁：「若是實呵，他的罪過，依著詔書裏，免了差錯的勾當，在先這改正行有來。」一二四頁：「在先福建遷調官員有來。」按有來，即強調確有其事。

8.常川：元朝秘史十三頁：「在家常川有阿當合兀良合歹人氏的人往來，莫敢是他的兒子，祭祀時，逐出去了」按長川，即經常無間斷。

9.大金家：元朝秘史十七頁：「俺巴孩將女兒嫁與他，親自送去。被塔塔兒拏了，送與大金家。」金元雜劇外編四、二七七三頁：「俺這裡一箇箇，千戰千贏，都待要捨殘生，補報朝廷。俺俺俺，直殺的潑匈奴，鬼哭神嚎。大金家，人亡馬薨。」按大金家，即對金朝之尊稱。

10.每：元朝秘史十七頁：「我是衆百姓的主人，爲親送女兒上頭，被人拏了，今後以我爲戒。你每將五個指甲磨盡，使壞十個指頭，也與我每報仇。」大元聖政國朝典章八十九頁：「臺裏外官人每，監察每，各道廉訪司官人每，各自省得的勾當有呵。」全元雜劇初編一、三七六二頁：「和我那一般老相識朋友每，我也閒快活幾年。」按每，即們。

11.有顏色：元朝秘史十八頁：「也速該把阿禿兒，望見那婦人，生得有顏色。隨即走回家去，引他哥哥捏坤太子，弟答里台斡惕赤斤來了。」全元雜劇初編一、一六六頁：「這裡有箇女人，乃是譚記兒，大有顏色。」全元雜劇二編二、九二〇頁：「一箇好女子也，生得十分大有顏色，使小生蚤魂不附體也。」按有顏色，即漂亮。

12.好生：元朝秘史十八頁：「那三個人的顏色，好生不善，必害了你性命，你快走去。」二十四頁：「也速該想帖木眞，好生心疼，教我來取。」水滸傳一四六頁：「阮氏三兄弟，見晁蓋人物軒昂，語言酒落……，三兄弟好生喜歡。」五〇六頁：「一丈青扈三娘，使兩口日月刀，好生了得。」元曲選五五六頁：「他兩個在俺家裏使錢，我要一奉十，好生撒鏝。」按好生，即很。撒鏝即揮霍，大方。

13.做筵席：元朝秘史十九頁：「將忽圖剌立做了皇帝，就於大樹下做筵席。衆達達百姓喜歡，繞這樹跳躍。」二十三頁：「也速該回去，到扯克扯兒地面，遇著塔塔兒每做筵席。因行得饑渴，就下馬住了。」元詩選四四九一頁：「今日是會新親，待客做筵席。倒准備著長休飯，永別杯。」按做筵席，即宴會。

14.麼道：元朝秘史二十四頁：「也速該死了，我的兒子，怕長不大麼道。」四十三頁：「將我妻子每，擄著要了。皇帝父親，怎生般將我妻子救與麼道。」大元聖政國朝典章八十一頁：「各自委付著的勾當裏，用心向前行者麼道。」九十一頁：「在後立按察司時分，有水旱災傷，田禾不收呵，體覆來。後頭漸漸，不問大小勾當，教俺體覆，其間多有窒礙麼道。」按麼道，即啊。

15.起營：元朝秘史二十四頁：「眼看看的茶飯不與了，起營時不呼喚的光景做了也。」全元雜劇外編四、七五八頁：「主公到來日，拔寨起營，擒拏彭寵，走一遭去也。」四、二七四四頁：「鐵罕云：某同粘罕，與大宋家交戰，走一遭去。大小衆番軍，今朝便起營。」粉粧樓二四三頁：「擺齊隊伍，搖旗吶喊，放炮起營，一齊動身去了。」按起營，蒙古部衆，或軍隊攜帶駐地之一切裝備出發。

16.營盤：元朝秘史二十五頁：「論來呵，可將這母子每，撇下在營盤裏，休將他行。」三十三頁：「有個青海子，做營盤，住其間，打捕土撥鼠野鼠，喫著過活了。」隋唐演義五六六頁：「行不幾日，到了沛縣，只見他們擺著許多營盤，在城外把守。」粉粧樓二七二頁：「不若安下營盤，待天色明了，一同前去。」按營盤，即蒙古部族之駐地，或軍營。

17.伴當：元朝秘史二十六頁：「譬諭說道，除影兒外無伴當，除尾子外無鞭子。」二十八頁：「泰亦赤兀惕乞鄰勒禿黑……，領著伴當來看。帖木眞母子每，見他每來，心上畏怕。」元曲選四二六頁：「王府尹云：張千，另著兩個老成的伴當，同小姐九龍池上賞楊家一捻紅。」三國演義五頁：「人報有兩個客人，引一夥伴儅，趕一群馬，投莊上來。」按伴當，即同伴，僕從。

18.怎生：元朝秘史二十八頁：「泰亦赤兀惕兄弟每苦，受不得，仇怎生般報得。思想間，您怎生過了。」全元雜劇初編一、四三六七頁：「莫不我，儘今生，寡鳳孤鸞運。你可也曾忖量，問山人，怎生的，不揀擇箇，吉日良辰。」元曲選五四四八頁：「發言發語，只要撚我出門去。我是個頂天立地的男子漢，怎生受得。一口氣出了他門，不覺又是二十多日。」大元聖政國朝典章九〇頁：「不謹愼的，交廉訪司官體察呵。怎生奏呵，奉聖旨那般者。」按怎生，即如何，怎樣。

19.溜道：元朝秘史三十頁：「又入斡難河水的溜道裏，仰臥著。身在水裏，但露出面來。」

按溜道，即流動之河水，或可供較長下滑之處。

20.濟：元朝秘史三十五頁：「我不要你的，若要你的呵，與你做伴來的，濟甚事。」全元雜劇初編一、五二一九頁：「娘娘，不濟事了。六軍心亂，寡人自不能保。」水滸傳七一五頁：「朱仝聽得，目視雷橫說：一個不濟事，我們兩個同去夾攻。」按「濟甚事」，即有甚麼用。「不濟事」，即沒有用。故濟，即用幫助。

21.下營：元朝秘史四十八頁：「我尋的人，已自得了。咱每夜裏且休行，可就這裏下營。」七十四頁：「成吉思遂於此地下營。」粉粧樓二七一頁：「鳴金收兵，安營札寨。」隋唐演義五〇一頁：「他們下寨在貓兒村。」按下營，即軍隊駐宿。亦稱安營、札營、下寨。

22.這般：元朝秘史四十八頁：「孛兒帖兀眞，行救將來的緣故，是這般。」五十一頁：「帖木眞、札木合……，兩次做了安答的緣故，是這般。」元曲選六〇六頁：「好是奇怪，這菴中必定有私情的事。則除是這般我來了，姑姑休要點燈。」大元聖政國朝典章九十一頁：「百姓爲飢荒的上頭，流移的來江南……。千百成群……，不早拯治呵，似這般以後越聚的多了。」按這般，即這樣。

23.那般：元朝秘史五十二頁：「但凡做按答，便是一個性命般，不相捨棄……。相親愛的道理，是那般。」大元聖政國朝典章九十頁：「奉聖旨，臺家勾當其間，阿沙不花休胡說。臺官人每的言語，是有那般行者，欽此。」元曲選二九二七頁：「你這般模樣，那般伎倆，還待要強誇張。」按那般，即那樣。

24.快活：元朝秘史五十六頁：「你若做國的主人呵，怎生教我快活？」歌林拾翠九〇四、九〇五頁：「他把咱來相招，引入窠巢。日日花朝，夜夜元宵。樂樂滔滔，快活逍遙。」賽徵歌集十三頁：「來，我問你兩箇……，今日如何這般快活？」元曲選四五五五頁：「你有錢，你學老子這等快活受用。」按快活，即快樂。

25.不揀：元朝秘史五十六頁：「再國土裏美好的女子，由我揀選三十箇爲妻。又不揀說甚言語，都要聽我。」大元聖政國朝典章八十一頁：「監察每，廉訪司官每，體察出來的勾當，問的其間，不揀誰，休阻壞者。」水滸傳八十七頁：「老漢家中，也頗有些過活。便取了我女家去，並錦兒，不揀怎的，三年五載，養贍得他。」按不揀，即不論，不問。

26.廝殺：元朝秘史六十二頁：「札木合因爲射殺他弟給察兒，領著他一種，并十三部，共三萬人……，要與成吉思廝殺。」元曲選五二三頁：「則今日便登程，直到王京。常言道，廝殺無如父子兵。」水滸傳五九七頁：「俺等初到此處，不宜逼近下寨。且退二十里，明日卻再來廝殺。」按廝殺，即兩軍戰鬥。

27.對陣：元朝秘史六十二頁：「於是他們的十三圈子內，也起了三萬人，迎著札木合，到答蘭巴勒主惕地面對陣。」一六七頁：「與札剌勒丁對陣，敗了。」元曲選一四七〇頁：「若是楚昭公，用那費無忌老頭兒對陣，也不消伍相國費力。」按對陣，即兩軍對峙，或列陣交戰。

28.屯札：元朝秘史六十二頁：「成吉思被札木合推動，退著，於斡難河哲列捏地面屯札。」水滸傳六五六頁：「宋江……隨即奪了槐樹坡小寨，當晚聞達直奔飛虎峪，計點軍兵，三停去一，宋江就槐樹坡寨內屯箚。」元曲選五四八八頁：「他今擁兵四十萬，屯箚九江。」隋唐演義五六八頁：「我既歸降，自當同你到京面聖，兵馬且屯札睦州再處。」按屯札，即軍隊安營屯駐。

29.廝打：元朝秘史六十四頁：「太祖不聽，將樹折折，又抽出撞馬乳的木椎廝打，把主兒勤勝了。」元曲選二九六〇、六一頁：「爲我平生，性子懆暴，路見不平，便與人廝打，常惹下事來。」水滸傳四十三頁：「你兩個要打酒家，俺便和你廝打。」按廝打，即打架，對打。

30.跟腳：元朝秘史六十六頁：「太祖軍在塔塔兒營盤裏時，拾得個小兒，鼻上帶一箇金圈子……，訶額侖說：必是好跟腳人的兒子。」大元聖政國朝典章一三〇頁：「承替人員，開具伊父入仕跟腳。曾無請俸，相視老弱。有無妨礙執役，承替緣由。」按跟腳，即家世，出身。

31.中軍：元朝秘史九十二頁：「教咱只兒斤勇士合答黑吉衝他者，隨後再教……，以次應援。最後，仍教咱大中軍衝者。」一四三頁：「通計護衛的一萬，成吉思說：這些做我護衛的人，以後教做大中軍者。」水滸傳五四六頁：「中軍主帥朱公明、吳用，並朱仝……十個頭領，部引馬步軍兵三千策應。」三國演義一九九頁：「轅門，離中軍一百五十步。」按中軍，即部隊之主力，發號施令之所，主帥所在之地。

32.先鋒：元朝秘史九十三頁：「我做先鋒，久後將我孤兒抬舉。」元曲選一四七〇頁：「著孫武爲軍師，相國爲先鋒，統領四十萬雄兵，與他交戰去。」全元雜劇外編四、二四四〇頁：「我是元帥，你父子三人，是前部先鋒。可不道先鋒，到處先行。」水滸傳五四六頁：「煩請林沖……十二個頭目，部引馬步軍兵五千，作前隊先鋒。」按先鋒，即軍隊之先遣部隊。大兵團，曰前衛。小部隊，曰尖兵。

33.白身：元朝秘史一一二頁：「選護衛時，於千百戶幷白身人內子弟，有技能，身材好者充之。」大元聖政國朝典章一二八頁：「腹裏江南，白身的人每，虛揑著怯薛，詐冒著籍貫姓名，作弊欺誑朝廷，受了宣敕。」水滸全傳校注一三八八頁：「只把宋江封爲先鋒使，又不曾實授官職，其餘都是白身人。」三國演義八頁：「卓問三人現居何職，玄德曰：白身。卓甚輕之。」按白身，即無功名、官職。

34.大勾當：元朝秘史一二〇頁：「將納牙放了，就說此人至誠，以後大勾當裏，可以委付。」大元聖政國朝典章八十三頁：「大勾當有呵，奏請來者。小勾當有呵，他每依著體例，就斷者。」全元雜劇初編一、五五〇六頁：「你喚我有甚麼勾當。」按大勾當，即重大事務，工作。

35.老營：元朝秘史一二二、一二三頁：「成吉思也回至老營……，先投降的蔑兒乞的，在老營內反了，被營內家人戰勝。」粉粧樓二六八頁：「忙下令道：二路先鋒前去搶關，三隊人馬接戰，本帥自衝他老營。」按老營，即久駐之營地。祖居之住宅，亦稱老營。

36.選揀：元朝秘史一四六頁：「九十五千戶內，選揀的人，做我貼身的萬護衛。久後我的子孫，將這護衛的……，好生抬舉。」大元聖政國朝典章一五〇頁：「將係籍醫戶，並應有開張藥舖，行醫貨藥之家，子孫弟侄，選揀堪中一名，赴藥局。」按選揀，即選擇，挑選。

37.窮絕：元朝秘史一四八頁：「初命者別，追古出魯克。追至撒里黑崑地面，將古出魯克窮絕了回來。」按窮絕，即滅絕，趕盡殺絕。

38.生受：元朝秘史一五〇頁：「我兒子中你最長，今日初出征，不曾教人馬生受，將林中百姓都歸附了。」大元聖政國朝典章七十三頁：「近年省裏的勾當繁冗，不能守著紀綱。從朝至暮，押文書有。爲那一般的上頭，大勾當法度廢了，百姓每生受。」全元雜劇初編一、一三四頁：「指望你，鰥寡孤獨，無捱無靠，母子每到白頭。公公，你爲他，千生受。」按生受，即吃苦受罪。

39.官人：元朝秘史一五三頁：「太祖於訶額侖母親，幷斡惕赤斤處，與了一萬百姓，委付了占出等四個官人。」大元聖政國朝典章七十三頁：「古時委付官人每呵，各有管的勾當。」全元雜劇外編四、三一五七頁：「我做官人實是妙，告狀來的則要鈔……，小官本處縣官是也。」水滸傳三一九頁：「原來只是陽穀縣一個破落戶財主，就在縣前開個藥舖……，人都稱他做西門大官人。」全元雜劇外四、二九四九頁：「他正是潑皮的頭兒，我叫賣傘的去。官人，門首有個人，問你買傘里。」水滸傳二六六頁：「劉唐又下了四拜，宋江喚量酒人來道，有此位官人，留下白銀一兩在此，我明日卻來算。」按官人，即官員，亦爲對富人，來往客商之尊稱。

40.科歛：元朝秘史一六一頁：「蒙恩賜時，將俺地面所產駱駝，毛段子，鷹鶻，常進貢皇帝。

說罷，遂將本國駝隻科斂。」大元聖政國朝典章五十六頁：「差科，皆用印押公文。其口傳言語科斂者，不得應副。違者，所取雖公，並須治罪。」按科斂，即徵稅，徵收。

41. 城池：元朝秘史一六四頁：「至女真，其主亦降。其餘城池，悉來歸附。」元曲選五〇一七頁：「我正要看洛陽城池，如今領百十騎人馬，同段志賢打探，就觀看洛陽城去。」全元雜劇外編四、七六一頁：「鄧禹云：主公今日拏住彭寵也，有吳將軍獻了城池也。」水滸傳七〇六頁：「梁山泊宋江這夥好漢，不是好惹的。但打城池，無有不破。」凡其地有城垣，護城河，有城有池，故謂之城池。

42. 發熱：元朝秘史一七二頁：「成吉思墜馬跌傷……，次日，也遂夫人對大王并衆官人說：皇帝今夜好生發熱。」粉粧樓四十三頁：「哪知羅焜一路上，受了多少風霜，到半夜裏，頭痛發熱，遍體酸痳。」水滸傳六六九頁：「次日，只見朱江神思疲倦，身體發熱，頭如斧劈，一臥不起。」按發熱，即發燒。

43. 折證：元朝秘史一七三頁：「差人對唐兀惕主不兒罕說：你曾說要與咱做右手，及我征回回，你卻不從，又將言譏諷我。如今我已取了回回，我與你折證前言。」賽徵歌集二四七頁，「三年曾結盟，百歲圖歡慶。記得溪邊，兩下親折證。聞君滯此身在吳庭，害得我心兒徹夜疼。」元曲選五二三頁：「揀一個清耿耿，明朗朗官人每告整，和那害民的賊徒折證。」按折證，即向對方理論。

44.不便當：元朝秘史一八二頁：「諸王駙馬等聚會時，每每於百姓處科歛，不便當。可教千戶每，每年出騍馬，幷牧擠的人，其人馬依時，常川交替。」按不便當，即不方便。

㈢用詞今已少用者

⑴緣故：元朝秘史五頁：「朶奔篾兒干，取了阿蘭豁阿爲妻的緣故，是這般。」水滸傳三一七頁：「武行者大叫：俺裏婆娘出來，我不殺你，只問你個緣故。」元曲選五四四九頁：「只爲杜蘂娘，他把俺赤心相待，時常與這虔婆合氣，尋死尋活，無非是爲俺家的緣故。」

⑵撇下：元朝秘史五頁：「他的四箇孩兒，將叔叔朶奔篾兒干，不做叔叔看待，撇下了他，自分離起去了。」全元雜劇初編一、五三七七頁：「我依舊享榮華富貴，則是撇下一雙兒女……，好傷感人呵！」

⑶使喚：元朝秘史六頁：「朶奔篾兒干將鹿一隻後腿的肉與了，將那人的兒子，換去家裏做使喚的了。」全元雜劇三編三、二五一一頁：「哥哥，你使喚我，怎敢不依隨。」元曲選七九六頁：「呀！是一個人。敢是家中使喚的保兒，這廝每少吃些酒麼，這裏睡倒。」水滸傳六七三頁：「要殺使喚的時，原來廚刀不甚快，砍了一個人，刀口早捲了。」

⑷家私：元朝秘史八頁：「兄弟五個的家私……，四個分了。見孛端察兒愚弱……，不曾分與。」元曲選八八九頁：「您孩兒想來，家私裏外，早晚索錢，少一個護臂。」全元雜劇外編四、三一三七頁：「俺嫂嫂有箇兄弟是孫榮，他……則在我家喫飯，早晚家私裏外，多虧了這個人。」

隋唐演義一四八頁：「忝先人遺下些薄產，連年因水災旱荒，家私日廢。」

(5)猛：元朝秘史十四頁：「巴魯剌台，因他的身子大，喫茶飯猛的上頭，做了巴魯剌姓氏。」

(6)不善：元朝秘史十八頁：「那三個人的顏色，好生不善，必害了你性命，你快走去。你若有性命呵，似我這般婦人有也者。」

(7)養活：元朝秘史二十六頁：「訶額侖好生能事，拾著果子，撅著草根，將兒子每養活了。」全元雜劇外編四、三一三七頁：「你哥哥娶你嫂嫂來，不曾娶孫榮來，怎麼我家養活他。」元曲選一八一〇頁：「你養活著那驢子做甚麼？卜兒云：那驢子我養活著他，與我耕田耙壠。」

(8)怪了：元朝秘史二十八頁：「如此，將老人每的言語引證著，將他兒子每怪了。」元曲選四八八頁：「小姐你便權休怪，梅香你便且莫焦，今日可便輪到我粧么。」全元雜劇初編一、五五一八頁：「姐姐，休怪我來遲了也。」水滸傳六一九頁：「二位壯士，其實休怪，臨敵之際，不如此不得。」

(9)任誰：元朝秘史三十二頁：「將帖木眞枷開著燒了，於他後面盛羊毛的車子裏藏了。分付他合答安名字的妹子看著說，任誰行休對他說。」

(10)打發：元朝秘史三十二頁：「與了馬孄子，更與了一張弓，兩隻箭，不曾與他火鐮，這般打發教去了。」全元雜劇外編四、二九三二頁：「鄭恩兄弟，隨後打發房宿飯錢。我先去前村，等候咱趙大郎也。」水滸傳一四四頁：「如今那官司……，但一聲下鄉村來，倒先把好百姓家的，豬羊雞鵝盡都吃了，又要盤纏打發他。」

⑾作伴：元朝秘史三十四頁：「孛斡兒出說：我旣你作伴來了，如何我這裏立。一同跑著馬入去，將馬趕出來了。」水滸傳五十頁：「不覺天色已晚，趕不上宿頭。路中又沒人作伴，那裏投宿是好。」一五二頁：「你三人和他做伴去，一路上，早起，晚行，住歇，都要聽他言語。」

⑿爽利：元朝秘史三十四頁：「行了三宿，那一日清早，路上多馬群中，見一個爽利後生，擠馬乳。」隋唐演義三三四頁：「程知節道：愁他則甚，等他們來時，爽利混殺他娘一陣。」水滸傳三十一頁：「你也借些出來與洒家，李忠去身邊摸出二兩來銀子。魯提轄看了，見少，便道：你是個不爽利的人。」四四五頁：「當李逵拽札得爽利，只跨一口腰刀……，別了衆人，便下山來。」

⒀根前：元朝秘史四十頁：「將明時，迎著前面，有一火軍來到根前。問說：甚麼人。」全元雜劇初編一、四四二九頁：「我跟前所生孩兒，叫做壽郎。」大元聖政國朝典章七十四頁：「如依前推調著，不與決絕。或是違著體例，理斷不當，致令百姓告呈呵，他們根前要罪過。」

⒁定奪：元朝秘史四十三頁：「我這裏起二萬軍馬做右手，教札木合起二萬軍馬做左手，相約會的日子，教札木合定奪來。」全元雜劇外編四、三二二四頁：「饒你深山更深處，到頭總屬帝王家。如今小官只得還朝，奏聖人另行定奪。」大元聖政國朝典章九十頁：「若令廉訪司，體覆是實，以憑定奪，似爲不致詐冒。」

⒂整治：元朝秘史七十二頁：「將百姓起了，渡過斡難河，整治軍馬，侯成吉思來對陣。」大元聖政國朝典章八十九頁：「中書御史臺官人，衆人商量，他們無體例，不便的勾當，當續續的整治行者這般，宣諭了。」

⒃開豁：元朝秘史七十四頁：「我正乾渴，你又捨命尋將酪來與我吃，使我心內開豁。」水滸傳三六四頁：「滿縣人見拿得宋江，誰不愛惜他！都替他去知縣處告說討饒……。知縣自心裏，也有八分開豁他。」

⒄殘害：元朝秘史七十九頁：「王罕心性惡，將兄弟每，都殺戮盡。自家百姓，又被殘害。」水滸傳六八三頁：「柴進和蔡福，到家中收拾家資老小，同上山寨。蔡福道：大官人可救一城百姓，休教殘害。」元曲選一〇二五頁：「我但有那勒喉嚨，抹嗓子，裙刀摟帶，就在這，受官廳，自行殘害。」二九一八頁：「如今又差著孩兒費得雄，詐傳父王之命，賺你還朝，暗行殘害。」

⒅倚仗：元朝秘史八十七頁：「帖木眞與乃蠻塔陽，使臣往來通話。他口裏雖說父子，動靜卻恁，莫還倚仗他麼！」全元雜劇外編四、二七六二頁：「金家倚仗他，人強馬壯，將中原鬧。欺負俺，兵微將寡，先鋒老。倚仗他，弓勁劍利，多糧草。」全元雜劇初編一、三〇二二頁：「你娘呵，則是倚仗著你。」一、三七五四頁：「去他爹娘家裡，守服去了。一來倚仗他爹娘家裡，二來與人縫補綻洗衣。」

⒆抬舉：元朝秘史九十三頁：「忽亦勒荅兒說：我做先鋒，久後將我孤兒抬舉。」全曲選一〇

八〇頁：「你這雙兒女，就擡舉的成人長大。」全元雜劇外編四、三二六九頁：「想小官幼年間，父母雙亡，若不是我姐姐、姐夫，擡舉的我成人，豈有今日。」水滸傳五六七頁：「二處離此不遠，這兩個知府，都是我哥抬舉的人，教星夜起兵來接應。」

⒇打圍：元朝秘史九十六頁：「兀魯兀惕忙忽惕，領一千三百，河東邊起了，就打圍著做行糧。」全元雜劇初編「風光好」十一頁：「陶穀尚不知道，我今日推往郊外打圍。就湖山堂上排宴，著人請陶學士去了。」全元雜劇外編四、二五五三頁：「俺正在後山打圍，場中喫荅剌孫米罕耍子。有元帥呼喚，不知有甚麼事。」

(21)不中用：元朝秘史一〇〇頁：「你每全倚仗著帖木眞，無帖木眞呵，便不中用。」全元雜劇初編一、三九七一頁：「正末：大嫂，你熬些粥湯來我喫。旦：下次，小的每快熬粥湯去。正末：大嫂你自己去，下次，小的每不中用。旦背云：我理會的了。」水滸傳四十五頁：「待詔道：師父，肥了，不好看，又不中使。依著小人，好生打一條六十二斤的水磨禪杖與師父。」

(22)拴：元朝秘史一一七頁：「札木合說：是我帖木眞安荅，用人肉養的四個狗，曾教鐵索拴著。」全元雜劇二編二、六〇四頁：「來到這汝陽鎭，一箇酒店兒。我買兩鍾酒喫，拴了馬者。」容與堂本水滸傳七一八頁：「著四個頭領，騎四匹快馬，把一丈青拴了雙手，也騎一疋馬，連夜……交與我父親宋太公收管，便來回話。」

(23)收捕：元朝秘史一二四頁：「乃蠻、蔑兒乞的，被成吉思收捕之後，札木合在乃蠻處百姓，也被陷了。」大元聖政國朝典章一二五頁：「忠顯校尉武岡路總管府判官，至元二十六年四月，收捕草賊，相殺中傷陣亡。」水滸傳一九五頁：「梁山泊好漢，十分英雄了得，無人近傍得他，難以收捕。」

(24)耳目：元朝秘史一二八頁：「你與我做耳目，但凡你的言語，任誰不許違了。」隋唐演義七六六頁：「力士爲上皇耳目，當圖去之。更須官家等，使之莫要常與上皇相見。」粉粧樓六十一頁：「小姐聞言，怒道：他這是掩飾耳目，瞞混親友。」南村輟耕錄九頁：「我天子以女（按，女）賢，故擢居耳目之官」。

(25)提調：元朝秘史一四七頁：「內裏的房子，車兩，旄纛，生熟飲食，器皿等物，宿衛的提調者。」大元聖政國朝典章九十頁：「在後奏了革罷了，那般衙門，各處添了兩員簽事，交廉訪司官，提調著行來。」

(26)揪：元朝秘史一六五頁：「他是篾兒乞種帶來的，俺如何教他管。纔說罷，拙赤起身將察阿歹衣領揪住說：父親不曾分揀，你敢如此說。」水滸傳五十六頁：「卻教一個胖大和尚，躲在他女兒床上。我卻不提防，提起帳子摸一摸，喫那廝揪住，一頓拳頭腳尖，打得一身傷損。」

(27)分付：元朝秘史一七五頁：「依成吉思遺命，立斡歌歹做皇帝。將成吉思原宿衛護的一萬人，幷衆百姓每，就分付了。」全元雜劇外編四、三〇七七頁：「夫人云：王懷我分付你，咱若是趕上小姐，休要勒殺了，放他逃性命走了罷。」全元曲選四六九七頁：「張千云：相公分付，好生打扇哩。」

三、結　語

元朝秘史，既保存衆多，華北民間之語言。而元雜劇，章回小說中，則更爲豐富。如短路，即攔路搶劫。勒掯，即向親友要錢等。故如有方家，詳加整理，俾以概見六百餘年前，華北民間語言之全貌，則拙作，拋磚亦可引玉也。

注　釋

注　一：元朝秘史新序三十五頁、三十八頁、四十五頁。

注　二：元人傳記資料索引七四六頁、二〇八六頁。水滸全傳校注三頁。

秋澗集爲元代書畫史中之瑰寶

王惲，字仲謀，號秋澗，衛之汲郡人。雖生當金元亂世，幼年即刻意墳典，兼以嘗受業於元遺山，王鹿菴，姚雪齋，楊紫陽，劉神川，故學養深厚，尤嫺詩文，復善書畫。惲嘗三除翰林，五任風憲。所著甚豐，有汲郡志十五卷，相鑑五十卷，秋澗集一百卷行世。

秋澗既善書畫，爲時人所重。且曾詳閱，南宋宮廷，北輸大都，書畫之珍品，復因宦遊四方，廣覽民間收藏之精品。故其鑑賞既豐，記載亦富。洵爲元代書畫史中之瑰黃，大有助于元代藝術史之研究。

㈠王惲所見之歷代名家墨寶及其書法之造詣

秋澗幼嗜書法。

卷三十八「蘭亭路刻記」：「予自稚年，留心翰墨。」

卷三十八「御史箴後記」：「予性僻而好古，於書學嗜而不厭。故所欲見者，每每如意，老而彌篤。

豈歐陽子謂：物聚於好然耶！」

此或造因于乃父頗善書法。

卷四十九「南鄘王氏家傳」：「先君……又善尺牘，作眞行書，勁韻有風格。」

而其幼年，又嘗以書法，深爲劉房山所嘉許故也。

卷七十二「題張嘉貞北岳廟碑」：「余少時，喜作擘窠大字，書出師表于屋壁。房山劉先生過而見之，顧謂家府曰：毋令輟學，後當成名家。」

是以，一生對於碑帖，每多方營求，收藏甚豐。而於顏魯公之碑帖，則爲尤盛。

卷四十一「顏魯公書譜序」：「昔蒲陽鄭樵，嘗集公代有金石刻，得七十有五。予之耳聞目睹，洎有其名，而亡其書者，得六十有二。備錄家藏，實有五十有一。只以憺僻酷愛，營求三十年之久，所得如是。」

兼以，又嘗讀南宋宮藏名碑帖一百四十七幅。

卷四十一「書畫目錄序」：「十有八年，當至元丙子春正月，江左平。冬十二月，圖書禮器，並送京師……，尋詔許京朝士假觀……。遂與左山、商台符，叩閽披閱者竟日，凡得……書字一百四十七幅，畫八十幅。」

博右圖三十卷。

卷四十一「博古要覽序」：「予性澹癖，無他嗜好，獨於古彝器，愛而不置，雖選次必摩娑瞪視，辨其銘欵，爲何代物……。十四年，余入翰林四十有七日，侍左丞相耶律公於玉堂，坐間出宣和博古圖三十卷示予，因假以歸……。篆籀之古而不苛，六章之雅而不迫，取物象形，垂傲萬世，其文法深且遠矣！」

故其一生，所見之名家碑帖，多達二百四十餘幅。

按惲所見之名家碑帖，除前述南宋宮藏之一四七幅，家藏之顏眞卿碑帖五十一幅外，尚有見諸民間珍藏之碑帖四十九幅（事見卷七十一至七十三之題跋中），故總計二百四十七幅。

凡四十餘家。

(1)蔡邕一幅：卷七十一「跋蔡中郎隸書後」。按邕字伯偕，東漢陳留圉人，建寧中，拜中郎，工詩文，善書法，有蔡中郎集行於世。（御定佩文齋書畫譜卷二十二、書家傳一）

(2)張嘉貞二幅：卷七十一「跋張嘉貞書」，卷七十二「題張嘉貞北岳碑後」。按嘉貞，猗氏人，以字行，唐開元中，拜中書令，新舊唐書有傳，以書法名於時（新唐書本傳）。

(3)孫過庭一幅一譜：卷七十一「跋孫過庭書」，卷七十二「跋孫過庭書譜」。按過庭，字虔禮，唐陳留人，官至率府參軍錄事，好古博雅，得名翰墨間。作草書，咄咄逼羲獻，尤妙於用筆。儁拔剛斷，出於天材，非功力積習所至（宣和書譜）。

(4)王安石一幅：卷七十一「跋荊公墨蹟」。按安石，字介甫，本撫州人，後居金陵，嘗相神宗變法。凡作行字，率多淡墨疾書，初未嘗略經意。然使積學者，盡力莫能到，豈其胸次，有大過人者？故筆端造次，便見不凡，自是一世翰墨之英雄也（宣和書譜）。

⑸王庭筠十七幅：卷七十一「跋黃華墨蹟」，卷七十二「題黃華與李彥明太守十三帖」，「跋黃華書後」，「跋黃華老人二詩後」，「跋黃華先生墨戲」。按庭筠，字子端，號黃華老人，金之河東人，善山水古木竹石，上逼古人。字亦名家，爲金代書畫巨擘（中國繪畫史）。

⑹任詢一幅：卷七十一「跋任龍岩烏夜啼帖」。按詢，字君謨，號南麓，又號龍宕，於金代，書爲第一，畫亦妙品，秋澗謂：「圖有閑閑題詩……，蓋與畫，古稱三絕。」（中國繪畫史）

⑺桑維翰一幅：卷七十一「跋桑維翰手簡」。按維翰，字國僑，五代河南人，舉進士，累官中書令，兼樞密使。石敬塘割燕十六州與遼，彼嘗與議。（舊五代史卷八十九晉書第十五）。

⑻米芾六幅：卷七十一「跋米南宮曾夫人墓誌」，卷七十二「題米南宮帖後」，「跋米南宮靈台戴華卷後」，卷九十四「米芾學右軍書并論其筆法」，「右軍快晴帖米襄陽臨本」，卷九十五「黃龍寺碑」。按芾，字元章，初居太原，後爲襄陽人。自號襄陽漫士，鹿門居士。因性好潔，世號水淫。又違世異俗，每與物迕人，又名米顛。善屬文，作韻語不蹈襲一字。工山水，水墨淋漓，號米氏雲山。又善書法，篆隸行草，出入規矩，深得意外之旨，寸紙數字，人爭售之，以爲珍玩（宣和書譜、宣和畫譜）。

⑼米友仁一幅：卷七十二「跋米元暉書」。按友仁，元章子，字元暉，官至紹興敷文閣直學士。晚年自號嬾拙老人，世又稱小米，工山水，善書法（寶眞齋書法贊、宣和畫譜）。

⑽朱熹四幅：卷七十二「跋朱文公手書」，「晦翁墨蹟」，「跋文公與子晉伯謨二帖」。按熹，宋婺源人，僑寓建州，字元晦，亦字仲誨，晚號晦翁，又號雲谷山人，滄州遁叟。紹興進士，歷任高、孝、光、寧四朝，累官寶文閣待制，世稱朱子，又稱朱文公。岳珂之寶眞齋書法贊，曾評讚其書。

⑾蘇舜欽一幅：卷七十二「跋蘇子美千文帖」。按舜欽，字子美，宋之開封人，官至大理評事。貌奇偉，工文章，尤善行草，評書之流，謂入妙品（宣和書譜）。

⑿蘇軾十三幅：卷七十二「東坡開封帖後語」，「跋坡公春寒帖」，「題臨潛珍（閣）銘後」，「題東坡赤壁賦後」，「題東坡災傷卷後」，「東坡我有帖」，卷九十四「洗玉池銘」，「神奎閣墨蹟」，「上清儲祥宮墨蹟」，「觀世音頌」，「醉書盧仝詩爲團練使書」。按軾，字子瞻，眉州人，自號東坡居士。工墨竹，爲北宋大家，仕至翰林承旨。岳珂之寶眞齋書法贊，亦盛稱其字。

⒀石延年一幅：卷七十三「題石曼卿手書古檜行後」。按延年，字曼卿，宋代幽州人，舉進士，仕至太子中允。其在寶元康定間，文詞筆墨，照映流輩。范仲俺作文誄之云：延年之筆，顏筋柳骨，散落人間，寶爲神物（宣和書譜）。

⒁謝靈運一幅：卷七十三「跋謝靈運帖」。按靈運，五代陳郡陽夏人，少好學，博綜群書，作爲文辭，擅江左之譽。學王羲之眞草，俱造其妙（宣和書譜）。

⒂王羲之三幅：卷九十四「四月帖」，「威武帖」，「與謝石評書帖」。按羲之，字逸少，導之從子，官至右衛將軍，故世稱王右軍。幼訥於言，人未之知。及長，工談辨，以骨鯁稱。尤善隸草，爲今昔之冠。然其得名，乃專以草聖（宣和書譜）。

⒃王獻之六幅：卷九十四「四月帖」，「威略帖」，「北問帖」，「鄱陽帖」，「陸士衡文賦」，「洛神賦」。按獻之，字子敬，羲之第七子，官至中書令。清峻有美譽，而高邁不羈。善書法，隸草尤最（宣和書譜）。

⒄釋永智六幅：卷九十四「臨右軍四帖」，「春雨帖」，「眞草千文墨蹟」。按智永，隋之會稽人，晉王羲之七代孫。學書以右軍爲師，居永欣寺閣上，臨書三十年。筆力縱橫，眞草兼備，綽有祖風。作眞草千字文傳於世，學者率模倣焉（寶眞齋書法贊，宣和書譜）

⒅謝安一幅：卷九十四「東山帖」。按安，字安石，晉之秣陵人，官至太保。評其字者，謂其筆勢縱任自在，若螭盤虎踞之勢，要當能入品也。然其妙處，獨隸與行草耳（宣和書譜）。

⒆虞世南二幅：卷七十二「跋虞世南十二大字」，「臨蘭亭五詩帖」。按世南，字伯施，唐之餘姚人，官至銀青光祿大夫秘書監。與兄世基，執弟子禮于吳郡顧野王，力學不倦。又師智永，專心不懈。故晚年，正書遂迫王羲之，與歐陽詢，皆以書稱（宣和書譜）。

⒇王恬一幅：卷九十四「晉王恬帖三十一字」。按恬，字欽豫，晉丞相導之次子。晚年好士多能，善隸書，於草字尤妙（宣和書譜）。

(21)王敦一幅：卷九十四「晉王敦帖」。按敦，字處仲，晉司徒導之從兄。性簡脫，喜顛草（宣和書譜）

(22)卷九十四唐太宗二帖：諱世民，高祖淵之次子。所作眞草，宣和書譜，評爲筆力遒勁，尤爲一時之絕（宣和書譜）。

(23)卷九十四唐玄宗「賜道士李涵光勑」一幅：諱隆基，睿宗第三子。臨軒之餘，留心翰墨，於隸行均頗見造詣（宣和書譜）。

(24)李陽冰二幅：卷九十四「篆二十六字」，「篆傳御帖」。按陽冰，字少溫，唐之趙郡人，官至將作少監。善詞章，留心小篆，迨三十年。變化開合，自成一家。論者以爲有唐三百年，以篆稱者，惟陽冰獨步（宣和書譜）。

(25)李邕三幅：卷七十一「題雲麾帖後」，卷九十四「毒熱帖」，「休休帖」。按邕字泰和，唐之江都人。嘗作北海太守，故世號李北海。邕資性超悟，才力過人，精於翰墨，行草之名尤著。李陽冰謂之書中仙手（宣和書譜）。

(26)卷九十四張旭：唐之蘇州人，字伯高，嘗任左率府長史，故世號張長史。以草聖得名，而小楷行書，又復不減。所作草書，雖奇怪百出，而求其源流，無一不中規矩，故謂張顛不顛者是也（寶眞齋書法寶、宣和書譜）。

(27)卷九十四高閑上人「詑得韓序帖」一幅：釋高閑，唐之烏程人，寓湖州開元寺，善草書，頗爲韓愈所知（宣和書譜）。

(28)卷九十四史惟則「墨蹟」：仕唐至殿中侍御史，以能篆名于世（岳珂寶眞齋書法贊）。

(29)李白二幅：卷九十四「李太白醉歸墨跡」，「李白墨蹟送賀八歸越詩」。按白，字太白，生於巴西，彌月之初，母夢長庚，故因以取名。所作行書，字畫尤飄逸，是不特以詩名于世也（宣和書譜）。

(30)懷素八幅：卷七十一「跋懷素千文後」，卷九十四「千文聖草」，「遊京師帖」，「論草字帖」，「自敘帖」，「布帘帖」，「上林花發帖」，「洛中帖」。按釋懷素，字藏×（按：眞），俗姓錢，長沙人，徙家京兆，玄奘三藏之門人也。善草書，論者謂其筆勢，狀若驚蛇走虺，驟雨狂風。又謂，張長史爲顚，懷素爲狂。及其晚年，益進。字字飛動，圓轉之妙，宛若有神（宣和書譜）。

(31)卷九十四吳通微「行書千文」：唐史有吳通光，與陸贄、竇參同時，亦踐北門，蓋昆仲也。元和間，任大理評事。善行書，有千字文帖傳世（寶眞齋書法贊）。

(32)卷九十四釋亞栖書一幅：唐之洛陽人，經律之餘，喜作字，得張顚筆意，以善草書名于世（宣和書譜）。

(33)卷九十四吳彩鸞「龍鱗楷韻——廣韻一部、五十八葉」：唐大和中進士文簫之妻，善正書。字畫雖小，而寬綽有餘，全不類世人筆，當於仙品中，別有一種風氣（宣和書譜）。

(34)顏眞卿十二幅：卷七十一「跋中興頌」，「題顏魯公臧氏碑後」，卷七十二「題中興頌後」，卷七十三「題離堆記後」，卷九十四「與兄常山太守書」，「乞米帖」，「與宗室李太保勉」，「奉辭帖」，「與盧八倉公快雪晴時帖二十八字」，「與李太保狀」，「祭濠州文」。按眞卿，字清臣，瑯琊人。官至太子太師、封魯郡公。其字以忠烈貫日月，精神乃見於翰墨。故點若墜石，畫若夏雲，鉤如屈金，至其千變萬化，又每能各具一體（宣和書譜）。

(35)蔡襄十幅：卷七十二「跋蔡襄書後」，卷九十四「元祐續帖九帖，帖帖筆法不同」。按襄，字君謨，宋之興化軍人，官至端明殿學士。博古善書，大字鉅數尺，小字如毫髮，筆力位置，大者不失結密，小者不失寬綽，至於科斗篆籀，飛白行草章草顚草，靡不臻妙，而尤長於行書（宣和書譜）。

(36)諸葛亮一幅：卷七十三「跋諸葛公遠涉帖」。按亮，字孔明，三國之瑯琊陽郡人，嘗比管仲樂毅，識者許之。善畫，亦喜作草字，雖不以書稱世，然得其遺跡，必珍玩之（宣和書譜）。

(37)黃庭堅二十三幅、「擘窠大字一卷」、「練湖夜雨草聖瘦藤十三篇」：卷七十二「題山谷苦荀賦後」，卷七十三「跋山谷發願文」，「跋山谷所書王建宮詞後」，卷九十五「山谷書一十幅」，「山谷書一十幅、蓋公絕筆也」，「山谷練湖夜雨草聖瘦藤草聖十三篇」。按庭堅，宋之分寧人，字魯直，號山谷道人，嘗謫居涪州，又號涪翁。工文章，尤長於詩，卓然爲宋代名家，又善行草書，卒後，門人私諡文節先生（御定佩文齋書畫譜卷三十三、書家傳十二）。

(38)韓琦一幅：卷九十五「杜少陵畫鶻詩」。按琦，宋之安陽人，字稚圭。所書骨力壯偉，令人不敢正視。歷事仁英神三朝，累官右僕射，加侍中，封魏國公。敢言敢任，朝廷倚重，與富弼同稱賢相（御定佩文齋書畫譜卷三十二、書家傳十一）。

(39)楊凝式書「維摩等經說」：卷七十二「評楊凝式書」。按凝式，五代華陰人，字虛百，號希維居士，又稱關西老人。唐昭宗時，舉進士，歷任唐五代，官至太子太保。喜作字，尤工顛草（宣和書譜）。

(40)鍾繇一幅：卷九十四「鍾太傅墨跡」。按鍾繇，字元常，魏之潁川人，官至太傅。同胡昭學書，十六年未嘗窺戶。其書有三體，正書，八分書，行書。三法，皆世人所善。（御定佩文齋書畫譜卷二十二、書家傳一、魏）。

(41)孫思邈一幅：卷九十四「孫思邈書二十一字」。按思邈，唐之京兆華原人。善書法，通百家說，尤善言老子莊周。太宗初，詔詣京師，欲官之，不受。永淳初卒，年百餘歲。（御定佩文齋書畫譜卷二十六、書家傳五）。

(42)蘇舜元一幅：卷九十四「蘇才翁草聖少陵二首」。按舜元，字才翁。為人精悍，任氣節，歌詩亦豪健，尤善草書，亦工篆隸。清勁老健，出其兄舜欽之上。（御定佩文齋書畫譜卷三十二、書家傳十一）。

(43)歐陽詢二幅：卷九十四「歐陽率更帖二」。按詢字信本，潭州臨湖人。敏悟絕人，博貫經史。仕隋爲太常博士，唐高祖即位，除給事中。貞觀初，遷太子率更令，封渤海男。詢初倣王羲之書，後險勁過之。書斷謂其八體盡能，篆體尤精。宣和書譜評之，正書爲翰墨之冠。（御定佩文齋書畫譜卷二十六、書家傳五）。

(44)褚遂良一幅：卷九十四「臨黃庭」。按遂良，字登善，杭州錢塘人。博涉文史，尤工隸書。唐高祖即位，封河南郡公。太宗時，拜中書令，永徽三年，徵拜吏部尚書、同中書門下三品。（御定佩文齋書畫譜卷二十六、書家傳五）。

(45)李憕一幅：卷九十五「聯句帖」。按憕，并州汶水人。少秀敏，舉明經高第，授成安尉，累遷監察御史、清河太守、京兆尹、東京留守。安祿山破東京，憕被執死。詔贈司徒，再贈太尉。善書，筆勢似李北海。（新唐書卷一九一本傳）。

(46)白太傅一幅：卷九十四「六偈子」。按白太傅，疑即白居易，或白敏中。居易字樂天，唐之太原人，官至太子少傅。其書雖不名世，然投筆皆契繩矩，時有佳趣。敏中字用晦，居易從父弟，官至太子太師。居易碑，即其所書。（御定佩文齋書畫譜卷二十八、書家傳七）。

所以，見聞收藏既豐，遂於書法，乃能豁然貫通。

卷四十一「書畫目錄序」：「遂與左山商山符，叩閤批閱者竟日，凡得二百餘幅……。怡然有所得，沖然釋所顧，精爽洞達，滯思爲一攄，所謂升崑巔，而見洪荒之大，俯溟渤，而×光怪之多也。」

卷七十一「自題所書草字後」：「今日午睡起，偶作草書數行，因悟筆勢，貴其神速，要如李朔夜半乘雪，出其不意，乃能入懸孤城，縛取元濟爾。」

不唯精鑑賞，有碑帖題跋數十種。

卷七十一「題懷素草書千文後」：「予觀藏眞大曆二年，海西寺所書千文，極縱橫捭闔之狀，其欲斷還連，似斜復整，筆增妍而不繁，其減者，意足而悉備。如風檣陣馬，驟不可當……。至於氣凌過庭，勢迫張顚，雄偉豪邁，超於法度之外者，一一視之，皆篆隸之古文耳。」

卷七十一「跋郎官石柱記後」：「古人稱長史得草聖不傳之妙，豈知眞書在唐，爲一代精絕，所謂能行而後善走者也。魯公書學，氣侔造化，眞楷得法，多自公始。郎官帖精絕爲主，舊刻在京兆，今亡。」

且善書法，正草俱精，爲世所珍。

附錄「大元故翰林學士中奉大夫知制誥同修國史贈學士承旨資善大夫追封太原郡公諡文定王公神道碑銘」：「字……以魯公爲正，所書卷帖，爲世珍玩。」

附錄王德淵挽詩：「文章字畫世爭傳，四海飛聲自早年。」

卷七十一「自題草書後」：「草書筆勢，至傾欹，斷續當如歌三百篇。會意時，手舞足蹈，不其爲顚頓也。」

而於篆隸以及名家筆意，輒能隨心入于筆墨之中。

卷七十二「題自書歸去來後」：「錄事參軍、丹陽薛君文曜，攜佳紙見過，請書晉處士陶靖節歸去來辭……。乘筆調墨，利心手應。忽憶往年過曲陽，見唐宰相張嘉貞所書北岳廟碑，不覺行墨以入其體，識者莫訝其刻鵠也。」

尤善顏魯公書法，時人旣多所請益，亦元代之翹首。御定佩文齋書畫譜卷三十七，列惲爲書家之林。

卷二十九「答劉少卿顏書之問」：「仙壇郭廟八關文，研國濠州半篇分。五帖論來皆具體，就中勁潤是殷君。」

卷二十八「與叔謙太常論書十四首」：「相見閑話味何長，字字顏書入品量。握手正當吾意處，畫須圓勁體須方。」

卷七十三「答宋克溫問魯公書法」：「余觀魯公書，分數布置，稱停深穩……。至於韻勝溫潤，正周旋曲折剛健中，出婀娜耳。極其所至，第見性情，不見文字。所謂性情以忠義二氣爲之大本也。平日所得如是，未審吾友爲如何耳。」

㈡王惲鑑賞之歷代名畫及其繪畫之造詣

至於繪畫，初不甚解。

卷七十一「跋楊息軒江灣漁樂圖」：「予初不解畫，工拙非所知。」

然心嚮往之。

卷七十一「跋楊息軒江灣漁樂圖」：「但開卷瀟灑，見漁家風味，令人渺然有江湖風塵外之思。不知何時，得帶笭箵……，作西溪漫叟，為畫家所傳寫，似亦不虛負此生矣！」

卷七「金店馬生者贈余峴山圖，走賦是詩以謝之」：「予生愛山復愛畫，近歲長遊石林下……。」

迨中年宦遊四方，遂得讀古今名畫百餘幅。至元十八年，又嘗盡閱亡宋宮藏名畫，都八十四幅于京師。

卷四十一「書畫目錄序」：「十有八年，當至元丙子春正月，江左平，冬十二月，圖書禮器，並送京師……，尋詔許京朝士假觀。予……叩閤披閱者竟日，凡得二百餘幅，書字一百四十七幅，畫八十四幅。」

兼以家藏復不乏珍品。

卷三十二「題顧虎頭畫謝安早杖圖」：按顧愷之，小字虎頭，為西晉衛協之弟子。博學有才氣，尤善丹青，圖寫特妙（宣和畫譜）。

卷三十七「畫記」：「得龍崙山水兩幅。」按龍崙，為金名畫家任詢南麓之號，世人評其書為當時第一，畫亦妙品（中國繪畫史）。

卷九十四「玉堂嘉話」：「近於洛中得王右丞苕磯靜釣，水閣閑棊二畫。」按王維以嘗官右丞，故世人輒稱其王右丞。善爲詩，書畫特妙。雲峰石色，絕跡天機，於平遠尤上。善水墨山水，用墨清淡，山水畫風，爲之一變（宣和畫譜、中國繪畫史）。

因此，惲於名畫，見聞甚豐。除嘗讀南宋北輸于元之宮藏名畫八十四幅外；尙於民間見歷代名畫一百二十五幅。凡幅二百零九，都七十五家。

⑴顧愷之四幅：卷三十一「謝安東安像」，卷三十二「謝安曳杖圖」、「黃初平牧羊圖」，卷九十五「青牛道士圖」。按愷之，東晉無錫人。字長康，小名虎頭，爲西晉名畫家衛協弟子。博學有才氣，尤善丹青，圖寫特妙（宣和畫譜）。

⑵滕王元嬰一幅：卷二十七「蛺蝶圖」。按元嬰，唐高祖二十二子。善丹青，喜作蜂蝶。朱景玄嘗見其粉本，謂能巧之外，曲盡情理（宣和畫譜）。

⑶申王兩幅：卷二十八「跋申王畫馬圖」，卷九十二「六馬圖」。按申王，唐宗室諸王之一，善畫馬，不入宣和畫譜（中國繪畫史）。

⑷閻立本十八幅：卷九十五「古帝王像十四人」、「老子出關圖」、「老子西昇圖」、「阮孚葛履圖」，卷九十六「太宗朝蕃王橫軸」。按立本，唐雍州萬年人。隋名畫家閻毗之子，拜右相，博陵縣男，與兄立德齊名。善繪人物古今故事，稱名家，有巧思（宣和畫譜）。

⑸薛稷一幅：卷七「題薛少保稷畫鶴圖」。按稷，唐蒲州汾陰人。字嗣通，以書名天下。畫又絕品，尤以畫鶴，時號之絕，歷太子少保等官（宣和畫譜）。

(6)吳道子兩幅：卷七十一「馬融橫吹圖」，卷九十五「護法善神圖」。按道子，唐東京陽翟人。年未弱冠，窮丹青之妙。尤善釋人物，爲千古宗主（宣和畫譜）。

(7)張萱四幅：卷九十五「侍女圖」、「醉女圖」、「虢國夫人夜遊圖」，卷九十六「則天朝六蕃圖」。按萱，唐京兆人。善起草，點簇景物，佈置亭台，樹木花鳥，皆窮其妙，尤善釋道人物（宣和畫譜）。

(8)李思訓三幅：卷九十五「崆峒山圖」、「李將軍鶻」、「唐人剪鬃馬」。按思訓，唐宗室孝斌子。歷左威大將軍，人謂李將軍。山水絕妙，鳥獸草木，皆窮其態。創金碧山水，刻劃工整，爲一家法（宣和畫譜）。

(9)李昭道三幅：卷九十五「避暑宮圖」、「翠薇宮圖」、「唐將軍罷臨圖」。按昭道，思訓子，山水鳥獸，繁巧智慧，世稱小李將軍（宣和畫譜）。

(10)王維四幅：卷九十四「水閣閒棊圖」、「苔磯靜釣圖」，卷九十五「輞川圖」、「驪山圖」。按維，唐太原人。字摩詰，善爲詩，畫書特妙。雲峰石色，絕跡天機，於平遠尤上。善水墨山水，用墨清淡，山水畫風一變。嘗官尚書右丞，故世又以王右丞稱之（宣和畫譜）。

(11)韓幹六幅：卷七「題韓幹畫馬圖」，卷二十七「照夜白圖」，卷九十五「出水馬圖」、「正面馬圖」、「四馬圖」、「三花御馬圖」。按幹，唐藍田人。善寫貌人物，尤工鞍馬（宣和畫譜）。

⑿韋偃三幅：卷三十三「十馬圖」，卷九十五「辟衛圖」、「唐人化行天竺圖」。按偃，唐京兆人。善畫山水竹樹人物，思高格逸，筆力勁健（宣和畫譜）。

⒀韓滉一幅：卷三十三「李德裕見客圖」。按滉，爲幹宗人。字太沖，雖能畫，而不以畫顯，善人物（宣和畫譜）。

⒁戴松一幅：卷九十五「牛」。按松，韓滉弟子，善畫牛，名於晚唐（宣和畫譜）。

⒂周昉一幅：卷二十九「楊妃禁齒圖」。按昉，唐京兆人。字仲明，亦謂字景元。好屬文，窮丹青之妙，尤善釋道人物（宣和畫譜）。

⒃邊鸞一幅：卷五「正面孔雀圖」。按鸞，唐京兆人。少攻丹青，最長花鳥折枝，草木之妙，未之有也。下筆輕利，用色鮮明，唐代折枝花居第一（宣和畫譜）。

⒄趙嵒一幅：卷三十三「人馬圖」。按嵒，本名霖，尙五代梁太祖女。善畫人馬，挺然高絕（宣和畫譜）。

⒅荆浩一幅：卷九十五「江村早行圖」。按浩，五代河南沁水人。字浩然，號洪谷子。善山水，乘北方純厚之氣，習關洛雄偉之山，遂一變爲高古雄渾之風（宣和畫譜）。

⒆韓虬一幅：卷三十一「老子過關圖」。按虬，中唐之陝人。與李祝同學吳道子，後聲譽並馳，以韓李稱，長于釋道（御定佩文齋書畫譜卷四十七畫家傳三）。

⒇胡瓌一幅：卷九十六「蕃馬」。按瓌，五代契丹人，居范陽。善畫蕃馬，富於精神，雖繁

富細巧，而用筆清勁（宣和畫譜）。

(21)周文矩三幅：卷三十四「金步搖宮人圖」，卷二十九「雷劍化龍圖」、「戡書圖」。按文矩，五代建康句容人。善冕服車器人物子女，類唐之周昉（宣和畫譜）。

(22)鍾隱一幅：卷九十五「雙禽圖」。按隱，五代天台人。字晦叔，善花竹禽鳥。尤善鷂子白頭翁，皆有生態。師郭乾暉，深得其旨（宣和畫譜）。

(23)徐熙一幅：卷二十九「折枝果圖」。按熙，五代鍾陵人，為江南名族。善好竹林木、蟬蝶草蟲之類，意出古人之外。尤能設色，絕有生意。後人嘗謂花卉堪稱百代之宗（宣和畫譜）。

(24)釋貫休三幅：卷七十一「比丘像」，卷七十二「羅漢圖」，卷九十六「竹」。按貫休，五代婺州人。字德隱，俗姓姜氏，號禪月大師。詩名高節，宇內咸知。善釋道人物，能變古法，不落窠臼，亦善書法（宣和畫譜、宣和書譜）。

(25)李昇一幅：卷九十五「水墨滕王閣宴客圖」。按昇，五代成都人，小字錦奴。善山水，心思造化，意出先賢，有小李將軍雅號。筆意幽閑，觀者每誤為王維（宣和畫譜）。

(26)丘餘慶一幅：卷九十五「花禽圖」。按餘慶，五代廣漢人。善畫竹翎毛，兼長虫草，妙處不減徐熙。父子叔侄三人，皆以畫名世（宣和畫譜）。

(27)黃筌三幅：卷二十七「蜂蝶圖」，卷九十五「猿」、「碎金圖」。按筌，五代成都人，字要叔。善花鳥，能窮形極態。先行勾勒，後填色彩，後世稱為雙勾法。為蜀主寫鶴巖壁，往往致生鶴立畫側（宣和畫譜）。

(28)宋徽宗十一幅：卷二十七「臨張萱宮騎圖」、「宣和梅圖」，卷二十八「宣和珍禽圖」、「宣和寶石圖」、「周靈台圖」，卷二十九「陶潛夏居圖」，卷三十二「徽宗石榴圖」，卷二十九「跋徽宗百鷺圖」，卷三十一「跋徽宗畫兔圖」、「跋徽宗畫馬圖」，卷三十三「徽宗花鳥圖」。按徽宗，北宋神宗十一子。獎勵繪畫，不遺餘力。萬機之暇，尤喜揮毫。花鳥之妙，爲臣工所不及，尤善墨花石。作墨竹緊細不分濃淡，叢密處微露白道，自成一家（中國繪畫史）。

(29)郭熙兩幅：卷七十二「跋郭熙山水巨幅」，卷九十五「秋山圖」。按熙，北宋河陽溫人（圖畫見聞錄）。善山水，巨障高壁，多多益壯。長松巨木，回溪斷崖，雲煙變滅，千態萬狀，時稱獨步（宣和畫譜）。

(30)李成一幅：卷七「寒江晚捕圖」。按成，字威熙。本長安人，唐末徙家青州，亦曰營丘人。性曠蕩嗜酒，善琴棋，畫山水尤工，當時稱爲第一。又善畫龍水，亦爲一絕（宣和畫譜、中國繪畫史）。

(31)崔白兩幅：卷九十五「梅竹寒雀圖」、「秋塘戲鴨圖」。按白，北宋西濠梁人，字子西。工花竹翎毛，體製清贍。雖以敗荷鳧雁出名，然於佛道鬼神，山林人獸，無不精絕（宣和畫譜、中國繪畫史）。

(32)崔慤一幅：卷九十五「江鴨圖」。按慤，白之弟，字子中。與白相類，尤善作兔（宣和畫譜）。

(33)王詵四幅：卷二十八「山齋圖」，卷三十二「孤舟橫笛圖」，卷三十三「明皇驪山出獵圖」，卷九十五「煙江疊障圖」。按詵，北宋太原人，字晉卿。能詩善畫，尙吳宗女。善山水墨竹，清潤可愛（宣和畫譜）。

(34)釋惠崇一幅：卷二十八「蘆雁圖」。按惠崇，北宋建陽人。工鵝雁鷺鷥，尤工小景。善爲寒汀遠渚，瀟灑虛曠之象，人所難到（中國美術史）。

(35)范寬一幅：卷七十一「茂林秋晚圖」。按寬，北宋華原人。名中正，字仲立，宣和畫譜曰中立。工山水，師荊浩。落筆雄偉，眞得山骨。雪山全師王維，冒雪出雲之勢，尤有骨氣（中國繪畫史）。

(36)米芾兩幅：卷八「雲山圖」，卷二十六「蘆雁圖」。按芾，北宋襄陽人。字元章，號襄陽漫士、鹿門居士。工山水，水墨淋漓，號米氏雲山。嘗官南宮舍人，世稱米南宮（中國繪畫史）。

(37)米友仁一幅：卷三十一「楚江清晚圖」。按友仁，字元暉，晚號懶拙老人，芾之子，世稱小米。工山水，略變父法。點滴雲煙，草草而成，不失天眞（中國繪畫史）。

(38)郭忠恕四幅：卷七十三「明皇驪山避暑圖」，卷九十五「避暑宮圖」、「宮閣圖」、「飛仙圖」。按忠恕，北宋洛陽人，字國寶。工樓台殿閣，自成一家，最爲獨妙（宣和畫譜、中國繪畫史）。

(39)燕肅一幅：卷二十七「牧羊圖」。按肅，字穆之，善山水。始作生竹，超然脫俗（宣和畫譜）。其先燕薊人，後徙家西寧（圖畫見聞錄）。

(40)楊斐一幅：卷九十五「象」。按斐，北宋京師人。工釋人物，畫神鬼有威勢（宣和畫譜）。

(41)李公麟十七幅：卷十「漢宣帝幸池陽宮」，卷二十四「二駿圖」，卷二十五「開元御馬圖」，「觀馬圖」，卷二十九「陽關圖」、「九歌圖」，卷三十四「渭橋迎代王圖」、「孫陽相馬圖」，卷七十一「李北平射騎圖」，卷七十三「班昭女史李經圖」，卷九十五「明皇乘三鬃赤驃圖」，「淵明圖」，「蓮社圖」，「出水馬圖」，「群馬圖」，「著色馬」，「著色夜遊宮圖」。按公麟，北宋舒人。字伯時，歸老龍眠山，世又稱龍眠。工山水，高風清淡，無一毫煙火氣，可謂古今絕藝。又喜鞍馬人像，尤工人物，世稱鞍馬可逾韓幹，佛像可近吳道子（宣和畫譜、中國繪畫史）。

(42)楊元吉兩幅：卷九十五「獐猿圖」、「蓼花草蟲圖」。按元吉，北宋長沙人，字慶之。工花鳥蜂蝶，動臻精奧。亦工猿獐之屬，得天性野逸之态（宣和畫譜、中國繪畫史）。

(43)艾宣三幅：卷九十五「竹鸜圖」、「雞冠黃葵圖」、「杜鵑花圖」。按宣，北宋鍾陵人。工花竹翎毛，尤長野趣（宣和畫譜）。

(44)蘇軾一幅：卷七十一「墨戲」。按軾，北宋眉山人。字子瞻，自號東坡居士。工墨竹，為北宋大家。作枯木，枝幹虬屈，若其文焉（中國繪畫史）。其作竹，從地起至頂，余問何不逐節分，曰竹生時，何嘗逐節生。運思清拔，出于文同（米芾畫史）。

(45)釋仲仁五幅：卷二十七「題花光墨梅圖」卷九十三「暗香」、「疏影」、「雪溪」、「春風」。按仲仁，北宋會稽人。嘗居衡陽之華光山，故又稱花光。工墨畫，爲一代巨臂（中國繪畫史）。王惲評之謂：超凡入聖。

(46)僧傳古一幅：卷七「坐龍圖」。按傳古，宋之四明人。天資穎悟，畫龍獨妙。太祖建隆間，名重一時。王惲謂：展其畫，旱時輙雨。（御定佩文齋書畫譜卷五十七「畫家傳八」）。

(47)張戡一幅：卷九十五「騣馬圖」。按戡，北宋氏橋人。善畫蕃馬，居近燕山，得胡人形骨之妙，戎衣鞍勒之精（圖畫見聞錄）。

(48)李公年一幅：卷九十五「桃花春水圖」。按公年，北宋人，嘗任浙江提刑獄事，畫山水有風格（宣和畫譜）。

(49)趙大年三幅：卷二十九「雪霽聚禽圖」，卷七十三「王摩詩意圖」，卷九十五「小景」。按大年，名令穰，北宋宗室。工江湖小景，甚清麗，以畫名於代（御定佩文齋書畫譜卷五十「畫家傳七」）。

(50)欒士宣一幅：卷二十七「鸂鶒圖」。按士宣，北宋祥符人，字德臣。工畫花鳥，尤工水墨，時爲北省絕藝，官至刺史（宣和畫譜）。

(51)張龍丘一幅：卷二十七「跋簪花圖」。王惲謂：龍丘子，晚居黃岡，自號靜庵居士，以東坡爲鄰，善花卉。

(52)唐忠祈一幅：卷七十一「拓條白頭翁圖」。北宋人，與兄宿，皆能繼乃祖希雅之畫風，稱能京師（宣和畫譜，中國繪畫史）。

(53)王雲三幅：卷三十「淵明漉酒圖」、「斬蛟圖」、「橫吹圖」。按雲，秦人，生平不詳。作畫意多偉麗，而少雍容。然近代如雲之工者，不可多得，故王惲甚推崇之。

(54)黃居采一幅：卷九十五「鹿」。按居采，筌子，字伯鸞，工花竹翎毛，默契天眞，冥周物理（宣和畫譜、中國繪畫史）。

(55)趙邈齪一幅：卷七「題趙邈齪虎圖行」。一作邈卓，宋代人，工畫虎，樹石亦佳（御定佩文齋書畫譜卷五十二「畫家傳八」）。

(56)杜荸老二幅：卷二十四「杜荸老荒山訪友圖」，卷二十九「題杜荸老春融秋山圖」。按荸老，名文，金之雲中人，以山水名。（御定佩文齋書畫譜卷五十二「畫家傳八」）。

(57)馬麟一幅：卷二十九「折枝本犀圖」。按麟，南宋錢塘，遠之子，工山水（中國繪畫史）。

(58)江參一幅：卷二十九「江山萬里圖」。按參，南宋江南人，字貫道，長于山水，師董源，而豪放過之（中國繪畫史）。

(59)楊旡咎一幅：卷七十二「墨梅」。按旡咎，南宋南昌人。字補之，號逃禪老人。水墨人物學李伯時，梅竹松石水仙，筆法清淡閑野，爲一世絕。梅學釋仲仁，創圈花不著色法（中國繪畫史）。惲譽之變苦梗爲秀潤，出花光之上。

(60)馬雲卿二幅：卷七十一「宣聖小影」，卷九十五「臨吳道子鞍山北斗圖」。按雲卿，金代人，天來弟，與弟雲漢，皆工畫（御定佩文齋書畫譜卷五十二「畫家傳八」）。

(61)金顯宗三幅：卷二十五「承華殿墨戲」，卷二十六「顯宗墨竹」，卷二十七「三教晤言圖」。按顯宗，畫獐猿人馬，學李伯時。墨竹自成一家，雖未臻神妙，亦不涉流俗（中國繪畫史）。

(62)馬天章一幅：卷九「廬山清曉圖」。按天章，疑爲天來之誤。金代人，字雷章。畫入神品，又善塑像（中國繪畫史）。

(63)王庭筠兩幅：卷七十二「煙江歸艇圖」，卷七十三「跋黃華星戲」。按庭筠，金之河東人。字子端，號黃華老人。善山水古木竹石，上逼古人，識者稱其胸次不在米元章之下（中國繪畫史）。

(64)楊邦基四幅：卷七「百馬圖」，卷二十五「裴晉公綠野堂探梅圖」、「磐谷圖」．卷七十一「江灣漁樂圖」。按邦基，金之華陰人。字德懋，號息軒，官至秘書監禮部尙書。善人物兼馬，尤工山水，師李成（中國繪畫史）。

(65)武元直兩幅：卷二十八：「雪霽早行圖」，卷七十九「巢雲曙雪圖」。按元直，字善夫，。金明昌中名士，工畫（中國繪畫史）。

(66)李早一幅：卷三十「蕃馬圖」。按早，金代人。工人物樹石，兼工畫馬（中國繪畫史）。

(67)趙霖一幅：卷三十二「有虞鼓琴圖」。按霖，金熙宗時人，善畫（中國繪畫史）。

(68)任詢三幅：卷十一「題任南麓清華宮圖」，卷三十七「畫記」：「龍嵒山水二幅」。按詢，金代人。字君謨，號南麓，又號龍嵒。書爲當時第一，畫亦妙品（中國繪畫史）。

(69)杜華志兩幅：卷二十四「荒山訪友圖」，卷二十九「春融秀嶺圖」。按華志，金之雲中人，而畫不下古人（元遺山先生詩箋註）。

(70)錢選六幅：卷三十二「二美圖」、「梨花圖」，卷三十三「折枝圖」、「臨曹將軍胭脂驄馬圖」、「折枝牡丹圖」，卷三十四「桃花黃鶯圖」。按選，元代吳興人。字舜舉，號至潭。元初與趙孟頫，號吳興八俊。人物師李伯時，山水師趙千里，花鳥師趙昌，尤善作折枝。畫多人物花鳥，山水頗罕其傳（中國繪畫史）。

(71)趙孟頫一幅：卷三十二「淵明漉酒圖」。按孟頫，元湖州人。字子昂，號松雪老人。書畫冠絕一世，元史有傳。

(72)郭壽卿一幅：卷七十一「雙溪圖」。生平不詳。王庭筠嘗題此畫，當亦名家。

(73)陶縝一幅：卷七十一「生菜圖」。按縝，宋之金陵人。荊公題其所畫果，示德逢詩。所作花果，精緻可玩。王惲亦跋之謂：蔬果猶犬馬，然以其恒見而難工。故生意色彩，有郊圃水賓之異……，足以知於當代也。（御定佩文齋書畫譜卷五十「畫家傳六」）。

(74)劉永年一幅：卷三十四「劉永年棘兔」。按永年字君錫，宣和書譜作公錫。章憲明肅皇后之侄，才敏善畫，有神力，官深州防禦使。其丹青之學，皆出人意表，尤工鳥獸蟲魚。道釋人物，則得貫休之逸奇。（御定佩文齋書畫譜卷五十、畫家傳六）。

(75)釋梵隆一幅：卷二十七「古畫集雅圖、係內府畫，上有紹典印」。按梵隆，字茂宗，號無住，無錫人。善白描人物，山水師李伯時。高宗極喜其畫，每見輒加品題。然氣韻筆法，不逮龍眠。（御定佩文齋書畫譜卷五十二、畫家傳八）。

(76)作者不詳，亦屬佳品者一十六幅：卷九「桃源圖」（史天澤藏），卷十一「長江萬里圖」（劉合秀藏），卷二十七「雪霽江行圖」（何待御藏），卷二十九「雅集圖」（內府畫），卷三十「王公竹石秋鳌圖」（王惲藏），卷六十「唐太宗供奉畫駿華驄圖」，卷七十一「供奉畫玄宗幸蜀圖」，卷七十三「夷門圖」，卷九十五「宋帝十二人畫像」，「宋郊天儀杖圖」、「袞冕圖」、「車轄圖」，卷九十六「金道陵元會圖」、「郊天圓丘圖」、「郊祭儀杖圖」、「宋眞宗東封昇中圖」。

故其見聞既博，遂精鑑賞。卷三十「淵明漉酒圖」：「此圖以氣象筆法較之，恐是王雲筆也。雲，奉人，意匠多偉麗，而少雍容。余觀斬蛟，及內殿橫吹等圖，故敢指此殆雲之筆也。然近代以來，如雲之工者，亦不可多得云。」

卷七十一「跋范中立茂林秋晚圖」：「中立初年學營丘，極平遠炯秀之狀，至山骨鬱茂，林麗幽邃，咫尺杳靄，遠隔千里，蓊然若太陰雷雨，不可端倪，茲蓋居終南晚年之筆也。故當時有弄墨如泥之目，是知游藝雖宗近前修，唯其胷中自有一天，乃能造微入妙。」

卷七十三「夷門圖後記」：「畫品穠纖巧麗，出內供奉手無疑，可與夢華錄互覽耳」。

兼以書畫相通，乃漸精畫事。

卷七十一「跋唐忠祚拓條白頭圖」：「前人稱忠祚畫，不唯極其形似……，能狀物之性爲好耳。余尤愛其科條勁挺，放筆而成，得妙意法度之外，殆書法家所謂錐畫法也。乃知書與翰同一關紐，豈虛言哉！」

洎乎晚年，頗能優爲，所繪輒爲世人所珍。乃元代大儒中，詩文書畫，精通兼備者。

附錄「哀輓詩」：「文章字畫世爭傳，四海飛聲自早年……。王德淵載拜。」「文章早無敵，字畫晚逾神……。劉敏中斂衽書。」

一生所畫甚衆，多山水、仕女，亦兼及牛馬花竹。

按秋澗集中，有題畫詩三百餘首，其中半數爲自題其畫，且所寫，有山水、人物，亦兼及牛馬花竹。

大體山水，多寄情自況之作。仕女，輒爲名人事跡，用以警世。

卷二十九「秋山訪友圖」：「瀟瀟楓葉映青山，詩在風煙紫翠間，早晚歸得林下去，一溪秋水伴君眠。」
卷二十六「丙相間牛」：「牛來近地暑光微，深調元相業非。後世幾人能辨此，滓車甘受野人譏。」
所以，其對諸家之品評，不唯能鞭策入微，成爲治中國繪畫史者，甚具參考價値之作品。
卷二十九「題花光墨梅」：「所以研墨作梅，超凡入聖，法當冠四海，而名後世。」
卷七十二「跋楊補之墨梅後」：「花光梅，前宋第一。賞之者，至有買舡來住之語。及補之一出，變苦梗爲秀潤，曾觀春風、雪溪二圖者，乃知予言爲不妄。」
卷九十四「玉堂嘉話」：「近於洛中，得王右丞苔磯靜釣、水閣閑棋二圖，其林野之思，景物之清，不覺身在其間，信精華感人也如此。」
且其所列畫目，尤對中國繪畫史之研究，能提供彌足珍視之資料。蓋研究繪畫史者，對諸家之生平，風格之探討，固當及之。即對其作品，亦應列目也。

㈢結論

王惲所見，歷代名家之書法繪畫既豐，復工書善畫，精於鑑賞。故其所列之名家書畫，及其精闢之評論，無不大有助於元代藝術史之研究，亦有益于書畫家之精進。

本文爲王秋澗年譜之兩節，民國五十八年，承國家科學會獎助完成，謹誌謝忱。

新元史蠡測之二

原載大陸雜誌二十二卷十一與十二期之「新元史蠡測」，爲筆者去歲，就開明影印之柯氏庚午重訂本，對其一事數說，一人數名，數人一名等，諸多似應整理之處，略抒管見之蕪文。因年來續有發現，須加增補，謹再就上述問題，分陳如後，並祈方家教正。

甲、一事數說，前後矛盾者。

一、元代海運之始

據張瑄傳：「至元……二十二年，創行海運，從清（按：朱清）、瑄（按：張瑄）之議也。」然據食貨志：「至元十九年，初命……自海道漕運，江南糧四萬六千餘石，明年三月至直沽。」故元代海運江南粟之始，一在至元十九年，一在至元二十二年，一事二說，前後不一。

復據元史紀事本末：「至元……十九年十二月，始海運。」海道經：「至元二十年，克取江南。二十一年起運海糧。」廣輿圖說：「至元二十一年，伯顏建議海運，乃招二人（按：朱清、張瑄），授以金符千戶，押糧三萬五千石。」元史羅璧傳：「十九年，用丞相伯顏言，初通海運，以達京師。」海運志：「至元十九年……，命上海總管羅璧、朱清、張瑄等……，運糧四萬六千餘石，從海道至京師。」元史食貨志：「歲漕東南粟，由海道以給京師，始自元二十年。」故元代海運之始，諸書亦不一。

二、至元二十五年河決襄邑

據河渠志：「二十五正月，河決襄邑。又決太康、通許、杞三縣。」然據五行志：「二十五年……五月，河決襄邑。」故至元二十五年，河決襄邑之時間，一在正月，一在五月，亦一事二說，前後不一。

復據元史紀事本末：「二十五年五月，河決汴梁、太康、通許、杞三縣。」元史世祖本紀：「二十五年……五月……己丑，大霖雨，河決襄邑。」續通志災祥略：「二十五年正月，河決襄邑。又決太康、通許、杞三縣，陳、潁二州皆水。」故至元二十五年，河決襄邑之時間，諸書亦不一。

三、大德二年河決蒲口

據五行志：「大德……二年……六月，河決蒲口，凡九十六所，泛溢汴梁路歸德府。」然據成宗本紀：「大德……二年……秋七月癸巳，河復決蒲口。」故大德二年，河決蒲口之時間，一在六月，一在七月癸巳，亦一事二說，前後不一。

復據元史五行志：「大德……二年六月，河決蒲口，凡九十六所，泛溢汴梁、歸德二郡。」續通志災祥略：「大德……二年六月，河決蒲口。」元史成宗本紀：「大德二年……秋七月癸巳，太陰犯心，汴梁等處大雨，河決壞堤，漂沒歸德禾稼廬舍。」續通鑑：「大德二年……秋七月癸巳，汴梁等處大雨，河決，壞堤防，漂沒歸德數縣禾稼廬舍。」故大德二年，河決蒲口之時日，諸書亦不一。

四、安童除中書右丞相

據世祖本紀：「至元二年……秋七月癸亥，安南國王遣使貢方物。戊寅，高麗國遣使貢方物。己卯，中書省臣皆罷，安童爲中書右丞相，伯顏爲中書左丞相。」然據本傳：「至元二年秋八月，拜光祿大夫、中書右丞相。」故安童任中書右丞相，一在七月，一在八月，亦一事二說，前後不一。

復據元史本傳：「至元二年秋八月，拜光祿大夫、中書右丞相。」元史世祖本紀：「至元二年……八月……己卯，諸宰執皆罷，以安童爲中書右丞相，伯顏爲左丞相。」元史伯顏傳：「至元二年七月，拜光祿大夫、中書左丞相。」故安童任中書右丞相之時日，諸書亦不一。

五、陳瑞任參知政事

據本傳：「延祐二年，以朝散大夫，同僉徽政院事。三年拜吏部尚書，四年擢中書參知政事。」然據宰相表，陳瑞是年，並未知參知政事。故陳瑞任參知政事，亦一事二說，前後不一。

六、至元二十三年要束木任職

據行省（湖廣）宰相年表：至元二十二年，要束木自左右丞，擢平章政事。至元二十三年，二十四年，均任平章政事。然據阿里海涯傳：「二十三年入朝，加光祿大夫、湖廣行省左丞相。湖廣行省左丞要束木，丞相桑哥之姻黨也。」故至元二十三年要束木之官職，一爲湖廣行省平章政事，一爲湖廣行省左丞。亦一事二說，前後不一。

七、悟良合台與烏古孫良楨之任職

據李士瞻傳：「至正初，以布衣游京師。平章政事悟良合台，左丞烏古孫良楨，皆以王佐之才許之……。以大都籍，登至正十一年進士。」然據宰相年表：烏古孫良楨，至正十一年，任參知政事。十三年，遷左丞。」「悟良合台，至正十二年，任參知政事。十四年，遷右丞。十五年，除河南江北行省平章政事。十七年，方拜中書左丞。」故烏古孫良楨任左丞，一在至正初，一在至正十三年。悟良合台任平章政事，一在至正初，一在至正十五年，均一事二說，前後不一。

八、耶律鑄任中書右丞相

據本傳：「中統元年，拜中書左丞相……。至元元年，遷右丞相，加光祿大夫……。二年，命行省山東。」然據宰相年表：中統二年五月庚寅，除左丞相。至元二年，拜右丞相。故耶律鑄任中書右丞相，一在至元元年，一在至元二年，亦一事二說，前後不一。

九、河決自茅堤

據五行志：「至元（按：後至元）四年正月，河決曹州，又決汴梁。五月，吉安永豐縣大水。黃河溢，平地水深二丈，決白茅堤、金堤。」然據河渠志，「至正四年正月，河決曹州，雇民一萬五千八百人築之。五月，大霖雨，平地水深二丈，河暴溢，決白茅堤，曹、濮、濟、兗皆水。」故河決白茅堤，一在後至元四年五月，一在至正四年五月，亦一事二說，前後不一。

復據惠宗本紀：「至正四年正月……庚寅，河決曹州，未幾又決於汴梁。五月……河決白茅堤、金堤，平地水深二丈，北入會通河，曹、濮、濟、兗，皆罹水患。」元史河渠志：「至正四年夏五月，大雨二十餘日，平地水深二丈許，北決白茅堤。六月，又北決金堤。並河郡縣……，皆罹水患。」元史順帝本紀：「至正四年正月……庚寅，河決曹州，雇夫萬五千八百，修築之。是月，河又決開封。五月，大霖雨，黃河溢，平地水深二丈，決白茅堤、金堤，曹、濮、兗，皆被災。」兼以新元史惠宗本紀，元史順帝本紀，河渠志，均載至元四年五月河決白茅堤事，故河決白茅堤，當以至正四年五月爲是。

十、葉李遷中書平章政事

據本傳：「至元二十四年，特拜御史中丞，兼商議中書省事……。桑哥既爲中書右丞相，奏以李爲尙書左丞，李固辭，帝曰：卿其勿辭……。二十五年，遷平章政事。李又固辭，賜以玉帶，秩視一品，及平江田四十頃。時桑哥專國政，李與之同事，無所匡救。會桑哥事敗，頗連及同列。久之，李以疾，得請南還。」然宰相年表：至元二十四年，除左丞。是年，遷右丞。二十八年，始自右丞，遷平章政事。故葉李遷平章政事，一在至元二十五年，一在至元二十八年，亦一事二說，前後不一。

復據元史本傳：「至元二十五年，陞平章政事，李固辭，許之……。二十九年二月，李南還，帝遣使俾爲平章政事……。李上表辭，未幾卒。」續通鑑：「至元二十五年……，以右丞葉李，爲平章政事，李固辭，許之。」故至元二十五年，李葉遷平章政事，諸書亦不一。

十一、許衡初任國子祭酒

據世祖本紀：「至元四年……九月戊申，許衡爲國子祭酒。」然據本傳：「中統元年，召衡赴上都……。明年三月，復召至上都。時王文統秉政……，奏以（姚）樞爲太子太師，（竇）默爲太子太傅，衡爲太子太保……，五辭乃免，改授國子祭酒。」故許衡初除國子祭酒，一在中統二年，一在至元四年，亦一事二說，前後不一。

復據元史世祖本紀：「中統二年……八月……，以許衡爲國子祭酒。」元朝名臣事略「右丞許文正公」：「中統二年五月，授太子太保，力辭不受，改國子祭酒。九月，以疾辭歸。」續通鑑：「景定二年（按：中統二年）……秋八月……丙午，以衡爲國子祭酒。」故許衡初任國子祭酒之時間，諸書亦不一。且復有五月、八月之歧異。

十二、築城大都

據張柔傳：「至元三年，城大都。起柔判行工部事，將二十萬人以受役。」然據地理志：「至元四年，始於中都之東北，築新城而遷都焉。九年，改爲大都。」故築城大都，一在至元三年，一在至元四年，亦一事二說，前後不一。

復據劉秉忠傳：「至元……四年，又命秉忠築中都城。」世祖本紀：「至元……四年春正月……戊午，城大都。」燕只不花傳：「帝素知燕只不花才，欲因事試之。會營新都，命也先不花董其役，而以燕只不花副之。」元朝名臣事略「萬戶張忠武王」：「至元三年，城大都，起判行工部事。」元史張柔傳：「至元三年，加榮祿大夫，判行工部事，城大都。四年，封蔡國公。」續通鑑：「咸淳三年（按：至元四年）春正月……戊午，蒙古城大都。以張柔判行工部事，子宏略爲築城總管。」故築城大都，諸書亦不一。疑至元三年，乃任官、受役、動員、準備築城之年。至元四年，爲開始動工，築城之年。董是役者，張柔父子，也先不花，燕只不花，皆與焉。

十三、夾谷顯祖誣張柔

據定宗本紀：「二年春……，柔帳下吏夾谷顯祖上變，誣柔。逮柔至和林，訊之得實，顯祖伏誅。」然據張柔傳：「乃馬眞皇后稱制五年，柔帳下吏夾谷顯祖得罪，亡走，上變誣柔，詔逮柔至和林訊之。執政素知柔，以百口保之，卒辯其誣，顯祖伏誅。」按乃馬眞皇后，稱制五年，即定宗元年。故張柔受誣，一在宗宗元年，一在二年，一事二說，前後不一。

復據續通鑑：「淳祐七年（按：定宗二年）……春，蒙古張柔攻泗州，旋還屯杞。帳下吏瓜勒佳顯祖（按：夾谷顯祖）得罪，亡走，上變誣柔，蒙古主命執柔。以北大臣，多以闔門保柔者，卒辯其誣，顯祖伏誅。」故張柔受誣，當以定宗二年爲是。

十四、中書省之設立

據百官志：「太宗二年，立中書省，以耶律楚材爲中書令。」然據粘合重山傳：「太宗……三年，立中書省，粘合重山爲左丞相。時耶律楚材爲中書令，而以重山佐之。」故中書省之設置，一在太宗二年，一在三年，亦一事二說，前後不一。

復據太宗本紀：「三年……秋八月，帝幸雲中，始立中書省，改侍從官名。以耶律楚材爲中書令，粘合重山爲左丞相，鎭海爲右丞相。」耶律楚材傳：「三年，帝（按：太宗）幸雲中，十路咸進廩籍及銀絹。帝笑謂楚材曰：汝不去朕左右，而能使國用充足如此，乃親酌大觴賜之，即日拜中書令。」續通鑑：「紹定四年（按：太宗三年）……，蒙古主立中書省，改侍從官名。以耶律楚材爲中書令……，又擧鈕祐珠順（按：粘合重山）、鎭海，爲左右丞相，與之同事。」續通志太宗本紀：「三年……秋八月，如雲中，始立中書省。」故中書省之設置，以太宗三年爲是。

十五、鐵木迭兒進太師

據三公年表：延祐三年，鐵木迭兒進太師。然據本傳：「延祐……二年七月，詔諭中外，右丞相鐵木迭兒，總宣政院事。十月，進太師。」鐵木迭兒，進太師，一在延祐二年，一在延祐三年，亦一事二說，前後不一。

復據仁宗本紀：「延祐……二年……十月……丁酉，加鐵木迭兒太師。」續通鑑：「延祐二年……冬十月……丁酉，加授特門德爾（按：鐵木迭兒）太師。」故鐵木迭兒進太師，當以延祐二年爲是。

乙、一人數名，似應統一

一、納牙即納牙阿

據后妃傳：「太祖忽蘭皇后……，答亦兒兀孫之女也。答亦兒兀孫從乃蠻太陽汗，與太祖戰……，太陽汗敗死，答亦兒兀孫大懼請降，將納其女於太祖。太祖使裨將納牙迎之，阻於兵。納牙周愼，止后途中三日。太祖疑納牙有私，欲罪之。后力自陳，既幸，知其不欺，由是益重納牙。」復據納牙阿傳：「太祖滅乃蠻……，答亦兒兀孫懼，因納牙阿獻女請降，即忽蘭皇后也。以道阻，留納牙阿營中三日，太祖疑納牙阿有私……。既而太祖納忽蘭皇后，果處女也，由是益重納牙阿。」故納牙、納牙阿，事蹟同，爲一人。

二、赤窟即赤苦

據特薛禪傳：「按陳……長子赤苦，尙太祖第三女，鄆國公主禿滿倫。」復據后妃傳：「太祖女禿滿倫，封鄆國公主，適赤窟駙馬。」故赤苦、赤窟，事蹟同，爲一人。

三、答里眞官人即答阿里台

據食貨志：「太祖叔答里眞官人位，五戶絲。丙申（太宗八年），分撥寧海州一萬戶。」復據答阿里台傳：「答阿里台，斡赤斤把兒壇之少子，太祖季父也……。太宗時，以寧海、登、萊三州，爲答阿里台後人分地。」故答里眞、答阿里台，事蹟同，爲一人。

四、阿散即合散

據鐵木迭兒傳：「延祐改元，丞相合散奏：臣非世勛之冑，不可居右相，奏鐵木迭兒自代……，合散爲左丞相。」復據仁宗本紀：「延祐元年……二月……壬午，右丞相禿忽魯罷，阿散爲中書右丞相……。九月己巳，復以鐵木迭兒爲中書右丞相，阿散爲左丞相。」宰相年表：皇慶二年，帖木迭兒任右丞相，一月罷。延祐元年二月，禿忽魯罷右丞相，阿散自左丞相，遷右丞相。九月，復降左丞相，帖木迭兒拜右丞相。故阿散、合散，事蹟同，爲一人。

五、鐵木迭兒即帖木迭兒

據鐵木迭兒傳：「武宗崩，仁宗在東宮，誅丞相脫虎脫等，用完澤、李孟爲中書平章政事，更張庶務。而皇太后已有旨，召鐵木迭兒爲中書右丞相，帝不得已相之……。皇慶……二年，以病罷。延祐改元……，復拜中書右丞相，合散爲左丞相……。七年正月，仁宗崩，越四日，鐵木迭兒以皇太后旨，復拜右丞相。」復據宰相年表：至大四年（按：武宗崩於是年）正月，帖木迭兒以雲南行省左丞相，除右丞相，皇慶二年二月罷。延祐元年九月，拜中書省右丞相。七年二月，再拜中書右丞相。故鐵木迭兒、帖木迭兒，事蹟同，爲一人。

六、世祖時期阿里海涯即阿里海牙

據阿里海涯傳：「阿里海涯，回鶻人……。至元……十年正月……，移攻襄陽……，折箭與之誓，文煥感而出降，詔阿里海涯，偕文煥入朝……。十二年春，略地江陵……，招潭州守將李芾，不聽……，督戰益急……。十三年春正月……，其將劉孝品等，以城降……。二十三年入朝，加光祿大夫，湖廣行省左丞相。湖廣行省左丞要束木……，劾阿里海涯侵盜錢穀……，阿里海涯以疾留上都……，竟忿而自殺。」

復據呂文煥傳：「至元十年正月，阿里海牙拔樊城。世祖降詔諭文煥……，若能納欵，悉赦……。文煥疑未決，又折箭與之誓，文煥感泣……來降。」世祖本紀：「十三年春正月丁卯朔，阿里海牙克潭州……。二十三年……，湖廣行省左丞相阿里海牙，自殺於京師。」行省宰相年表：至元十三年七月甲寅，阿里海牙除湖廣行省平章政事。二十三年五月，以湖廣行省左丞相，自殺於上都，按阿里海涯、阿里海牙，事蹟同，且目錄爲阿里海牙，而列傳之傳主、傳文，則爲阿里海涯，故爲一人。

此外，行省宰相年表謂：元統二年，阿里海牙三月丁未，由河南江北行省，遷江浙行省丞相。又謂：元統二年正月庚寅，阿里海涯拜河南江北行省左丞相。故此阿里海牙、阿里海涯，非世祖時期之阿里海牙、阿里海涯。

七、阿八赤即來阿八赤

據河渠志：「至元十七年，姚演建議，開濟州泗河，入大清河，至利津入海。阿合馬從之，命阿八赤董其役。十八年十二月，遣奧魯赤、劉都水及通算學者一人，給宣差印，往濟州定開河夫役。令大名、衛州新軍助之。然海口沙淤，船出入不便。既而右丞麥朮丁奏：阿八赤所開河，益少損多……，濟州河遂罷。」復據來阿八赤傳：「來阿八赤，河西人……。憲宗崩，阿八赤從父歸世祖……。十八年，佩三珠虎符，授通奉大夫、益都等路宣慰使都元帥，發萬人，開運河……。二十一年二月，罷阿八赤開河之役。」故阿八赤、來阿八赤，事蹟同，爲一人。且本傳，來阿八赤、阿八赤並用。

八、塔思即塔斯、札剌、札剌溫

據塔思傳：「塔思，亦名札剌溫……，襲父孛魯（按：木華黎之子）爵……。太宗……八年……，受撥東平，歲賜五戶絲，三萬九千有十九戶……。十年正月，至安慶，次北峽關，宋汪統制帥兵三十降。」復據太宗本紀：「八年丙申……，詔以眞定民戶，奉太后湯沐……。國王札剌……，並於東平府戶內，撥賜有差。」「十年戊戌春，國王塔斯伐宋，入北峽關，宋將汪統制降。」故塔思、塔斯、札剌、札剌溫，事蹟同，爲一人。

九、帖木哥斡赤斤即斡眞

據帖木哥斡赤斤傳：「帖木哥斡赤斤，烈祖幼子，少太祖六歲……，人因稱帖木哥，爲斡赤斤那顏……。太祖以季弟故，特愛之，號爲國王，其子孫位在諸皇子上。」復據食貨志：「太祖弟斡眞那顏位，五戶絲。」王珍傳：「國王斡眞授……珍，驃騎衛上將軍，同知大名府事，兼兵馬都元帥。」故帖木哥斡赤斤、斡眞，事蹟同，爲一人。且斡赤斤，爲斡眞之異譯。

十、搠只哈撒兒即哈撒兒

據烈祖諸子傳：太祖同母弟三人，以次爲哈撒兒，哈準，帖木兒斡赤斤。異母弟二人，別克帖兒，別勒古台。復據食貨志：「太祖弟搠只哈撒兒大王子，淄川王位五戶絲。」故搠只哈撒兒，後哈撒兒，亦一人二名。

十一、哈準即哈赤溫

據食貨志：「太祖弟哈赤溫大王子，濟南王位五戶絲。」復據前述烈祖諸子傳，故哈準即哈赤溫，亦異譯，爲一人二名。

十二、孛羅古䚟即別勒古台

據食貨志：「太祖弟孛羅古䚟大王子，廣寧王五戶絲。」復據前述烈祖諸子傳，故孛羅古䚟，即別勒古台。亦異譯，爲一人二名。

十三、茶合䚟即察合台

據察合台傳：「察合台，太祖二子也。」復據食貨志：「太祖次子，茶合䚟大王位五戶絲。」故茶合䚟，即察合台。亦異譯，爲一人二名。

丙、數人一名，似應整理

一、查剌二名同名

據太宗本紀：「六年……議自將伐金，國王查剌請行允之。」復據石林也先傳：「子查剌……，亦善射，襲御史大夫，領黑軍。太祖十四年，詔以黑軍分屯眞定。」故二查剌一名，皆附傳。

二、回回二人同名

據本傳：「回回，哈剌乞台氏。祖脫密剌溫，從世祖伐宋，討阿里不哥有功……。父那海，從定沂東西，以功授千戶，超授潭州萬戶府達魯花赤，遷宿州蒙古漢軍上萬戶達魯花赤。回回，通儒書，成宗即位，召見大都。」復據不忽木附回回傳：「回回，字子淵，以大臣子，値宿衛，拜集賢學士。」故二回回一名，均有傳。

三、蒙哥二人同名

據憲宗本紀：「憲宗桓肅皇帝，諱蒙哥，睿宗拖雷之長子。」復據世祖本紀：「七年春正月……丁巳，蒙哥爲高麗安撫使，佩虎符……，二月……高麗王王植來朝……。未幾，命蒙哥、趙良弼送植還。」故二蒙哥一名，一有傳，一附本紀。

四、曲出二人同名

據燕只不花傳：「燕只不花，回鶻人，居哈剌和卓，爲北庭大族……。父阿布納托克托……，領其部衆，尋內徙，留値宿衛。燕只不花與其兄曲出，皆得出入禁中。曲出，累遷中書省斷事官。

復據忽都虎傳：「曲出蔑兒乞氏，年五歲，太祖代蔑兒乞得之，太后養以爲子……。後從太祖伐金，戰於居庸北口，曲出與拖雷，橫衝其陣，大敗金將亦烈等。」故曲出二人一名，皆附傳。

五、阿里海牙二人同名

據世祖本紀：「至元二十三年……，湖廣行省左丞相阿里海牙，自殺於京師。」復據行省宰相年表：「元統二年，阿里海牙三月丁未，由河南江北行省，遷江浙行省丞相。故阿里海牙，二人一名。

六、安童四人同名

據塔思傳：「塔思……，十八年襲父孛魯（按：木華黎子）爵……。四子，長安童。」安童傳：「安童，中統初，世祖召入長宿衛……。至元二年秋八月，拜光祿大夫，中書右丞相。」復據阿剌兀思剔吉忽里傳：「孛要合三子，均侍妾所出。曰君不花，曰愛不花，曰拙里不花。君不花……三子，曰囊家台，曰喬鄰察，曰安童。」完者都傳：「延祐初，完者都襲父職……。萬戶由特哥子安童，與其兄珙，爭襲爵，安童匿其符。」石林乞兒傳：「石林乞兒，契丹人……。至元四年九月，從攻蓬溪砦戰歿，子狗狗襲。狗狗少從征伐，以勇敢稱……。二十六卒，子安童襲。」故四安童一名，一有傳，三附傳。

七、阿里海涯二人同名

據阿里海涯傳：「阿里海涯，回鶻人……。至元……二十三年……，忿而自殺，以暴卒聞，年六十。」復據行省宰相年表：「元統二年正月庚寅，阿里海涯拜河南江北省左丞相。」故二阿里海涯一名，一有傳，一見年表。

八、也先不花三人同名

據察合台傳：「察合台四世孫，托咯帖木兒嗣，十一年卒。海都立博拉克之子篤哇……，未幾，篤哇次子怯伯，乘其飲宴殺之，怯伯暫攝國事……，國人立篤哇長子也先不花。」復據孛魯歡傳：「孛魯歡四子，曰也先不花……。也先不花，初襲必闍赤長。裕宗封燕王，世祖命也先不花傳之。」來阿八赤傳：「來阿八赤，河西人……。孫完者不花……，次禿滿不花，也先不花，太不花。」故三也先不花一名，均附傳。

九、太不花二人同名

據太不花傳：「太不花，宏吉剌氏，以世冑累遷雲南行省右丞……。至正八年，太平為丞相，荐……為中書平章政事。」復據前述，來阿八赤孫太不花。故二太不花一名，一有傳，一附傳。

十、伯都三人同名

據畏答兒、博羅歡、伯都傳：「畏答兒，忙兀特氏……。曾孫博羅歡，最知名。博羅歡……四子……，次伯都。」「伯都……大德五年，擢江東道廉訪副使……。延祐元年，拜甘肅行省平章政事。」復據曲樞傳：「曲樞，西域人……。子二人，長伯都。大德十一年，特授學士、嘉議大夫。至大元年，遙授中書平章政事。」月赤察兒傳：「月赤察兒，六歲而孤，事母石氏，以孝聞。世祖知其賢，且憫失里門死王事。年十六，召見，奏對稱旨……。武宗立和林等處，以月赤察兒爲右丞相……。七子：長塔剌海，次瓜頭，次也先帖木兒，次奴剌丁，次伯都。」故三伯都一名，二有傳，一附傳。

十一、也先帖木兒四人同名

據忽哥赤傳：「忽哥赤，世祖第五子也。至元四年八月，封雲南王……。有子曰也先帖木兒……，十七年……十月，賜也先帖木兒雲南王印。」復據昔思鈴部傳：「昔思鈴部，河西人……。三子，愛魯……。愛魯……三子。教化，特進中書平章政事。孝友有蘊藉，臨事精嚴。也先帖木兒，江西行省平章政事。」忙哥撒兒傳：「忙哥撒兒，札剌兒氏……。四子：曰……也先帖木兒。」復據前述，月赤察兒之子，亦有名也先帖木兒者。故四也先帖木兒一名，皆附傳。

十二、奧魯赤二人同名

據奧魯赤傳：「奧魯赤，世祖第七子。至元元年十月，封平西王。」復據忒木台傳：「忒木台，札剌兒氏。祖豁火察兒，父朔魯罕，俱驍勇善戰……。子奧魯赤，早事憲宗……。宋主降，分討未下州郡，加鎮國大將軍，行省參知政事。」故奧魯赤，二人一名。一有傳，一附傳。

十三、察罕帖木兒二人同名

據察罕帖木兒傳：「察罕帖木兒，字廷瑞，本乃蠻氏……。祖乃蠻台……，家河南……。至正……十二年，察罕帖木兒，乃起義兵。」復據忒木台傳：「忒木台，札剌兒氏……。子奧魯赤……，大德二年卒……。二子，拜往，脫恒不花……。二子，普荅剌吉，察罕帖木兒。」故二察罕帖木兒一名，一有傳，一附傳。

十四、荅失蠻二人同名

據荅失蠻傳：「荅失蠻，哈剌魯氏……。仁宗爲太子，以荅失蠻先朝舊臣，奏爲中書參知政事……。子買奴，河南江北行省平章政事。」復據孛魯歡、荅失蠻傳：「孛魯歡，怯烈台氏……。四子，曰也先不花，曰……荅失蠻……。荅失蠻幼事世祖於潛邸……。大德三年，兼翰林院學士承旨，領泉府司事，八年卒。」故二荅失蠻一名，均有傳。

十五、買奴二人同名

據孟速思傳：「孟速思，畏兀兒人……。十一子曰……買奴，開府儀同三司、大司徒、翰林學士承旨、領章佩監。」復據移剌捏兒、買奴傳：「移剌捏兒，契丹人……。太祖十年，授兵馬都元帥……。子買奴……，太宗五年……，加鎭國上將軍，征東大元帥，佩金符，出鎭高麗。」故二買奴一名，一附傳，一有傳。

十六、完者都三人同名

據完者都傳：「完者都，朶魯伯䚟氏，乃蠻太陽汗之族也……。延祐初，完者都襲父職……，拜浙東道宣慰使，都元帥，加中奉大夫，至正四年卒。」復據朱清傳：「瑄（按：張）與子文虎，清（按：朱）子虎，俱棄市……。至大三年，中書奏雪其冤。以清子完者都，爲樞密院判官。」

據囊果歹傳：「囊果歹，四川行省平章政事。明王珍據重慶，與右丞完者都……，規復重慶。」故三完者都一名，一有傳，二附傳。

十七、黃頭二人同名

據黃頭傳：「黃頭，一名世雄，唐兀氏……。延祐元年，擢海運都漕運萬戶府副萬戶。」復據普顏傳：「普顏，字君卿，畏兀兒氏……。仁宗……即位，拜監察御史……，至元三年八月卒……。長子黃頭，同知諸暨州事。」故二黃頭一名，一有傳，一附傳。

十八、帖木兒不花五人同名

據孟速思傳：「孟速思，畏兀兒氏……。十一子，曰……帖木兒不花，翰林學士承旨。」復據忙兀台傳：「忙兀台，達達兒氏……。至元十五年……，拜參知政事……。三子，帖木兒不花，字蘭奚襲萬戶，亦剌出中書參知政事。」忙哥撒兒傳：「忙哥撒兒，札剌兒氏……。至順四年，追封……兗國公。四子，曰……帖木兒不花。帖木兒不花子伯荅沙……，延祐四年，拜中書右丞相。」世祖諸子脫歡傳：「脫歡，世祖第九十……，大德五年卒。六子，曰……帖木兒不花……。帖木兒不花，襲封鎮南王，鎮揚州。」帖赤傳：「帖赤，荅荅里帶氏……。至元元年，遷益都路統軍使，卒於軍。二子，帖木兒脫歡，帖木兒不花。」故五帖木兒不花一名，皆附傳。

十九、禿忽魯四人同名

據禿忽魯傳：「禿忽魯，字親臣，康里亦納之孫，亞里大石第九子……。自幼給事世祖，命與不忽木，也先帖木兒，從許衡學……。成宗即位，遷江浙行省右丞……，大德七年卒。」復據失魯孩傳：「失魯孩那顏，沼兀烈台氏。從太祖同飲巴泐渚納水，授千戶……，從征諸國，卒於河西……。子麥里……，賜號荅剌罕，尋卒，子禿忽魯。」孛魯歡傳：「孛魯歡，怯烈氏……。四子，曰也先不花……。也先不花……，子五人，曰禿忽魯，累拜中書右丞相。」哈剌亦哈赤北魯傳：「畏兀人……，子月朵失野納……。月朵失野納……，子乞赤宋忽兒……。乞赤宋忽兒……，四子，曰……阿鄰帖木兒。阿鄰帖木兒子，曰……禿忽魯。」故四禿忽魯一名，一有傳，三附傳。

二十、完澤四人同名

據完澤傳：「完澤，土別燕氏……。至元二十八年，桑哥伏誅，世祖咨於廷臣，特拜中書右丞相……。大德……七年……四月，完澤卒。」復據鐵失傳：「秋八月（按至治三年）癸亥，帝（按：英宗）自上都還，駐蹕南坡。是夕，鐵失與……前雲南行省平章政事完澤……，弒英宗於臥內。」闊里吉思傳：「性勇毅，習武事。篤好儒術，築萬卷堂於私第……。阿里八斛，尙宗王完澤女奴倫公主。」特薛禪傳：「斡羅陳，襲萬戶，尙完澤公主。公主卒，繼尙囊家眞公主。」故四完澤一名，一有傳，三附傳。

二十一、忙古帶二人同名

據耶律阿海、忙古帶傳：「忙古帶，實童子也。沈雄有膽略，世祖賜金符，襲父職，爲隨路新軍總管，統山西兩路新軍……。至元二十一年，遷雲南都元帥……。成宗即位，擢鎮國上將軍……，遙授雲南諸路行中書右丞。」復據劉伯林傳：「夾谷常哥，女眞人。既降太祖，命率所部守威寧。金人啗以大官使反，常哥縛其使以獻。太祖嘉之，擢萬戶……。子忙古帶嗣萬戶……中統三年，改賜虎符，四年致仕。」故二忙古帶一名，均有傳。

二十二、老的二人同名

據哈準傳：「二十八年，徹里帖木兒帥師入高麗，與哈丹子老的，戰於鴨綠江。」復據奧魯赤傳：「奧魯赤，世祖第七子。至元六年十月，封平西王……。二子，曰鐵木兒不花，曰八的麻的加。鐵木兒不花……，大德三年，封鎮西武靖王，賜駱紐鎏金印。二子，曰老的，曰搠思班。至大二年，命老的……鎮雲南，賜以雲南王駝紐鎏金銀印。」故二老的一名，均附傳。

二十三、徹里二人同名

據徹里傳：「徹里，別速氏……，事世祖充火兒赤……。至大二年，立左阿速衛，授本衛簽事，賜金符。皇慶二年，從湘寧王北征……，授左衛阿速親軍都指揮使卒。」復據徹里傳：「徹里，燕只吉台氏……。幼孤，其母蒲察氏教之……。至元十八年，世祖召見。徹里應對敏捷，悅之，命侍左右……。二十四年……，拜御史中丞……。大德……九年，召爲中書平章政事……。十年卒。」故二徹里一名，均有傳。

二十四、撤里帖木兒二人同名

據撤里帖木兒傳：「撤里帖木兒，字通理，阿魯溫氏……。天歷二年，除右丞，尋拜中書平章政事……。至正元年，復拜中書平章政事……。」復據完者拔都傳：「完者拔都，欽察人……。至元……十六年，進昭勇大將軍，管軍萬戶……。五子……，撤里帖木兒，高郵打捕屯田提領。」故二徹里帖木兒一名，一有傳，一附傳。

二十五、拔都兒三人同名

據拔都兒傳：「拔都兒，阿速氏……。至元二十三年，授廣威將軍，後衛親軍副都指揮使……，大德元年卒。」復據鐵木塔識傳：「字九齡，資稟宏偉，讀書穎悟絕人，事明宗於潛邸。文宗即位……，累遷禮部尚書……。後至元六年，拜中書右丞相……。子拔都兒，襲領者寶赤。」答阿里台傳：「答阿里台，斡赤斤把兒壇之少子，太祖季父也……。四世孫拔都兒，延祐五年，封寧海王。」故三拔都兒一名，一有傳，二附傳。

二十六、赤老溫二人同名

據赤老溫傳：「赤老溫，速勒都孫氏……。太祖即位，大封功臣……。赤老溫、沈伯，並爲千戶。赤老溫與木華黎、博爾朮、博爾忽齊名。」復據謁只里傳：「謁只里，女眞人……。事世祖於潛邸，中統初，命參議陝西行樞密院事……，十九年卒。子赤老溫，襲爲萬戶，累遷江東廉訪使。」故二赤老溫一名，一有傳，一附傳。

二十七、完者不花二人同名

據塔塔兒台傳：「塔塔兒台，帶孫（按：木華黎之弟）郡王之後……。父曰忙哥……，至元元年，從阿速歹入朝，授懷遠大將軍，佩金符，世襲……，卒年五十有一。五子，曰……完者不花，皆以次襲爵。」復據紐兒杰、布智兒傳，「紐兒杰，脫脫里台氏……。子布智兒……，憲宗即位，以布智兒充燕京等處，行尚書省事……。子四人……，完者不花，遼陽理問。」故二完者不花一名，均有傳。

二十八、百家奴二人同名

據赤老溫、月魯不花傳：「赤老溫、速勒都孫氏……。子別列烏台、次脫帖穆兒……。脫帖穆兒……，至正四年卒，年五十四。五子，曰……月魯不花。字彥明，未冠受學於紹興韓姓，爲文援筆立就……。元統元年，成進士，授……江南行御史台中丞……。遇倭船甚衆……，與兄子百家奴，俱死事。」復據唆都傳：「唆都，札剌兒氏。驍勇善戰，宿衛世祖潛邸……，十八年，改右丞，行省占城……。子百家奴……，二十一年，除建康路總管。」故二百家奴一名，均附傳。

二十九、囊家台三人同名

據紐鄰、囊家台傳：「紐鄰，珊竹帶氏……，子也速答兒。也速答兒……，武宗即位，遷雲南，加左丞相……。三子，囊家台，次伯顏，四川行省左丞。次不花台，蒙古軍都元帥。囊家台，泰定初，以四川行省平章政事，兼宣政院使。」復據乞失里黑傳：「乞失里黑，斡羅納兒氏……。太祖即位……，封千戶，賜號答剌罕……。孫囊家台，從憲宗征蜀，卒於軍中。」阿剌兀思剔吉忽里傳：「阿剌兀思剔吉忽里，汪古部長也……。幼子孛要合……，孛要合三子，曰君不花……。君不花……三子，曰囊家台……，尙亦鄰眞大長公主，封趙王。」故囊家台三人一名，一有傳，二附傳。

三十、阿朮二人同名

據阿朮傳：「阿朮（按：速不台之孫），有智略，臨陣勇決……。十二年（按：至元）……，拜中書左丞相……，十七年卒。」復據卜顏帖木兒傳：「卜顏帖木兒，字珍卿，唐兀吾密氏……，拜江浙行省平章政事……。姓至孝，幼養於叔父阿朮，事之如父。」故二阿朮一名，一有傳，一附傳。

三十一、別帖木兒二人同名

據太宗諸子闊端傳：「闊端，太宗第三子……。五子，曰滅里吉台……。曲烈魯，滅里吉台子也……。曲烈魯……子別帖木兒，襲諸父只必帖木兒位。」復據孟速思、阿失帖木兒傳：「孟速思，畏兀兒氏……。十一子，曰……阿失帖木兒……，武宗即位，以師傅恩，特拜榮祿大夫、大司徒、翰林學士承旨知制誥……，至大二年卒……。子別帖木兒，廬州達魯花赤。」故二別帖木兒一名，均附傳。

三十二、桑哥二人同名

據桑哥傳：「桑哥，畏兀兒人……，好言財利事……。二十四年（按：至元）……爲尙書右丞相，兼總制院使司事……。二十八年……，不忽木對曰：桑哥壅蔽聰明紊亂政事。有言者，即誣以他罪而殺之……，帝始決意殺之。」復據巴而朮阿而忒的斤亦都護傳：「至順二年，以亦都護高昌王，讓太平奴，卒。月魯帖木兒襲，卒，子桑哥襲。」故二桑哥一名，一有傳，一附傳。

三十三、月魯帖木兒二人同名

據月魯帖木兒傳：「月魯帖木兒，卜領勒多禮伯台氏……。仁宗時……，拜監察御史……。泰定初，遷汴梁路總管。」復據巴而朮阿而忒的斤亦都護傳：「至順二年，以亦都護高昌王，讓太平奴，卒，子月魯帖木兒襲。」故二月魯帖木兒一名，一有傳，一附傳。

三十四、觀音奴三人同名

據脫烈海牙傳：「脫烈海牙，畏吾兒氏……。至治三年，遷浙東宣慰使，七月以疾卒……。弟觀音奴，有幹材，亦仕至清顯。」復據掤思監傳：「掤思監，亦憐眞之子……。至正……二十年三月，復拜中書右丞相……，竄其子，宣徽使觀音奴於遠方。」觀音奴傳：「觀音奴……，唐兀氏……。泰定四年進士……，遷都水監官卒。」故三觀音奴一名，一有傳，二附傳。

三十五、乃蠻台二人同名

據乃蠻台傳：「乃蠻台，阿里乞失之孫，忽速忽爾之子也……。大德五年，奉命征海都……。延祐七年，拜嶺行省右丞……，至正……八年卒。」復據察罕帖木兒傳：「察罕帖木兒，字廷瑞，本乃蠻人……，祖乃蠻台。」故二乃蠻台一名，一有傳，一附傳。

三十六、阿散二人同名

據哈只哈心傳：「阿魯渾氏……，至元五年卒……。子阿散，大名路課稅提領。」復據八丹、阿散傳：「八丹，畏兀兒氏……。事世祖，爲寶兒赤鷹房萬戶……。阿散，八丹第四子，通畏兀文，兼長騎射……。元貞元年，拜甘肅行省平章政事。」故二阿散一名，一有傳，一附傳。

丙、結　論

上述雖皆瑣細，無礙新元史之崇高價值。然一人數名，數人一名，或事有前後不一者，均易生混淆，似應予以修訂，以利讀者。

一人數名，如塔思、塔斯、札剌、札剌溫，均散見於紀、傳。若讀者誤爲數人，當屬難免。故除本傳應臚列其各不同之譯名外，其他各紀、傳，似應通用一名。

數人一名，如戰於古北口之曲出，散見於各紀、傳。然此曲出，爲回鶻氏之曲出，與蔑兒乞氏之曲出，亦恒易於混淆，頗難遽定。故亦當如失烈門與失列門之例，易以同音字。或如八剌與八剌斡羅納兒台，綴以氏族之蒙人舊例，以資區別。

至一事數說，前後不一，除不能決定者，應俟諸異日外，餘則悉應予以統一。俾免讀者翻檢群書，輿目迷五彩之感。

復尤有進者，中國歷代史傳中，同名者，並不多見。即邊疆宗族所建王朝，亦屬罕覯。元代蒙古部衆既少，享國亦不久。然二人、三人、四人同名者，總計竟逾百餘人，誠歷代史傳中之一大特色。

考其原因，當出自譯音之錯誤。如一人數名，蒙文之某字，漢人記音。甲用某字，乙用另一同音字，故成一人數名。至數人一名，疑數人之名，其蒙文並非相同，然其音近似，因漢人不解蒙文，無法區別，致譯成同一字，有以致之。

此說雖言之成理，然鮮卑人之北史，契丹人之遼史，女眞人之金史，其開國初期之列傳中，同爲漢人記音之名，並無此一現象，亦即同名者甚少，似又難以理解。故祈蒙文學者專家，不吝賜教焉。

（原載民國五十一年九月政治學術季刊二卷一期）

元代蒙人之教育

元代在世祖創建制度，設立蒙古國子學之先，蒙人雖無學校教育，然其教育之實施，則由家庭教育，生活陶冶，圍獵訓練，成吉思汗之示範，法律之實踐，以及延師教導，怯薛制度等，各施其教，殊途同歸，亦能使蒙人獲致良好之教育。

一、家庭教育

家庭爲蒙人教育重心之一，舉凡有關氏族之歷史，先人之名諱與事蹟，以及儀禮習俗之養成等，無不由家庭涵育陶冶而成。元朝秘史，有頗多家庭教育之記載。今舉其三，以概見其家庭教育之情形。一、阿蘭孃孃之折箭教子：朶奔篾兒干，娶妻阿蘭豁阿，生二子，一名不古納台，一名別勒古納台。朶奔篾兒干卒，阿蘭豁阿又生三子，不古納台與別勒古納台，竊議謂：「俺這母親，無房親兄弟，又無丈夫，生了這三個兒子，家中獨馬里黑伯牙兀歹家人，莫不是他生的麼？」阿蘭豁阿察覺，召諸子列坐，每人給一箭，令折之，五子皆輕易折斷。復將五箭爲一束，令折之，皆無力斷之。乃曰：「您五個兒子，都是我一個肚皮裏生的，如恰纔五隻箭幹一般。各自一隻呵，任誰容易折折。您兄弟但同心呵，便如這五隻箭幹，束在一起，他人如何容易折得折！」二、訶額侖太后訓子：一日帖木眞與合撒兒、別克帖兒、別勒古台釣魚，因帖木眞釣得之金色魚，爲異母弟別克帖兒、別勒古台所奪，遂拂袖而去，並訴諸其母。訶額侖誡之謂：「您兄弟爲何這般做？譬喻說道，除影子外無伴當，除尾子外無鞭子。咱每受泰亦赤兀惕兄弟的苦，報不得時，如何恰似在前阿蘭孃孃的五個孩兒般不和順，您每休那般做。」三、成吉思汗訓子：朮赤、察合台、窩闊台三人，克花剌子模舊都玉龍格赤，盡分所有戰利品。及凱旋，成吉思汗大怒，嚴令不得入見。後雖由木華黎代爲懇請，許其謁見，然仍怒斥而切責之。蓋蒙俗：「凡破城守，有所得，則以分數均之。自上及下，雖多寡每留一分，爲成吉皇帝獻。餘物則敷俵有差，宰相等在於朔漠，不臨戎者，亦有其數焉。」今如此獨分戰利品，豈止破壞原則，違背習俗。且爲維持公平，禁絕特權，故始乃耳。（注一）

二、生活陶冶

蒙人生長鞍馬間，自春至冬，且獵且牧。故初生之兒，即以繩板束之，絡之馬上，隨母出入。或束之小車內，挾之上馬而去。及三歲，即以索繫於鞍，俾手有所執，隨衆騁馳。四五歲，即能挾小弓矢，騎射嬉戲。所以，年歲既長，騎射之術，無不精。其馳，則跂立而不坐，故力在跗者八九，而在髀者一二。用能疾如飆至，勁如山壓，左旋右折，如飛翼。騎射，則能顧左而射右，回首以發矢，不特抹鞦而已。步射，則八字立腳，步闊而腰蹲，用能有力而穿札。兼以終年野處，故習於勞苦，極耐酷寒。不僅可以終日在馬背上，連行數日，只吃極少之食物。且目光之銳敏，能察覺四英里外，掩藏於叢林岩石間之敵人。而對地形之記憶與辨認，氣候之變化，水源之有無，以及草原之植物，均有極豐富之知識與能力。復善追蹤，雖數百里，亦可蹤跡蹄痕，而追及之。所以，此種生活之陶冶，使人皆精兵，亦其無形教育，極為成功之處。（注二）

三、圍獵訓練

就蒙人而論，圍獵不僅是謀生與娛樂，尤為重要之軍事訓練。成吉思汗曾命令其子嗣，不作戰時，即全付精神以從事行獵。所以，自青年至耆老，無不熱衷於此。以成吉思汗而論，雖耆年而又遠在異域，仍不時行獵。長春真人曾諫之謂：聖壽已高，宜少出獵。成吉思汗曰：我蒙古人騎射，少所習，不能遽止。其圍獵，採軍事編制，形同作戰。先下達徵集令，命圍場週圍之部衆，每十人徵發一人或數人。組成中央、左翼、右翼兵團，於數千英里之範圍外，構成大包圍。以一至三月之時間，逐漸壓縮，至大汗駐蹕所在地之三十至十里範圍內。然後，挑土以為溝，插木以為表，維以毳索，繫以氈羽，猶漢兔罝之智。於是，自大汗以至士卒，以次入圍射獵。復設不剌兒忽赤，猶漢言保管失物者。樹幟高地，以收存，發還遺失之物。其間，有關人員之徵集，部衆之編組，獵罷遺歸之實施。圍獵部隊，每日之行程，屯住之地點，行進路線之規劃。野獸之蕃殖、聚集、多寡、流竄方向之偵察。左右部衆之聯繫，命令之傳達，獵物之分配。以及如何遵守秩序，如何迫近野獸等之訓練，無不爲遂行戰爭勝利之必備條件、知識及技能。所以，圍獵不僅爲大兵團作戰之最佳演習，尤爲習於勞苦，嫻於戰陣，以及上自將帥，下至士兵，最好之訓練。因此，蒙古大軍於戰場上，亦最善於大包圍作戰。輒於千百里外，構成大包圍，分進合擊，鐵臂合圍，獲致驚人之勝利。拔都之五路圍攻布達佩斯，其右翼兵團，不僅大破波蘭與日爾曼聯軍，遠至今日之東德，且準時與其他四軍，合圍於匈牙利首都城下。其所以能計畫之如此周詳，行動之如此準確。完美無缺，有若天成，皆得力於平日圍獵之訓練。（注三）

四、成吉思汗之示範

成吉思汗早年，因見部落林立，各不統屬。攻戰兼併，戰亂頻仍。加以子不從父教，弟不從兄教。夫疑其妻，妻忤其夫。富不濟貧，幼不敬老。而姦淫與盜竊者，又所在多有。故有衆之始，即以統一天下，建立一個有秩序、正義之社會爲職志。元朝秘史，在述其一生事蹟中，有關此項之記載，爲數甚衆。茲舉其三，以概見其爲蒙人所樹立之處世原則與道德標準。一、獎勵誠實不欺：者別，速特氏，素附於泰亦赤兀，與成吉思汗交惡。及成吉思汗大敗泰亦赤兀於闊亦田之野，者別亡入叢林中。一日，成吉思汗出獵見之，命博爾朮乘己馬往捕之。者別一箭，斷成吉思汗之馬頸，博爾朮無功而返。後者別與鎖兒罕失剌來降，成吉思汗問曰：闊亦田之戰，射斷朕馬者爲誰？者別對曰：我也，若賜死，止污一掌地。若赦其罪，願誓死效命。成吉思汗嘉其誠而不欺，赦而用之。自十夫長，積功擢千夫長。驍勇善戰，爲四先鋒之一。二、加害故主者死：王罕敗亡，札木合往依太陽罕。迨乃蠻既亡，札木合盡喪其衆。率從衆五人，入倘魯山，以劫掠爲生。一日，五人炙羱而食，札木合呵責之。五人遂縛札木合，獻之成吉思汗，成吉思汗曰：辜恩賣主，罪惡之極，詔令并其子孫，悉誅之。三、嚴懲違背諾言：初成吉思汗與札木合聯合游牧，然因札木合之言辭叵測，遂與札木合分離。於是党附札木合者，如主兒乞部長撒察別乞等，皆率部來歸。及成吉思汗開國，撒察曾有擁戴之功，且嘗誓言：戰時願爲先鋒，倘違號令，甘受嚴懲。然日後兩部時生嫌隙，初則主兒乞部衆，於大宴時，毆打廚子乞失兀兒，繼則又斫傷別勒古台。迨成吉思汗進攻塔塔兒，詔主兒乞出兵助戰，遷延六日，撒察、泰出俱不至。最後更襲擊成吉思汗，在合泐豐海子留守之營地，殺十人，劫五十人之衣物。成吉思汗聞報大怒，進擊之。獨撒察、泰出亡去。及執之，詰之曰：昔日之誓言安在？遂伸頸就誅。考成吉思汗，蒙人敬若神明，視爲不世出之英雄。故其一言一行，無不奉爲金科玉律，力行之，實踐之。所以，成吉思汗所樹立之處世原則、道德標準，亦爲蒙人教育其子弟之最佳教材及重心之一。（注四）

五、法律之實踐

法律是教育人民，安定社會，以及達到成吉思汗建立「有秩序、正義」社會要件之一。蒙人早期，僅有習慣法，而無成文法。至西元一二〇六年，始訂頒「大雅薩」法典。一二一〇及一二一八年，又兩次予以修訂。成吉思汗極其重視其子嗣之法律教育，不僅詔令每一治世子嗣之府庫中，均典藏一部「大雅薩」法典，且國有大事，諸王集議，以及舉行大宴，必宣讀「大札薩」，即「大雅薩」以爲訓。同時，爲樹立法律之威嚴，與法律之前，人人平等，更命令其子嗣，及各地之高級官吏，每年集議一次，以檢討是否曾有違反法典之人員。凡宗王違反者，必受嚴懲。（注五）

大雅薩法典，今已散亡殆盡，僅就其殘存之內容而論，分爲總則、政府軍隊及行政、刑法、民法、商法及國際法六章。除政府軍隊及行政外，其重要之內容如下：一、任何人均要稱讚尊敬純正、無邪、正義、碩學智慧之人。輕視陰惡及不義之舉。二、「第一，你們要相愛。第二，不要姦淫，不要盜竊，不要僞證，不要出賣任何人，尊敬老者與窮人。」三、「尊重所有的宗教，但不令其中之一，享有優先權。」四、「僧侶、醫生、學者，豁免其一般的服役與賦稅。」五、凡取運財貨，第三次破產。殺人盜竊、通姦、雞姦、收留逃奴、以巫蠱之術害人、決鬥時偏袒一方，以及拾遺者，併處死刑。此外，因大雅薩法典，乃以蒙古習慣法爲基礎之法典，故下列諸條，亦當爲其內容：一、履閾者，箠馬之面目者，相與淫奔者，誅其身。二、草生而劚地者，遺火而爇草者，誅其家。三、爲寇者殺之，沒其妻子畜產，以入受寇之家。四、甲之奴，盜乙之物，或乙奴之物，皆沒甲與奴之妻子畜產，而殺甲奴與甲，謂之斷案主。由於刑罰之慘酷，不唯可以概見成吉思汗，建立良善社會之決心。復由拔都曾下令：凡違反大雅薩者，必須授首。尤可概見其子嗣，執行雅薩態度之堅決。行之既久，自能建立有「秩序、正義」之社會，禁絕「當時族人中流行之惡習」，而達成以懲罰爲手段之教育目的。（注六）

六、怯薛制度

成吉思汗統一外蒙後，即將其「怯薛」人員，自一千一百五十人，擴充爲一萬人。按「怯薛」，猶漢言「番直宿衛」也。就其人員之素質而論，皆經嚴格之選拔，人人皆爲優秀之青年。就其工作任務而論，一爲警戒巡邏，以拱衛宮帳之安全。一爲分掌宮帳所在地之有關事宜，如司閽、司膳、司酒、司衣、司卜、司醫、司馬庫、司典藏、司廬帳、司文史、司捕盜、司奏樂、司弓矢鷹隼、司侍衛帶刀、司書寫聖旨，以及司牧羊、牧駱駝等。供職既久，必能產生下列結果：一、嫻熟升降揖退，言辭應對之儀禮。使其言辭日漸典雅而得體，進退富禮而有節。時日既久，足堪奉使。特優者，或可出使外國。二、國有征伐，諸王大將集議，會商部隊集結之日期，戰略戰術之運用，以及進軍路線之規劃。耳目薰染，足可使之善於部隊之指揮，卓於戰術戰略之運用。三、國家政務繁重，奏事者蝟集於廷，涵養既久，見聞日廣。故對政治之運作，事務之處理，頗能瞭然於胸。使之出主一城一地之政，當可優爲。四、遇有緊急事務，或突發事件，雖值深夜，仍須奏聞者，必由宿衛之「怯薛」，帶領監視，於寢帳後奏聞，必聽候處置之指示。故此類事件，閱歷既多，必能陶冶其處理突發事件之才能，及應變之能力。五、平日各國之使節，既絡迤於廷，復時聞故老重臣，談先朝典故，人生之哲理。見聞日增，心智大開，足可塑造爲有守有爲，幹練之才。所以，蒙人之「怯薛」制度，實無異大規模之軍政學校，使其子弟得到最佳之訓練與教育。（注七）

七、延師教導

成吉思汗對其子弟之教育，向極重視，輒爲延委名師以教之。一、塔塔統阿：畏吾人，性聰敏，善言論，深通本國之文字。乃蠻太陽罕，尊之爲傅。並命之典璽，委以金錢糧穀之任。及成吉思汗滅乃蠻，塔塔阿統負印亡去。迨執之，詰之曰：汝負印何爲？對曰：臣職也，將以死守，欲求故主而授之，安敢有他！成吉思汗曰：誠忠孝之人也！問印何用？奏曰：出納錢穀，委任人材，一切皆用之，以爲信驗。又曰：汝深知本國文字否？塔塔阿統悉以所蘊奏聞，大喜，遂命教太子諸王，以畏吾字書國言。二、哈剌亦哈赤北魯：畏吾人，明敏練達，國王月仙帖木兒亦都護，聞其名，徵爲斷事官。月仙帖木兒卒，子八兒出阿兒忒繼。西遼主乘其年幼，遣使據其國。八兒出阿兒忒，聞成吉思汗英明，乃殺西遼使以降。哈剌亦哈赤北魯，亦偕子來歸。成吉思汗大喜，詔爲諸子師。蓋以其曾任西遼主諸子之師也。三、岳璘帖穆爾：回鶻人，其兄仳理伽普華，年十六，襲相國答剌罕。時西遼方強，威制畏吾。遂偕其弟岳璘帖穆爾，亡歸太祖。一見大悅，即命諸皇子受學焉。諸王斡赤斤，成吉思汗之幼弟也。遣使求傅，即詔岳璘帖穆爾任之。教諸王子以孝悌敦睦，仁厚不殺爲先，成吉思汗聞而嘉之。四、博爾朮：阿魯剌氏，志意沈雄，善戰知兵。成吉思汗在潛邸，共歷艱危，義均同氣。征伐四出，無往不從。時諸部未寧，每警夜，寢必安枕。寓值於內，語及政事，或至達旦。君臣之契，猶魚之與水！及有天下，遂擢萬戶，位在諸將上。皇子窩闊台出鎮西域，有旨，從博爾朮受教。博爾朮教以人生經涉險阻，必獲善地，所過無輕舍止。成吉思汗謂諸子曰：朕之教汝，亦不踰是。語云：上行下效，風行草偃，成吉思汗既若斯重視子嗣之教育，故貴族富有之家，或亦如此。惜史料不足，猶待考。（注八）

八、寓戰鬥於娛樂

角力、校射、爲吾國北疆草原宗族，自古至今，最喜愛之娛樂。蒙人亦因草原故俗，兼以成吉思汗之鼓舞與獎勵，尤爲如此。元朝秘史曾載：成吉思汗征西域，也遂夫人曰：上遠征萬里，設有不諱，何人繼承，請詔告天下。成吉思汗召問朮赤，朮赤未及對，察合台大呼謂：彼野種，安得繼承？朮赤大怒曰：汝有何能？與汝相搏，敗則倒地不起。與汝校射，敗則剁拇指。多桑亦言：太宗熱愛角力，有波斯力士三十人，其中尤以比烈爲最愛。伊勒赤台謂：恐此輩虛有其表，徒耗酬金耳！太宗曰：汝可選力士與之搏，勝利賞銀五百巴里失，敗則輸馬五百匹。且比賽時，或有獎金，或有賭注，用資激勵。所以，此種寓戰鬥於娛樂之教育，不僅可使其子弟，嫻於戰技，復足以激勵其戰鬥意志，與尚武精神，洵亦美法善制！（注九）

九、後世之學校教育

至於後世，則廣設學校，以教蒙人子弟。世祖至元七年，詔諸路普設蒙古字學，由行省之提舉蒙古學校官領之，諸路之蒙古教授教之。令諸路官員之子弟入學，上路二人，州一人，府一人。餘爲民間子弟，上路三十人，下路二十人。至元八年，復置蒙古國子學，教以蒙文，由蒙古翰林院之蒙古國子監祭酒領之。初生員人數未定，延祐二年，始定爲百人，蒙古五十人，色目二十人，漢人三十人。至元二十四年，又建國子學，教以漢文，由集賢院之國子監祭酒領之。生員人數，定爲二百人。先令一百人，及伴讀二十人入學。蒙古人半之，色目漢人又半之。所以，蒙人之教育，其制度，至世相之世，已大爲改變，殊非昔日之可比。（注一〇）

（原載民國七十八年六月東方雜誌復刊第二十二卷第十二期）

注釋

注一：多桑蒙古史三十五頁、元朝秘史五、六、七、八、廿七、一六九頁、蒙韃備錄「軍政」。

注二：蒙韃備錄「軍政」、多桑蒙古史三十三頁、蒙古與俄羅斯九十、九十一頁、元朝秘史三十四頁。

注三：長春眞人西遊記卷下、蒙古與俄羅斯八十三、八十四、九十二、九十三頁、多桑蒙古史一六〇頁、黑韃事略七頁、馬哥孛羅遊記「大汗之行獵」。

注四：多桑蒙古史一六一頁、元朝秘史七十五、一二四、五十三、五十六、五十七、六十六、六十七頁、元史卷一二三「者別」、一一七「札木合」、新元史卷二「太祖」。

注五：多桑蒙古史一六一、一六三、蒙古與俄羅斯七十八、七十九、八十八頁、元詩紀事卷十七「柯九思宮詩十五首」。

注六：蒙古與俄羅斯八十一、八十五、八十七、八十八頁、多桑蒙古史一六一頁、黑韃事略十六、十七頁。

注七：元史卷七十八「兵志、怯薛」、元朝秘史一二〇、一四二、一四三頁、元朝怯薛斡耳朶考、蒙古與俄羅斯二十二頁。

注八：元史卷一二四「塔塔統阿」、「哈剌亦哈赤北魯」、「岳璘帖穆爾」、卷一一九「博爾朮」。

注九：多桑蒙古史一五七、二一六頁、元朝秘史六十九、一六四、一六五頁。

注一〇：元史卷八十一「選舉志、學校」，卷八十七「百官志、集賢院、國子監、國子學」，「百官志、蒙古翰林院、蒙古國子監、蒙古國子學」，卷九十一「百官志、行中書省、蒙古提舉學校官」，「百官志、諸路總管府、蒙古教授」。

元代的行省制度

中國歷代地方制度，秦郡，漢州，唐道，宋路，至元始於路州之上，別置行省以領之，大異乎前代。考省一詞，起源於魏晉。唯當時之尙書、中書、門下三省，皆中央要署，不轄地方。後隋文帝開皇八年，雖嘗置淮南行省於壽春；然亦權宜之制，滅陳即罷。是蒙元之行省制度，實一代創制，爲近代行省之先河。

按行省一詞，乃行中書省之簡稱。「行」者，大官出領小職之謂。「省」者，臺省之謂。故行省之最初含義，爲中書宰執，繫銜出領小職，行「中書省」之令也。逮至元十年，別置行省省官，漸罷中書大員，出領某省。

一、行省制度當承襲於金

蒙元有行省之稱，始於太祖十年，建省燕雲，以專征漢南。

讀史方輿紀要八卷：「十年，蒙古建省燕雲，命木華黎經略太行以南，而自（按：太祖）

引兵圍夏興州，遂略定西域四十餘國。」

元史石抹明安傳：「乙亥（按：太祖十年）……五月，明安將攻中都，金相完顏復興仰藥死……。中都既下，加太傅邵國公，兼管蒙古漢軍兵馬都元帥。丙子（按：十二年）以疾卒於燕城，年五十三，子二。長咸得不，襲職爲燕京行省。次子……太宗時，爲金紫光祿大夫、燕京等處行尚書省事，兼蒙古漢軍兵馬都元帥。」

自茲以降，凡有征伐統帥部將，輒賜銜行省，初無制規可言。

新元史百官志：「國初有征伐之事，皆稱行省，未有定制。」

元史木華黎傳：「丁丑（按：太祖十二年）八月，詔封太師國王，都行省承制行事，賜誓卷黃金印……，乃建行省于雲燕，以圖中原……。」

讀史方輿紀要卷八：「時（按：太祖十五年）木華黎遣軍圍金東平，陷之。使降將等權行省，以撫安山東。」

元史嚴實傳：「康辰（按：太祖十五年）……七月，謁木華黎於軍門，挈所部……等州户，三十萬來歸。木華黎承制拜實金紫光祿大夫，行尚書省事，進攻曹、濮、單三州。」

元史張榮傳：「歲内戌（按：太祖二十一年），東平、順天皆内屬，榮遂舉其地與兵，納款按亦臺那衍。引見太祖，問以孤軍數載，獨抗王師之故，對曰：山東地廣人稠，悉爲帝有，臣若但有倚恃，亦不款服。太祖壯之……，授金紫光祿大夫，山東行尚書省，兼兵馬都元帥，知濟南府事。」

迨世祖踐祚，雖分立行中書省：

辯元史百官志：「至元元年，始分立行中書省。皆以省官，出領其事。」

同書世祖本紀：「中統元年……秋七月癸酉，立行中書省于燕京……。八月……己酉，立秦蜀行中書省，廉希憲爲中書右丞，行省事。」

然初期僅因事設官。

新元史廉希憲傳：「憲宗凶聞至，希憲啓曰：殿下太祖嫡孫……，願速還正大位，以安天下。世祖然之，且命希憲先行審察事變……。明年至開平，宗室諸王勸進……。乃併京兆、四川爲一道，以希憲爲宣撫使……。未幾斷事官闊闊出遣使來告渾都海已反……，知京兆有備，遂渡河西，趨甘州……。又使紐鄰兄宿敦爲書招其弟，於是成都帥……俱遣使言，人心危懼，事不可測，希憲遣使諭之。兩川諸將，夙憚希憲威名，皆從命。時朝議欲棄兩川，退保興元，希憲奏曰：四川已定，無故自墮成功，後悔不及。帝即拜希憲中書右丞相，行秦蜀中書省事。」

新元史伯顏傳：「十一年，大舉伐宋，與史天澤並拜中書左丞相，行省荊湖……。天澤又以病，表請專任伯顏，乃以伯顏領河南等略行中書省，諸將並聽節制。」

元史紀事本末「日本用兵」：「二十年春正月，發五衞軍二萬征日本……。三月，命阿塔海爲日本行省丞相……，造舟伐日本。」

皆以中書省省官，繫銜出領其事。

新元史世祖本紀：「至元元年……八月乙巳，立山東行中書省，中書左丞相耶律鑄，參知政事張惠等，行省事。」「至元五年……冬十月……立河南等路行中書省，參知政事阿里行省事。」

元史百官志：「中統至元間，始分立行中書省，因事設官，官不必備，皆以省官出領其事。其丞相，皆以宰執行某處省繫銜。」

至元十年，嫌其外重內輕，始別置行省官員，改行省事，爲某處行中書省。於是，一代之創制，始於焉確立。

新元史百官志：「其後嫌於外重，改爲行中書省。」

同書世祖本紀：「至元十年……四月……淮西行中書省左丞相……，行淮西樞密院事。」

考蒙元官制，草創之初，並無定制，多襲於金。迨至元之世，始考古今之宜，制定官制。

蒙韃備錄「官制」：「韃人襲金虜之制，亦置領尚書令，左右相，左右平章等官。」

元史百官志：「金人來歸者，因其故官，若行省，若元帥，則以行省、元帥授之，初固未暇爲經久之規矣！」

至於行省之制，金明昌六年，即置行尚書省於臨潢。

王國維韃靼考：「明昌六年，清臣（按：夾谷）受命，出爲行尚書省事於臨潢府。」南渡後，又嘗於陝西河南，分置行尙書省，亦以省官出治軍民，而禦蒙元。故元建行省之制，當因金源舊制，改而成之。

金史移刺蒲阿傳：「正大……六年二月丙辰，以蒲阿權密院副使。自去夏北軍之在陝西省，駸駸至涇州，且阻慶陽糧道，蒲阿奏陝西設二行省，本以藩衛河南。」

同書完顏合達傳：「今陝西重兵，兩省分制之，然京兆至平涼六百餘里，萬一敵梗其間，使不得通，是自孤也。宜令平涼行省內族白撒，領軍東下。與臣協力禦敵，以屏潼陝。」

同書完顏賽不傳：「平章政事侯摯，朴直無蘊藉，朝廷鄙之。天興九年，兵事急，自致仕。起爲大司農，未幾復致仕。徐州行尚書省，無敢行者，復拜摯爲平章政事。」

蓋唐宋中央，雖有中書省尙書省之設置，然中央或地方，並無行省之制。

二、初期置省，異常紊亂

元初置省，異常紊亂。不獨諸省時置時罷；

新元史世祖本紀：「至元十八年……七月丁酉，分置安西行中書省於河西。」「至元二十二年……三月……癸未，罷甘州行中書省，立宣慰司。」「至元二十三年……三月……立甘州行中書省。」故甘肅行省，累置累廢，其他諸省，亦多若是。

名稱輒易；

新元史世祖本紀：「至元六年……十月……趙璧行中書省於東京。」「至元十一年……二月壬申，廉希憲爲中書右丞、北京等處行中書省事。」「至元二十三年……六月……罷遼陽行中書省。」復據新元史行省宰相年表：「遼陽（按：行省）初爲北京。」元史地理志：「遼陽路：阿保機以遼陽故城，爲東平郡……，石晉改爲東京……至元元年，置東京總管府。」新元史百官志：「遼陽等處行中書省……治遼陽路。」故東京行省，即遼陽行省。遼陽行省，又初名北京行省。是遼陽行省，凡三易其名。其他諸省，亦多類之。

且省治屢加遷徙。

新元史百官志：「至元十三年，置江淮（按：江浙）行省，治揚州。」同書世祖本紀：「至元十五年……立行中書省於建康。」「至元二十一年……徙江淮行省於杭州，兩淮江東諸路，財賦軍實，皆南輸，又復北上，不便……，行省徙揚州便，從之。」「二十六年……改江淮行省爲江浙等處行中書省，治杭州。」故江浙行省省治，凡六徙，他省亦類多如斯。

行政區劃，亦併分不一；

續通鑑：「至元十五年……七月……江西省併入福建。」復據新元史世祖本紀：「至元二十一年……八月……併福建江淮兩行省爲一。」「至元二十九年……二月……復立福建行中書省。」故福建行省，時而併入江西，又嘗歸於江淮，江西亦屢合歸福建。轄區之分合不定，他省亦每多如此。

加之別置之行省官員，與中書省官出領省事者，二制並存，益增其制度之紊亂。

新元史世祖本紀：「至元十四年……三月……阿塔海爲平章政事，行中書省事於江淮。」

（按：中書省官出領省事。）

同書：「至元十三年……七月……淮東行省右丞相阿里海牙，爲行省平章政事，僉行樞密院事。」（按：行省別置省官。）

三、諸省建置始末，及其治地轄區

元初置者，史稱凡十一處。實則，終元一代，先後所置，存廢合計，凡二十八處。計至元大德間，置二十五處。至正之世，復增三處。謹將諸省置建始末，及其名稱，治地，轄區變更情形，分陳如後：

一、遼陽等處中書省：初名東京，至元六年始置。

新元史世祖本紀：「至元六年……十月……趙壁行中書省於東京。」

元史地理志：「遼陽路：阿保機以遼陽故城爲東平郡……，石晉改爲東京……，至元元年置東京總管府。」

至元十一年，更名北京。十五年，罷爲宣慰司。

新元史世祖本紀：「至元十一年……二月壬申，廉希爲中書右丞，北京等處行中書省事。」

新元史行省宰相年表：「遼陽（按：行省）初爲北京。」

同書世祖本紀：「十五年……四月……改北京行中書省爲宣慰司。」

二十三年二月再置，複名東京，六月旋罷。

新元史世祖本紀：「二十三年……二月……罷山北遼東道宣慰司，立東京等處行中書省……。六月……己巳，罷遼陽行中書省，復置三道宣慰司。」

二十四年三置，曰遼陽行省。

新元史世祖本紀：「二十四年……十月……丙戌，立遼陽行尚書省。」

自茲以降，名稱未易。故遼陽行省，初名東京，繼名北京，復稱東京。

新元史世祖本紀：「二十七年……十二月……諸王乃蠻臺，遼陽行省平章政事薛闍干……，以兵禦哈丹。」

初治遼陽，二十三年嘗遷咸平。

新元史百官志：「遼陽等處行中書省，至元二十四年置，治遼陽路。」

讀史方輿紀要卷三十七：「阿保機葺遼陽故城，建東平郡，尋升爲南京，又改爲東京遼陽府，金因之。元初置東京總管府，至元二十四年，立遼陽等處行中書省，明年改東京爲遼陽路。」

新元史世祖本紀：「西元二十三年……三月……丁丑，徙東京行中書省於咸平府。」

轄路七，府一，屬州十二。凡遼東西諸城鎮，以及高麗之西京皆屬之。

讀史方輿紀要：「領遼陽等路七，咸平府一，屬州十二。遼東西諸城鎮，以及高麗之西京皆屬焉。元志，至元六年，高麗統領李延齡等，以國中乖亂，挈西京五十餘城內附。八年，改西京爲東寧府，尋改曰東寧路，以領其地。西京即高麗平壤城也。」

二、嶺北等處行中書省：初名和林，大德十一年置，皇慶元年，改日嶺北，治和林。

新元史百官志：「嶺北等行中書省：大德十一年，置和林等處行中書省，皇慶元年，改嶺北行省，治和寧路。」

轄路一，凡漠北蒙古故地，盡屬之。

新元史地理志：「嶺北等處行中書省，領和寧路。」「和寧路，始名和林，亦名哈刺和林，本乃蠻故地，太祖滅乃蠻，建四大斡兒朵於其地……。太宗始定都於此，定宗、憲宗皆都之。」

三、湖廣等處行中書省：至元十年，罷宋京湖安撫司，立河南行省於襄陽，以謀南宋，是為建省之始。唯四月旋罷。

新元史世祖本紀：「至元十年……三月……乙丑，宋京湖安撫司，立河南等路行中書省。」

元史地理志：「襄陽……至元十年……宋京西安撫司，立河南等路行中書省……，未幾罷。」

新元史世祖本紀：「至元十年……四月……罷河南等路行中書省。」

十一年大舉伐宋，復置荆湖行省，治襄陽。

元史地理志：「襄陽」「十一年……又立荊湖等路行樞密院，十二年立荊湖行中書省。」

新元史世祖本紀：「至元十一年……三月……辛卯，改荊湖淮西行樞密院爲行中書省，伯顏、史天澤並爲左丞相……，行中書省於荊湖。」

十四年，遷治潭州。十八年，徙於鄂州。

新元史百官志：「十三年徙治潭州，十八年復徙鄂州。」

同書世祖本紀：「至元十四年……三月……辛卯，復立行中書省於潭州……。至元十八年……二月……乙亥……移荊湖行省於鄂州。」

元史地理志：「十四年併鄂州行省，入潭州行省。十八年遷潭州行省於鄂州。」

新元地理志：「武昌路，宋鄂州……。大德五年，以鄂州爲世祖親征之地，改武昌路。」

故初名河南，亦名湖廣。又改荆湖，復稱湖廣。先後凡四易其名。

新元史世祖本紀：「至元十年……三月……立河南等路行中書省……。四月……湖廣行中書省平章政事阿朮……，行荊湖樞密院事。」同書：「至元十一年……伯顏、史天澤並爲左丞相……行中書省於荊湖。」

同書行省宰相年表：「湖廣行省，初爲荊湖。」

轄路三十，屬州十七，自湖廣至廣西，貴州及四川南境，皆屬之。

讀史方輿紀要卷八：「領武昌等路三十，歸州等十三州，府二……，安撫司十五，軍三……，屬州十七。自湖廣至廣西、貴州，及四川南境，皆屬焉。」

四、河南江北等處行中書省：至元二年，趙璧嘗以平章政事，行省于河南等路。

新元史世祖本紀：「至元二年……五月……平章政事趙璧，行省事於南京河南府、大名、順德、洺、磁、彰德、懷、孟等路。」

五年立省，未幾旋罷。

新元史世祖本紀：「至元五年……冬十月……立河南等路行中書省，參知政事阿里行省事。」「七年……三月……，改諸路行中書省，爲行尚書省。」

二十八年，以淮南江北，地當要衝，又新入版圖，遂自江浙改轄河南，置河南江北行省，治汴梁。

新元史世祖本紀：「至元二十八年……十二月……壬申，立河南江北行中書省。」

續通鑑：「至元二十八年……十二月……江北州郡，割隸河南江北行中書省。」

新元史百官志：「二十八年，以河南江北係要衝之地，宜於汴梁立省，以控治之，遂移行省於汴梁路。」

轄路十一，府七，屬州三十四。自河南至淮東西，及湖北之境，皆屬之。

讀史輿紀要：「亦曰河南江北等處行中書省，領汴梁等路十一，南陽等府七，荊門州，屬州三十四。自河南至淮東西，又湖北之境，亦分屬焉。」

五、雲南等處行中書省：至元十三年置，治中慶路。

元史地理志：「中慶路：唐姚州，閣羅鳳叛取姚州，其子鳳伽異增築城，曰拓東，六世孫券豐祐改曰善闡……。至元……十三年立雲南行中書，初置郡縣，遂改善闡爲中慶路。」

讀史方輿紀要：「中慶路，明……改雲南府（按：昆明）。」

轄路三十七，府二，屬州五十四。自雲南接四川西南，又東接貴州西境，盡屬之。

讀史方輿紀要：「領中慶等路三十七，府二……，又屬府三……，屬州五十四。自雲接四川西南，又東接貴州西境諸蠻，皆屬焉。」

六、江浙等處行中書省：初名江淮，後曰江浙。

新元史行省宰相年表：「江浙行省，初爲江淮。」

同書世祖本紀：「至元十四年……三月……：阿塔海爲平章政事，行中書省事於江淮。」

至元二十四年，復名江淮。二十八年，再更江浙。先後凡四易其名。

新元史世祖本紀：「至元二十四年春正月……復改江浙行省爲江淮行省。」

續通鑑：「至元二十八年……十二月……改江淮行省，爲江浙等處行中書省。」

至十三年置，治揚州。

新元史百官志：「至元十三年置江淮行省，治揚州。」十五年治建康，二十一年治杭州。省治自揚州，而杭州、逮康、杭州、揚州、杭州，凡五遷。

新元史世祖本紀：「至元十五年……四月……壬午，立行中書省於建康。」

同書：「至元二十一年……二月……戊申，徙江淮行省於杭州。」

二十三治揚州，二十六年治杭州。

續通鑑：「至元二十三年……七月……庚午，江淮行省蒙古岱言：今置省杭州，兩淮江東諸路，財賦軍實，皆南輸，又復北上，不便。揚州地控江海，宜置省，宿重兵鎮之，且無轉輸往返之勞，行省徙揚州便，從之。」「至元二十八年……治杭州。」

新元史世祖本紀：「至元二十六年……二月……癸亥，移江淮行尚書省於杭州。」

轄路三十，屬州二十一。自兩浙以至江西鄱陽之東，及福建境內，皆屬之。至元二十八年以前，又嘗領有淮南江北之地。

讀史方輿紀要：「領杭州等路三十，府一……，屬州二十一。自兩浙以至江西之湖東，又福建境內俱屬焉。」

新元史世祖本紀：「至元二十一年……九月……併福建江淮兩行省為一。」（按：讀史方輿紀要謂：二十二年，併入江浙。）

七、甘肅等處行中省：至元十七年置，二十二年罷，二十三年復置。初名安西，繼為河西，甘

州，復稱甘肅，名稱凡四易。

新元史世祖本紀：「至元十七年……秋七月己酉，立行中書省於安西府。」「至元十八年……七月丁酉，分置安西行中書省於河西。」「至元二十二年……三月……癸未，罷甘州行中書省，立宣慰司。」「至元二十三年……三月……立甘州行中書省。」

同書百官志：「至元二十三年，置甘肅行省於甘州。三十一年，分省按治寧夏尋併之。」

治甘州路。

讀史方輿紀要：「甘州衛」：「漢置張掖郡……，晉仍爲張掖郡，西魏置甘州……。元初仍曰甘州，至元初改爲甘肅路，八年曰甘州路，尋置行中書省於此。」

轄路一，州二，屬州五。凡今甘肅、寧夏之境，多屬之。

讀史方輿紀要：「領甘州等路七，州二……屬州五。」

八、江西等處行中書省：至元十四年置，十五年旋罷歸福建。

新元史世祖本紀：「至元十四年……七月……戊申，立行中書省於江西，參知政事行江西宣慰使塔出爲右丞……，行江西省事。」

續通鑑：「至元十五年……七月……詔江西省併入福建。」

十七年，置江西行省，治隆興。

新元史世祖本紀：「至元十七年……七月徙泉州行省於隆興。」

讀史方輿紀要：「龍興路，即今南昌府。」「南昌府，宋後曰洪州，隆興三年，升隆興府，至元十四年，改府爲路，二十一年曰龍興路。」

十五年嘗徙治贛州，十六年還治隆興，二十七年治吉安，省治凡四遷。

讀史方輿紀要：「江西等處行中書省，至元十四年置，十五年移省於贛州。」

新元史世祖本紀：「至元十六年春正月……移贛州行中書省於隆興。」「至元二十七年……五月……移江西行中書省於吉州。」

轄路十八，州九，屬州十三。自江西至廣東之境，皆屬之。

讀史方輿紀要：「領龍興等路十八，南豐等九州，又屬州十三。自江西至廣東之境，皆屬焉。」

九、陝西等處行中書省：中統九年，初置秦蜀行省，後改陝西四川，復罷分陝西、四川二省。

元史世祖本紀：「中統元年……女秦蜀行中書省。」「二年……詔陝西四川行省，存恤歸附軍民。」「三年……詔陝西行省……，以兵益之。」

九年復立，更曰京兆。十七年又罷。

新元史世祖本紀：「至元九年……復立京兆行中書省。」「至元十七年……九月……立陝西四川等處行中書省，不花爲右丞，李德光、汪惟正並爲左丞。」

十八年復立，二十一年再罷，二十三年又置。大體罷則歸川陝行省，置則川陝二省分治。至元八年，嘗歸四川行省。

新元史百官志：「十八年分省四川，二十一年仍合爲川陝行省，二十三年四川置行省，本省所轄唯陝西諸路。」

同書世祖本紀：「至元八年……九月……丙寅，罷陝西四川行尚書省，也速帶兒行四川尚書省事於興元、京兆等路。」

治京兆，即安西、奉元，今之西安。

讀史方輿紀要：「西安府，金亦曰京兆府，元曰安西路，皇慶初改爲奉元路。」

轄路四，府五，州二十七，屬州十二。今之陝西、山西諸地盡屬之。

讀史方輿紀要：「領奉元等路四，鳳翔等府五，邠州等州二十七，屬州十二。自陝西以至漢中，又西南至四川，山西諸州之境，皆屬焉。」唯新元史地理志則謂：「領路三，府五，州十八，屬州十一。」大異元史輿紀要。

十、四川等處行中書省：中統三年置，至元六年，復合為一。

元史世祖本紀：「中統……三年……以劉整行中書省於成都……。詔陝西行省……，以兵益之。」「至元六年……賽典赤行陝西四川行中書省事。」

八年改陝西爲四川，十年又罷。

新元史世祖本紀：「至元八年……罷陝西四川行尚書者，也連帶兒行四川尚書省事。」「至元十年……四月……罷四川行中書省。」

十八年復立，二十一年再罷。二十三年又置，大德三年復罷。

新元史百官志：「十八年分省四川，二十一仍合爲陝西四川行省，二十三年四川置行省。」

（按：本紀爲十七年）

同書世祖本紀：「大德三年……二月……丁巳，罷四川福建等處行中書省……立四川福建宣慰司。」

初治成都，二十五年徙治重慶，二十七年復還成都。

讀史方輿紀要：「元置四川等處行中書省，治成都。」

元史世祖本紀：「二十五年……五月……移四川行中書於重慶。」

「二十七年……三月……復移四川行中書省於成都。」

轄路九，府三。東接湖廣，西及雲南，凡今四川，貴州之境，盡屬之。

讀史方輿紀要：「領成都等路九，府三：潼川、紹慶、懷德也……。自四川及湖廣，貴州諸蠻境皆屬之。」

十一、**川陝等處行中書省**：初名秦蜀，中統元年置。至元六年，更曰川陝。

新元史世祖本紀：「中統元年……八月……己酉，立秦蜀行中書省。」「至元六年……九月……賽典赤行陝西四川中書省事。」

至元三年，罷爲二省。六年，復合二省而立。八年罷爲四川，十七年又置，十八年再罷，二十一年又立，二十三年復罷。自茲以降，川陝分治，不復合一。

新元史世祖本紀：「至元十七年……九月……立陝西四川等處行中書。」所餘出處，並見前節所引。

初治京兆，至元二年遷興元，十七年還治京兆。

新元史世祖本紀：「至二年……五月癸亥，移秦蜀行省於興元路。」「至元八年……二月……移陝西四川行中書省於興元。」

同書百官志：「十七年復還京兆。」

轄路十四，府十，州三十三，凡今之陝西、四川之境，盡屬之。

新元史地理志：「陝西等處行中書省，領路三，府五，州十八，屬州十一。」「四川等處行中書省，領路十一，府二，屬府三，屬州五。」

十二、福建等處行中書省：至元十五年罷江西入福建，為置建之始。

續通鑑：「至元十五年……七月……詔江西省併入福建。」

十七年復置江西行省，福建自爲行省。

新元史百官志：「江西等處行中書省，至元……十七年，仍置省隆興，福建自爲行省。」

新元史世祖本紀：「至元十七年……七月……徙泉州行省於隆興。」

十九，罷入江西行省。

新元史世祖本紀：「十九年……五月……併江西福建行中書省爲一。」

二十年復置，二十二年又罷歸江西，二十三年改隸江浙。

新元史世祖本紀：「至元二十年……三月……壬午，罷福建道宣慰司，復立行中書省於漳州。」「至元二十二年春正月……，罷福建行中書省，置宣慰司。」

同書百官志：「二十二年併福建於江西。二十三年又以福建併入江浙。」

二十三年又置，二十八年復罷。

讀史方輿紀要：「福建，二十三年復置。」新元史世祖本紀：「至元二十八年……二月癸西，罷福建行中書省，立宣慰司。」

二十九年再置，大德元年改爲福建平海行省，三年旋罷，至正十六年又置。

新元史世祖本紀：「至元二十九年……二月……乙亥，復立福建行中書省。」「大德元年……二月……己未，改福建行中書省，爲福建平海等處行中書省。」

讀史方輿紀要：「大德元年，立福建平海行中書省，徙治泉州，圖琉球也，三年罷。」

新元史惠本紀：「至正十六年春正月壬午，改福建宣慰使司都元帥府爲福建行中書省。」

初治福州，十七年徙治泉州，二十年遷漳州，大德元年治泉州，至正十六年治福州。唯顧祖禹謂：十五年治泉州，十八年遷福州，十九年還泉州，二十年又徙福州。

新元史世祖本紀：「至元十五年……三月乙酉，忙左帶，唆都……行中書省事於福州。」「至元十七年……四月……移福州行省於泉州。」「至元二十年……復立行省於漳州。」

讀史方輿紀要：「大德元年……徙治泉州。」

新元史百官志：「至正十六年……治福州。」

讀史方輿紀要：「十五年置省於泉州，十八年遷福州，明年還治泉州，二十年又徙福州。」

轄路八，州二，四十六縣。今福建之境，盡屬之。

元史地理：「福建閩海道肅政廉訪司：福州路……領司一，縣九，州二，州領二縣，建寧路，泉州路，興化路，邵武路，延平路，汀州路，漳州路。」

新元史地理志：「福建等處行中書省，領路八，屬州二，屬縣四十六。」

十三、寧夏等處行中書省：中統二年立省中興，至元八年，立西夏中興路行尚書省，十年旋罷。

新元史百官志：「中統二年立省中興。」世祖本紀：「至元八年……三月……己丑，立西夏中興等路行尚書省，趁海參知行尚書省事。」「至元十年……三月……罷中興等處行中書省。」

元史地理志：「寧夏府路：唐屬靈州，宋初廢爲鎮，領蕃部……。宋天禧間……德明城懷遠鎮，爲興州以居之。後升興慶府，又改中興府，至元二十五年置寧夏路總管府。」

三十一年復立，更曰寧夏。元貞元年，歸甘肅。

新元史百官志：「三十一年分省按治寧夏，尋併之。」

元史地理志：「寧夏府路：元貞元年革寧夏路行中書省，併其事於甘肅行省。」

治寧夏，轄路一，州三。今寧夏之境盡屬之。

元史地理志：「寧夏府路……等州三：靈州、鳴沙州：應理州。」

十四、山東等處行中書省：中統三年趙璧行省事於山東，至元元年置省。三年旋罷，至正十七復置之。

新元史世祖本紀：「中統三年……二月……趙璧行中書省事於山東。」「至元元年……八月……乙巳，立山東行中書省，中書左丞相耶律鑄、參知政事張惠等行省事。」「至元三年……五月……丙辰，罷益都行中書省。」

元史百官志：「至正十七年九月，置山東行省。」

治益都，轄東平、濟南、益都、淄、萊等路，今山東之境，多屬之。

新元史世祖本紀：「至元二年……五月……平章政事廉希憲行省事於東平、濟南、益都、淄、萊等路。」

十五、淮西等處行中書省：至元十年置，十一年罷，十二年復置，十三年併歸江淮行省。

新元史世祖本紀：「至元十年……四月……淮西行中書省左丞相合丹……，行淮西等路樞密院事。」「至元十一年……七月……丁未，復改淮西行中書省為行樞密院。」「至元十二年……七月……罷淮西行樞院密院事，右丞阿塔海、參知政事董文炳，同署行中書省事。」

同書百官志：「十三年置江淮行省，治揚州。」

淮西江北道肅政廉訪司轄域，似其領地。

元史地理志：「淮西江北道肅政訪司：廬州路、安豐路、安慶路。」

十六、征東等處行中書省：至元十七年置，十九年罷，二十年復置，大德三年再置，自是累廢累置。

新元史日本傳：「十七年……乃以阿剌罕爲左丞、范文虎、忻都、洪茶邱爲中書右丞，李廣、張拔都爲參知政事，並行中書省事。」

新元史世祖本紀：「十九年春正月……丙寅，罷征東行中書省。」

元史紀事本末：「二十年立征東行省……，大德三年……復立征東行省。」

讀史方輿紀要：「大德三年復置，自是屢廢屢置。」

與高麗國同治，領府二，司一，勸課使五，高麗國境盡屬之。

讀史方輿紀要：「與高麗國同治，領府二，司一，……高麗國境皆屬焉。」

元史地理志：「征東等處行中書省，領府二，司一，勸課使五。」

至其他所置省，以資料較少，茲表列如下：

號次	省名	建置時間	罷廢時間	治地	轄域	根據
十七	阿力麻里	至元十二年		阿力麻里		新元史安童傳、元史地理志
十八	淮東	至元十三年已置				元史新元史本紀
十九	淮南	至元十五年		揚州		同右
二十	遼東	至元廿七年已置				元史新元史官志本紀
二十	膠東	至正廿三年		萊陽		同右
二十	廣西	至正廿三年			靜江路	元史 新元史官志讀史方輿紀要
二十	淮南江北	至正十二年				元史新元史官表本紀
二十	日本	至元十八年	至元二三年			同右
二十	占城	至元十八年	至元廿年			同右
二十	緬中	至元廿三年	至元廿七年			同右
二十	交趾	至元廿四年已置				同右
二十	安南	至元廿三年已置				同右

四、職掌與編制

行省掌國庶政，統郡縣，鎮邊鄙，凡錢糧兵引，屯種漕運，軍國重事無不領，與中書省互爲表裡。

元史百官志：「行中書省凡十，秩從一品，掌國庶務，統郡縣，鎮邊鄙，與都省爲表裡。……。凡錢糧兵甲，屯種漕運，軍國重事無不領之。」

所設官員，初無定制。

新元史行省宰相年表：「至元十三年湖廣行省平章政事三員。大德三年雲南行省左丞三員。」然其他諸省諸年，設員未及此數。

後始定，每省置丞相一員，平章二員，左右丞各一員，參政二員。

新元史百官志：「每省丞相一員，從一品。平章二員，從一品，右丞一員，左丞一員，俱正二品。參知政事二員，從二品。」

考其時間，當在大德二年。唯元史本紀謂在至元二十三年。

續通鑑：「大德二年……二月……減行省平章爲二員。」

元史本紀：「廿三年……七月……銓定省院部官……。行中書省平章政事二員，左右丞並一員，參知政事、簽行省事並二員。」

初尚置僉省、同僉，後大德七年旋罷。

續通鑑：「大德七年……六月……乙巳，罷行省僉省。」

新元史世祖本紀：「至元三年……賽典赤、也速帶兒等，僉行中書省事。」

元史百官志：「行中書省……舊制，參政之下，有簽省，有同簽之屬，後罷不置。」

至元二十年崔彧嘗上言：在外行省，不必設丞相、平章，止設左右丞以下，庶幾內重，不致勢均。雖未裁行，然大德九年，罷不置丞相，自此頗不置丞相，止以平章領省事。

新元史崔彧傳：「至元二十年復爲刑部尚書，上疏言時政十八事……，十六曰，在外行省，不必置丞相平章，止設左右丞以下，庶幾內重，不致勢均，彼謂非隆其名不足鎭壓者，姦臣欺罔之論也……。敕與與御史大夫玉昔帖木兒議行之。」行省宰相年表中，所列行省承相甚少。

同書百官志：「大德九年，罷不置丞相，或置或不置，以愼於擇人，故往往缺然。」

其制雖定，然省官之數，亦時有增減。

續通鑑：「元貞二年……七月……增江西湖廣參政一員，以朱清、張瑄爲之。」

元史百官志：「至正十二年正月，江西江浙行省，皆除添設平章，陝西行省除添設右丞。」

至其所屬，初爲十一員。

新元史百官志：「其屬檢校所檢校一員，正七品。照磨所照磨一員從八品。架閣庫管勾一員，正八品。理問所理問二員，正四品。副理問二員，從五品。知事一員，提控案牘一員，都鎭撫司都鎭撫一員，副都鎭撫一員。」

至正十二，淮南江北行省屬員，增爲二十五員。

元史百官志：「至正十二年……置淮南江北行中書省於揚州，平章二員，左右丞各一員，參政二員，及首領屬官共二十五員。」

五、結語

明太祖建國，嘗因蒙元之舊，置行省十二。洪武九年，雖罷元代行省之名，改置布政使司，然名異實存。所轄區域，幾無殊舊制。迨滿清入關，遂復元之舊，重改行省，故近代行省之制，實肇始於元。所以，蒙元固以邊疆宗族入主中原，唯觀乎其創海運，建行省，豈可謂草原游牧宗族，未足創制垂統耶！

復尤有進者，據王忠文公集卷十一「擬元史許衡列傳」謂：「六年，奉詔與左丞張文謙、贊善王恂，同議官制。乃歷考古今設官分職之本，沿革之由，與夫上下統屬之序，其權攝增置，行之有弊者，皆所不取。自省部台院，監司郡縣，內外百司，聯屬控制之體統。後妃儲藩，隆教之等差，悉圖為定制以聞。」新元史卷五十五「百官志」亦言：「世祖命劉秉忠、許衡制定官制。以中書省掌政事，樞密院管兵，御史台糾劾。又設行省行台，內外均其輕重，立法之善，殆為唐宋所不及。」故元代中央政府之組織，設中書省，下轄六部以主政，樞密院掌軍旅，御史台司監察，均源於唐宋。然唐宋之地方行政區劃，唐為道、州、縣三級。宋為路、州府監軍、縣三級，並無行省之設置。所以，元代之行省制，當非法乎唐宋。仍由隋、金臨時設置之行省，逐漸演變而成，一種新增、常設之地方組織，與行政區劃。因此，謂行省之省字，源於唐宋則可。若謂地方之行政組織——行省制，本乎唐宋，則並無確證。（原載中國內政五十二年五月廿五卷四、五期）

引用書目

1. 周・管仲　管子　二十四卷　商務　四庫全書本
2. 周・左丘明　春秋左傳注疏　六十卷　商務　四庫全書本
3. 周・荀況　荀子　二十卷　商務　四庫全書本
4. 周・穀梁赤　春秋穀梁傳注疏　二十卷　商務　四庫全書本
5. 漢・元亨　毛詩注疏　四十卷　商務　四庫全書本
6. 漢・司馬遷　史記　一百三十卷　商務　四庫全書本
7. 漢・鄭玄　周禮注疏　四十二卷　商務　四庫全書本
8. 漢・劉熙　釋名　八卷　商務　四庫全書本
9. 漢・許慎　說文解字　三十卷　商務　四庫全書本
10. 漢・劉安　淮南子鴻烈解　二十一卷　商務　四庫全書本
11. 漢・鄭玄　禮記注疏　六十三卷　商務　四庫全書本

12. 漢・史　游　急就篇　四卷　商務　四庫全書本
13. 漢・佚　名　方言　十三卷　商務　四庫全書本
14. 漢・王　逸　楚辭章句　十七卷　商務　四庫全書本
15. 漢・孔安國　尙書注疏　十九卷　商務　四庫全書本
16. 漢、司馬遷　史記　一百三十卷　商務　四庫全書本
17. 東漢・班　固　漢書　一百卷　商務　四庫全書本
18. 魏・何　晏　論語集解　二十卷　商務　四庫全書本
19. 吳・韋　昭　國語　二十一卷　商務　四庫全書本
20. 晉・劉欣期　交州記　二卷　新文豐　叢書集成新編本
21. 晉・郭　璞　爾雅注疏　十一卷　商務　四庫全書本
22. 晉・郭　象　莊子注　十卷　商務　四庫全書本
23. 晉・嵇　含　南方草木狀　三卷　商務　四庫全書本
24. 晉・戴凱之　竹譜　一卷　商務　四庫全書本
25. 晉・陳　壽　三國志　六十五卷　商務　四庫全書本
26. 晉・劉　昫　舊唐書　二百卷　商務　四庫全書本
27. 宋・范　曄　後漢書　一百三十卷　中華　四部備要本

28. 梁・蕭　統　評註昭明文選　十五卷　藝聖圖書公司
29. 梁・吳　均　西京雜記　六卷　商務　四庫全書本
30. 唐・范　攄　雲溪友議　三卷　商務　四庫全書本
31. 唐・陳藏器　本草拾遺　一册　華夏文獻本
32. 唐・劉　晌　嶺表錄異　三卷　商務　四庫全書本
33. 唐・房　喬　晉書　一百三十卷　商務　四庫全書本
34. 唐、李延壽　北史　一百卷　商務　四庫全書本
35. 宋・孫　奭　孟子注疏　十四卷　商務　四庫全書本
36. 宋・李　昉　太平御覽　一千卷　商務　四庫全書本
37. 宋・周　密　齊東野語　二十卷　商務　四庫全書本
38. 宋・周去非　嶺外代答　十卷　商務　四庫全書本
39. 宋・趙汝适　諸蕃志　二卷　商務　四庫全書本
40. 宋・丁　度　集韻　十卷　商務　四庫全書本
41. 宋・樂　史　太平寰宇記　一百九十三卷　商務　四庫全書本
42. 宋・范大成　桂海虞衡志　一卷　商務　四庫全書本
43. 宋・釋贊寧　筍譜　一卷　商務　四庫全書本

44.宋・王懷隱　太平聖惠方　一百卷　新文豐本
45.宋・朱　熹　晦菴集　一百卷、續集五卷、別集七卷　商務　四庫全書本
46.宋・祝　穆　方輿紀勝　七十卷　商務　四庫全書本
47.宋・岳　珂　桯史　十五卷　商務　四庫全書本
48.宋・孟　珙　蒙韃備錄　一卷　正中　蒙古史科四種本
49.宋・彭大雅　黑韃事略　一卷　正中　蒙古史科四種本
50.宋・佚　名　宣和書譜　二十卷　商務　四庫全書本
51.宋・佚　名　宣和畫譜　二十卷　商務　四庫全書本
52.宋・薛居正　舊五代史　一百五十卷　商務　四庫全書本
53.宋・岳　珂　眞寶齋書法贊　二十八卷　商務　四庫全書本
54.宋・郭若虛　圖畫見聞志　六卷　商務　四庫全書本
55.宋・朱　彧　萍州可談　三卷　商務　四庫全書本
56.宋・趙彥衛　雲麓漫抄　十五卷　商務　四庫全書本
57.宋・米　芾　畫史　一卷　商務　四庫全書本
58.元・陳　孚　陳剛中詩集　三卷　商務　四庫全書本
59.元・黎　崱　安南志略　十九卷　商務　四庫全書本

60. 元・袁　桷　清容居士集　五十卷　商務　四庫全書本
61. 元・許有壬　至正集　八十一卷　商務　四庫全書本
62. 元・傅若金　傅與礪詩文集　二十卷　商務　四庫全書本
63. 元・汪大淵　島夷志略　一卷　商務　四庫全書本
64. 元・托　托　宋史　四百九十六卷　商務　四庫全書本
65. 元・鐘嗣成　錄鬼薄　二卷　洪氏出版社本
66. 元・馬端臨　文獻通考　三百四十八卷　商務　四庫全書本
67. 元・周　密　癸辛雜識續集　二卷　商務　四庫全書本
68. 元・佚　名　河朔訪古錄　三卷　商務　四庫全書本
69. 元・劉　因　靜修集　十八卷　商務　四庫全書本
70. 元・蘇天爵　滋溪文稿　三十卷　商務　四庫全書本
71. 元・蘇天爵　元文類　七十卷　商務　四庫全書本
72. 元・王　惲　秋澗集　一百卷　商務　四庫全書本
73. 元・李志常　長春眞人西遊記　二卷　正中　蒙古史科四種本
74. 元・柳　貫　待制集　二十卷　商務　四庫全書本
75. 元・周伯琦　扈從集　一卷　商務　四庫全書本

76. 元・楊允孚　灤京雜詠　一卷　商務　四庫全書本
77. 元・周伯琦　近光集　三卷　商務　四庫全書本
78. 元・張　昱　可閑老人集　四卷　商務　四庫全書本
79. 元・納　延　金臺集　二卷　商務　四庫全書本
80. 元・佚　名　元朝秘史　一册　商務　人人文庫本
81. 元・楊維楨　復古詩集　六卷　商務　四庫全書本
82. 元・馬　臻　霞外詩集　十卷　商務　四庫全書本
83. 元・薩都拉　雁門集　四卷　商務　四庫全書本
84. 元・貢師泰　玩齋集　十卷　商務　四庫全書本
85. 元・虞　集　道園學古錄　五十卷　商務　四庫全書本
86. 元・吳　萊　淵潁集　十二卷　商務　四庫全書本
87. 元・耶律楚材　湛然居士集　十四卷　商務　四庫全書本
88. 元・耶律鑄　雙溪醉飲集　六卷　商務　四庫全書本
89. 元・胡　助　純白齋類稿　二十卷　商務　四庫全書本
90. 元・忽思慧　飲膳正要　三卷　商務　人人文庫本
91. 元・吳　當　學言稿　六卷　商務　四庫全書本

92. 元・白珽　湛淵集　一卷　商務　四庫全書本
93. 元・張翥　蛻菴集　五卷　商務　四庫全書本
94. 元・黃玠　弁山小隱吟錄　二卷　商務　四庫全書本
95. 元・馬祖常　石田集　十五卷　商務　四庫全書本
96. 元・佚名　大元聖政國朝典章　六十卷　文海
97. 元・胡祇遹　紫山大全集　二十六卷　商務　四庫全書本
98. 元・許有壬　圭塘小稿　十三卷　商務　四庫全書本
99. 元・楊維楨　東維子集　三十卷　商務　四庫全書本
100. 元・佚名　元統元年進士題名錄　一册　書目文獻出版社　北京圖書館古籍珍本叢刊本
101. 元・王士點　秘書監志　十一卷　文海
102. 元・黃溍　文獻集　十卷　商務　四庫全書本
103. 元・王逢　梧溪集　七卷　商務　四庫全書本
104. 元・程端禮　畏齋集　五卷　商務　四庫全書本
105. 元・王沂　伊濱集　二十四卷　商務　四庫全書本
106. 元・揭奚斯　文安集　十四卷　商務　四庫全書本
107. 元・脫因　至順鎮江志　二十一卷　成文　中國方志叢書本

108. 元・陸文圭　墻東類稿　二十卷　商務　四庫全書本
109. 元・唐　元　筠軒集　十三卷　商務　四庫全書本
110. 元・吳　澄　吳文正集　一百卷　商務　四庫全書本
111. 元・劉申岳　申齋集　十五卷　商務　四庫全書本
112. 元・劉　詵　桂隱文集　九卷　商務　四庫全書本
113. 元・陳　基　夷白齋稿　三十五卷　商務　四庫全書本
114. 元・楊　瑀　山居新話　四卷　商務　四庫全書本
115. 元・周權　此山詩集　十卷　商務　四庫全書本
116. 元・侯克中　艮齋詩集　十四卷　商務　四庫全書本
117. 元・姚桐壽　樂郊私語　一卷　商務　四庫全書本
118. 元・顧　瑛　草堂雅集　十三卷　商務　四庫全書本
119. 元・羅貫中　三國演義　二册　里仁書局
120. 元・羅貫中　隋唐演義　一册　文化圖書公司
121. 元・羅貫中　粉粧樓　一册　文化圖書公司
122. 元・施耐菴　水滸全傳校註　二册　里仁書局
123. 元・施耐菴　水滸傳　二册　智揚出版社

124. 元・黃溍　金華黃先生文集　四十三卷　新文豐　叢書集成續編本
125. 元・王惲　秋澗先生大全集　一百卷　商務　四部叢刊本
126. 元・劉因　靜修先生集　二十二卷　商務　四部叢刊本
127. 元・劉因　靜修先生集　二十二卷　商務　叢書集成本
128. 元・程鉅夫　雪樓集　三十卷　商務　四庫全書本
129. 元・蘇天爵　元朝名臣事略　十五卷　商務　叢書集成本
130. 元・張之翰　西巖集　二十卷　商務　四部叢刊本
131. 元・托克托　金史　一百三十五卷　中華　四部備要本
132. 元、梁寅　石門集　七卷　商務　四庫全書本
133. 元、許有壬　圭塘小稿　十三卷　別集二卷　續集一卷　商務　四庫全書本
134. 元、張養浩　歸田類稿　二十二卷　商務　四庫全書本
135. 明、宋濂　元史　二百一十卷　新文豐本
136. 明、危素　說學齋稿　四卷　商務　四庫全書本
137. 明、岷峨山人　譯語　一卷　民智書局　國朝紀錄彙編本
138. 明、陸釴　嘉靖山東通志　四十卷　莊嚴文化事業公司　四庫存目叢書本
139. 明、王懋德　萬曆金華府志　三十卷　成文　中國方志叢書本

140. 明、楊思震　保寧府志　十四卷　明嘉靖二十二刊本　國家圖書館珍本室　線裝本
141. 明・王　韓　王忠文公集　二十卷　商務　叢書集成本
142. 明・陶　安　陶學士集　二十卷　商務　四庫全書本
143. 明・陳邦瞻　元史紀事本末　二十七卷　商務　萬有文庫本
144. 明・佚　名　海道經　一卷　商務　叢書集成本
145. 明・張　燮　東西洋考　一冊　商務　人人文庫本
146. 明・南仁　西方要紀　一卷　文源　學海類編　第十冊遊覽
147. 明・許　浩　桐城縣志　二卷　弘治庚戌三年刊本　國家圖書館微卷
148. 明・李元陽　雲南通志　十七卷　民國二十三年刊本
149. 明・陶宗儀　書史會要　九卷補遺一卷　商務　四庫全書本
150. 明・陶宗儀　說郛　一百二十卷　商務　四庫全書本
151. 明・陶宗儀　輟耕錄　三十卷　商務　四庫全書本
152. 明・陶宗儀　書史會要　九卷補遺一卷續集一卷　商務　四庫全書本
153. 明・佚　名　南村輟耕錄　一冊　商務　人人文庫本
154. 明・陶宗儀　元代掖庭侈政　一冊　藝文　百部叢書集成本
155. 明・朱　濂　元史　二百一十卷　商務　四庫全書本

156. 明·廣百川學海　六册　新興書局
157. 明·顧祖禹　讀史方輿紀要　一百三十卷　商務　萬有文庫本
158. 明·李時珍　本草綱目　五十二卷　商務　四庫全書本
159. 明·王　圻　三才圖會　六册　成文出版社
160. 明·鄧　鐘　安南圖誌　一卷　新文豐　叢書集成續編本
161. 明·賴汝霖　景寧縣志　六卷　明萬歷戊子刊本
162. 明·朱　權　太和正音譜　一卷　漢京文化事業公司　中國古典戲曲論集成本
163. 明·李　賢　明一統志　九十卷　商務　四庫全書本
164. 明·張　溥　漢魏六朝百三家集　一百一十八卷　商務　四庫全書本
165. 明·唐順之　稗編　一百二十卷　新興書局
166. 明·艾儒略　職方外紀　五卷　商務　四庫全書本
167. 明·黃仲昭　八閩通志　五十二卷　福建人民出版社　福建地方志叢刊本
168. 明·黃　衷　海語　一卷　商務　四庫全書本
169. 明·張鳴鳳　桂勝　十六卷　商務　四庫全書本
170. 明·李　濂　汴京遺跡志　二十四卷　商務　四庫全書本
171. 明·蕭　洵　元故宮遺錄　一卷　藝文印書館　百部叢書集成本

172. 明・葉苕山　歷代宮詞　四卷　廣文書局
173. 明・朱謀垔　畫史會要　五卷　商務　四庫全書本
174. 明・湯顯祖　牡丹亭　一冊　商務　人人文庫本
175. 明・魯　駿　宋元以來畫人姓名錄　三十六卷　上海書畫出版社
176. 明・何喬遠　閩書　一百五十七卷　福建人民出版社　福建地方方志叢刊本
177. 明・賈　邏　建寧府志　二十八卷　成文　中國方志叢書本
178. 明・張時徹　寧波府志　四十二卷　成文　中國方志叢書本
179. 明・孫世芳　宣府鎮志　四十二卷　成文　中國方志叢書本
180. 明・趙　錦　江陰縣志　二十一卷　新文豐　天一閣藏明代方志選刊本
181. 明・鄺　露　赤雅　三卷　商務　四庫全書本
182. 明・陳懋仁　泉南雜志　上下二卷　文源　學海類編本
183. 明・沈德符　敝帚軒剩語　上中下三卷　文源　學海類編本
184. 明・臧懋循　元曲選　二十冊　藝文本
185. 清・吳景旭　歷代詩話　八卷　商務　四庫全書本
186. 清・邵遠平　元史類編　四十二卷　文海　元明史料叢書本
187. 清・魏　源　元史新編　九十五卷　文海　元明史料叢書本

188. 清・曹溶　學海類編　十冊　文源本
189. 清・穆彰阿　嘉慶重修大清一統志　五百六十卷　藝文本
190. 清・庫勒納　日講禮記解義　六十四卷　商務　四庫全書本
191. 清・汪灝　御製廣群芳譜　一百卷　商務　四庫全書本
192. 清・李調元　越南筆記　十六卷　新文豐　叢書集成新編本
193. 清・高樹　詞律　二十卷　商務　四庫全書本
194. 清・王奕清　欽定曲譜　四十卷　商務　四庫全書本
195. 清・王奕清　御定詞譜　十四卷　商務　四庫全書本
196. 清・張英　淵鑑類涵　四百五十卷　新興書局本
197. 清・郝玉麟　福建通志　七十八卷　商務　四庫全書本
198. 清・懷陰布　泉州府志　六十六卷　泉州志編委會印行本
199. 清・蔡呈韶　臨桂縣志　三十二卷　成文　中國方志叢書本
200. 清・黃士俊　河南通志　八十卷　商務　四庫全書本
201. 清・鍾銅山　武昌縣志　二十八卷　成文　中國方志叢書本
202. 清・李衛　畿輔通志　一百二十卷　商務　四庫全書本
203. 清・邁桂　湖廣通志　一百二十卷　商務　四庫全書本

204. 清・金鉷 廣西通志 一百二十八卷 商務 四庫全書本
205. 清・蔣天錫 古今圖書集成 一萬卷 鼎文
206. 清・俞廷獻 容城縣志 六卷 成文 中國方志叢書本
207. 清・鄭大進 正定府志 五十卷 學生書局本
208. 清・張登高 易州志 十八卷 學生書局本
209. 清・陳衍 元詩紀事 四十五卷 商務 萬有文庫本
210. 清・金志節 口北三廳志 十七卷 文成 中國方志叢書本
211. 清・蘇遇龍 龍泉縣志 十三卷 成文 中國方志叢書本
212. 清・吳雲方 嶺南雜記 二卷 新文豐 叢書集成新編本
213. 清・汪立名編 白香山詩集 四十卷 附年譜二卷 商務 四庫全書本
214. 清・顧嗣立 元詩選 二十集 藝文本
215. 清・錢大昕 元史氏族表 二卷 開明 二十五史補編本
216. 清・鄂爾泰 貴州通志 四十六卷 商務 四庫全書本
217. 清・馮雲鵷 濟南金石志 三卷 新文豐 石刻史料新編本
218. 清・鄂爾泰 雲南通志 三十卷 商務 四庫全書本
219. 清・佚名 書畫史 十二卷 上海書畫出版社 中國書畫全集本

220. 清・嵇曾筠　浙江通志　二百八十卷　商務　四庫全書本
221. 清・覺羅石麟　山西通志　二百三十卷　商務　四庫全書本
222. 清・孫　岳　欽定佩文齋書畫譜　一百卷　商務　四庫全書本
223. 清・舒啓修　馬平縣志　十一卷　成文　中國方志叢書本
224. 清・于敏中　欽定日下舊聞考　一百卷　商務　四庫全書本
225. 清・馮登府　閩中石刻志　十四卷　江蘇古籍出版社　歷代碑誌叢書本
226. 清・陳　棨　閩中金石略　十五卷　江蘇古籍出版社　歷代碑誌叢書本
227. 清・和　珅　大清一統志　四百二十八卷　商務　四庫全書本
228. 清・黃宗羲　宋元學案　一百卷　商務　萬有文庫本
229. 清・王梓材　宋元學案補遺　一百卷別附三卷　新文豐　四明叢書本
230. 清・李鴻章　畿輔通志　三百卷　商務
231. 清・蔣天錯　古今圖書集成　一萬卷　中華書局線裝本
232. 清・張廷玉　明史　三百六十卷　中華　四部備要本
233. 清・稽　璜　續通志　六百四十卷　商務　萬有文庫二集本
234. 清・畢　沅　續通鑑　二百二十卷　商務　萬有文庫二集本
235. 清・李仙根　安南雜記　三頁　文源書局　學海類編本、第十册、遊覽

236. 清、席世臣　元詩選癸集　二册　大陸中華書局本
237. 清、乾隆勅撰　欽定續文獻通考　二百五十二卷　商務　四庫全書本
238. 清、劉於義　陝西通志　一百卷　商務　四庫全書本
239. 清　謝旻　江西通志　一百六十二卷　商務　四庫全書本
240. 民・馮承鈞譯　多桑蒙古史　上下册　商務
241. 民・王國維　韃靼考　一卷　正中　蒙古史料四種本
242. 民・柯劭忞　新元史　二百五十七卷　開明本
243. 民・黎正甫　郡縣時代之安南　一册　商務本
244. 民・徐軼群　越南地圖集　一册　越南南圻中華總商會本
245. 民・羅錦堂　現存元人雜劇本事考　一册　中國文化事業公司　大學叢書本
246. 民・方　豪　中西交通史　二册　文化大學出版部本
247. 民・張星烺　中西交通史料彙編　五册　世界書局本
248. 民・黃昆山　全縣縣志　十三卷　成文　中國方志叢書本
249. 民・莫炳奎　邕寧縣志　十四卷　成文　中國方志叢書本
250. 民・羅振玉　金石萃編未刻稿　三卷　江蘇古籍出版社　歷代碑誌叢書本
251. 民・馮承鈞譯　西域南海史地考證譯業丁集　一册　商務　人人文庫本

252. 民・孫子書　元曲家考略　一册　長安書局本
253. 民・李繁滋　靈川縣志　十五卷　成文　中國方志叢書本
254. 民・朱匯森　清史稿校注　五百三十六卷　國史館本
255. 民・王德毅　元人傳記資料索引　五册　新文豐本
256. 民・楊家駱　全元雜劇初編　十五册　世界本
257. 民・楊家駱　全元雜劇二編　五册　世界本
258. 民・楊家駱　全元雜劇三編　六册　世界本
259. 民・楊家駱　全元雜劇外編　七册　世界本
260. 民・王秋桂　賽徵歌集　二册　學生書局本
261. 民・王秋桂　歌林拾翠　四册　學生書局本
262. 民・姚從吾　姚從吾先生全集　七册　正中本
263. 民・林惠祥　中國民族史　兩册　商務　中國文化叢書本
264. 民・羅香林　蒲壽庚傳　一册　中華文化事業出版委員會　現代國民知識叢書本
265. 民・楊　鍊譯　唐宋貿易港研究　一册　商務　人人文庫本
266. 民・馮　攸譯　中國阿拉伯交通史　一册　商務　人人文庫本
267. 民・馮承鈞譯　多桑蒙古史　一册　商務本

268. 民・張星烺譯　馬哥孛羅遊記　一册　商務　人人文庫本
269. 民・札奇斯欽　蒙古秘史新譯並注釋　一册　聯經本
270. 民・札奇斯欽譯　蒙古與俄羅斯　二册　中華文化事業出版委員會　現代國民知識叢書本
271. 越南・陳爲文　欽定越史通鑑綱目　五十二卷　中央圖書館印本
272. 佚　名　越史略　三卷　商務　四庫全書本　本書提要年代不詳
273. 佚　名　原本廣韻　五卷　商務　四庫全書本　本書提要年代不可確定

附：作者著作目錄

壹、論　文

1. 論蒙古的軍事制度及其特色　戰鬥月刊　六卷五期　四七・五
2. 蒙古的謀略戰對俄羅斯之影響　軍事雜誌　八十六期　四八・四
3. 元太祖班朱尼河誓衆考略　大陸雜誌　十九卷十二期　四八・一二
4. 李文田元秘史註之探討　反攻月刊　二三一期　五十・六
5. 新元史蠡測　大陸雜誌　二十二卷十一、十二期　五十・六
6. 元代玄教考略　政治學術季刊　一卷一、二期　五十、一二
7. 東平嚴實幕府人物與興學初考　大陸雜誌　二十三卷十二期　五十・一二
8. 詩歌中之晚元國情　中華青年　三卷二期　五一・六
9. 十三世紀蒙古習俗與塞北部族習俗之比較　中國內政　三十二卷五期　五一・六

10. 新元史蠡測之二　政治學術季刊　一卷三、四期　五一・九
11. 試擬元史張易傳　大陸雜誌　二十五卷七期　五一・十
12. 說元代史治　中國內政　二十四卷五、六期　五一・一一
13. 元代的行省制度　中國內政　二十五卷四、五期　五二・五
14. 元代的站赤　中國邊政　創刊號　五二・六
15. 元初河漕轉變之研究　大陸雜誌　二十七卷四期　五二・八
16. 元代歲幸上都記要　中國邊政　二、三期　五二・一二
17. 元代兩京間驛道之考釋　政治學術季刊　三卷一期　五三・一
18. 劉秉忠行事編年　大陸雜誌　二十八卷十二期　五三・六
19. 元代藁城董氏評述　中國邊政　四、五、六期　五四・三
20. 金元之際江北人民之生活　大陸雜誌　三十卷五期　五四・三
21. 元代的國子學　中國內政　三十卷一、二期　五四・七
22. 元代衛輝地位之研究　中國邊政　十三、十四期　五五・九
23. 元代法律之特色　法律評論　三十二卷十一、十二期　五五・一二
24. 劉秉忠論略　大陸雜誌　三十三卷十一、十二期　五五・一二
25. 元代斡脫官錢與羊羔兒利　反攻月刊　二九八期　五六・一

42. 試補宋元學案之靜修學案——元劉靜修年譜之一　國立編譯館館刊　一卷三期　六一・六
43. 元太祖生卒年代與壽期考　智慧　四卷十一期　六一・八
44. 元劉靜修學養詩文與人品風節評述——元劉靜修年譜之二　國立編譯館館刊　一卷四期　六一・一二
45. 元代海運考釋　東方雜誌　復刊六卷十二期　六二・六
46. 元代玄教道侶交遊唱和考——元代玄教考之二　中華文化復興月刊　六卷十一期　六二・一一
47. 元代玄教宮觀教區考——元代玄教考之三　中華文化復興月刊　七卷一期　六三・一
48. 元名儒劉靜修行事編年——元劉靜修年譜之三　國立編譯館館刊　二卷四期　六三・三
49. 元代玄教弟子法孫考——元代玄教考之四　中華文化復興月刊　七卷四期　六三・四
50. 元吳草盧學養詩文造詣考——元吳草盧評傳之一　國立編譯館館刊　四卷二期　六四・一二
51. 從元朝祕史論成吉思汗及蒙人之道德觀念　中國邊政　六十三期　六七・九
52. 元代定鼎中原後帝王之遊獵生活　國立編譯館館刊　七卷二期　六七・一二
53. 十三世紀蒙古之婦女地位　中華婦女　二十九卷五、六期　六八・三
54. 程雪樓之學養詩文及其政教思想　中國邊政　七十三期　七十・三
55. 程雪樓在元代之貢獻　中國邊政　七十五期　七十・九
56. 程雪樓行事編年　國立編譯館館刊　十卷二期　七十・一二

57. 藏胞爲炎黃子孫西藏爲中國領土　中國邊政　八十期　七一・一二
58. 從卡若遺址之發現論西藏永爲中國領土　中國邊政　叢刊之四　七二・三
59. 雜談有關元史五事　東方雜誌　復刊十八卷一期　七三・七
60. 十三世紀蒙人之「驅口」——奴隸與俘虜　中國邊政　八十九期　七四・三
61. 從元朝祕史論十三世紀蒙人之軍事思想　中國邊政　九十期　七四・六
62. 有關元史四事述要　中國邊政　九十四期　七四・九
63. 有關元史箚記四則　東方雜誌　復刊十九卷三期　七四・九
64. 十三世紀蒙人之宗教信仰及其有關問題　中華文化復興月刊　十八卷十一期　七四・一一
65. 十三世紀蒙古大軍轉戰萬里所向克捷之三大特色　中國邊政　九十二期　七四・一二
66. 從元朝祕史論十三世紀蒙人之文學　中國邊政　九十三期　七五・三
67. 十三世紀蒙人之政治特色　東方雜誌　復刊二十卷二期　七六・五
68. 十三世紀蒙人之世官制度　東方雜誌　復刊二十卷十一期　七五・八
69. 元代西方文物東傳中原初考　中國邊政　九十九期　七六・九
70. 元代蒙人之娛樂　中華文化復興月刊　二十卷十期　七六・十
71. 十三世紀蒙人之戰術戰略　中正學刊　九期　七六・十
72. 十三世紀西方文物東傳蒙古初考　東方雜誌　復刊二十卷六期　七六・一二

73.元代蒙古汗（帝）位繼承制度之演變及其流弊　中國邊政　一〇二期　七七・六
74.從元詩中論蒙人節慶之漢化　東方雜誌　復刊二十二卷五期　七七・一一
75.十三世紀蒙人之貿易政策　中國邊政　一〇四期　七七・一二
76.元代蒙人生活之轉變　東方雜誌　復刊二十二卷八期　七八・二
77.元代和林之風貌　中國邊政　一〇五期　七八・三
78.十三世紀蒙人之祭祀及其有關問題　中國邊政　一〇六期　七八・六
79.十三世紀蒙人之教育　東方雜誌　復刊二十二卷十二期　七八・六
80.元代宮廷大宴考　東方雜誌　復刊二十三卷三期　七八・九
81.靜修先生文集詩箋　中國邊政　一〇七期　七八・九
82.有關元史八事記要　東方雜誌　復刊二十三卷十一期　七九・五
83.元代蒙人之衣著髮式　中國邊政　一一一期　七九・九
84.從元詩論元代宮廷之飲食　中國邊政　一一二期　七九・一二
85.元代官制之特色　中國邊政　一一四期　八十・六
86.元代蒙古人漢化考　中原文獻三八卷四期　三九卷一期九五、十　九六、一
87.元詩中之大都風情
88.試補「欽定日下舊聞考」之元宮室考

89.「安南即事」考釋

90.陳孚驛赴安南行程考釋

91.論元秘史在語言學中之價值

92.元代之泉州

貳、論著

1.蒙古戰史　大衆出版社　四八・一　一〇三頁

2.元許魯齋評述　商務印書館　六一・九　一六六頁　五十九年承國家科學會補助完成

3.元太保藏春散人劉秉忠評述　商務印書館　六三・二　二〇二頁　六十一年承國家科學會補助完成

4.元史研究論集　商務印書館　六三・九　三八三頁　九五、九、再版

5.元吳草盧評傳　文史哲出版社　二一六頁　六十二年承國家科學會補助完成

6.元史論叢　聯經事業出版公司　六七・九　三〇九頁　七五、一、再版　五十七、六十年承國家科學會補助完成

7.程雪樓評傳　新文豐出版公司　六八・七　一一九頁　六十三年承國家科學會補助完成

8.王秋澗年譜　待出版　五十八年承國家科學會補助完成

9.元代蒙古文化論集　商務印書館　九三・五　二八五頁
10.元代蒙古文化論叢　元史哲出版社　九三、七　三〇九頁
11.元史探微　文史哲出版社　九八、四　四一一頁
12.元史拾零撿珠集　待出版　內容：增補四庫全書中之元人詩文集，考訂元人著作之若干錯誤，評述元代特殊之人與事。

報章雜誌對作者之訪問報導

第四次蒙古學國際學術討論會追記

本報記者　阿勒得爾圖　文／圖

今年八月，內蒙古大學在呼和浩特市舉辦第四次蒙古學國際學術討論會，十三個國家和地區的二〇〇多名代表聚首青城。記者在大會的間隙見縫插針地採訪了幾位造詣頗深的蒙古學專家，在與他們的交談中記者感到，蒙古文化研究的多元化發展是必然趨勢，蒙古學成爲世界顯學也同樣是必然趨勢。

袁冀是來自台灣的蒙古學專家，已是八十高齡的老人了。二十世紀五十年代初，一次偶然的機會袁老迷戀上元史，歷五十年矢志不渝，最終使自己成爲台灣蒙古學研究領域頗有建樹和影響的領軍人物之一。他把元詩做爲研究的「探頭」。他說，有許多節慶、許多風俗、許多飲食在正史、野史中都沒有記載或記載過於簡單，但常常可以在文人墨客的詩文中得以反映和體現，利用詩文這個「探頭」進行深入挖掘，往往會得到意想不到的收獲。袁老兩篇頗有影響的論文《從元詩論元代宮廷的飲食》、《從元代論元代宮廷婦女的生活》就是在研究元詩的基礎上所取得的成果。袁老這次向大會提交的一篇題爲《元代宮廷的大宴考》的論文，從時間與地點、坐次與著裝、禮儀與飲食、音樂歌舞與雜技等方面詳細考證了元代宮廷大宴的隆重，特別強調指出元代宮廷大宴吸納了中原、中亞的飲食文化，具有極其寬容的包容性。這樣一篇見解獨到的論文是袁老在研究一〇九首元詩的基礎上完成的，可見袁老對元詩的情有獨鍾。

如果說袁冀是台灣蒙古學研究的開山之輩，那美國哈佛大學內陸亞細亞與阿爾泰研究博士、台灣「國立」政治大學民族學系副教授藍美華無疑就是台灣蒙古學研究的後起之秀。

（原載二〇〇四年九月二十四日北京中國民族報）

袁冀教授　內蒙發表論文

本報記者　蔡彰盛

我國研究元史權威袁冀教授，上週應內蒙古大學之邀，前往參與爲期四天的國際蒙古學術研討會，並在會中發表論文，其他國家教授對於來自台灣的他對元史研究如此透徹，訝異之餘也紛紛向他請益。

袁冀說，他上星期前往內蒙古的呼和浩特，參加這項研討會，會中共有兩百八十名中外學者參與，其中九十人是來自世界十二個國家。

這項研討會共分為語言、文學、歷史與綜合等四組討論，袁冀於會中發表以「元代宮廷大宴考」為題的論文，由於現存正史鮮少對於元人的節慶、生活、飲食等相關問題有所考據，為了重現元人這部分的風貌，袁冀花了不少時間，就元人的筆記、詩詞等相關史料深入研究，論文發表後，受到大會的矚目。

德國波昂大學中亞研究所教授斐慕貞，於會後立即向袁冀請益，對於來自台灣的學者，竟能栩栩如生重現元人生活面貌，感到十分佩服，尤其是與內蒙古相距甚遠的台灣，仍有對元史研究如此深入、透徹的學者，也讓他對台灣的學術風氣留下深刻印象。

袁冀對此表示，內蒙古自治區的邀請，讓八十二歲的他，有機會讓中外學界知道台灣學術界的研究水平，不過他也觀察到會中各國學者的外語能力，明顯較往年更為提昇，也增進研究的深度與廣度，因此他希望台灣的學界人士能在語言上更加充實，以跟上世界潮流。

（原載民國九十三年八月二十三日台灣自由時報）

新竹教育大學最年長的讀者——袁冀

採訪編目組張金玲組長

如果您常到新竹教育大學圖書館，你會看到一位眉髮斑白、年逾八十的老學者袁冀先生，孜孜不倦的埋首於參考書區的文淵閣四庫全書。袁老先生民國十二年生，三十三歲起決心致力於元史研究，曾榮獲國科會五十七至六十三年連續七年獎助，歷任教官、講師、副教授、教授，自教職退休後，目前與家人居住新竹，因地利之便常至竹大圖書館繼續元史的研究；民國九十三年暑假，以八十一歲高齡遠赴蒙古參加內蒙古大學國際研討會發表論文，備受與會人士尊崇。

袁冀原名袁國藩，元史相關著作如下：

1. 蒙古戰史　／大衆出版社／民四十八
2. 元許魯齋評述　／台灣商務印書館／民六十一
3. 元太保藏春散人劉秉忠評述／台灣商務印書館／民六十三
4. 元吳草盧評述／文史哲／民六十七
5. 程雪樓評傳　／新文豐出／民六十八

6.元史論叢　／聯經／民七十五再版
7.元代蒙古文化論集　／臺灣商務／民九十三
8.元史研究論集　／臺灣商務／民九十五
9.元代蒙古文化論叢　／文史哲／民九十三

袁先生經常贈送他的著作給竹大圖書館，並熱心接受專訪，鼓勵學子取法乎上、虛心向學、不恥下問，因爲學無止盡；學習永不嫌遲，人生唯一穩賺不賠的投資就是閱讀，找一個有興趣、較冷僻的主題全心研究、多方研讀，必能旁徵博引、有所創見，進而導正古成中外的缺失，在此學術領域學有專精。

考先生曾因元詩言：「交人唯啖軟檳榔，以蔞葉塗蜆灰，裹而食之」，但蜆灰如何可食，本草綱目不載，遂請問檳榔攤的老板；也曾爲史載大蝦身長六尺以上，鬚可作杖，請教中研院動物所，他的謙恭好學的精神可見一班。

（原載民國九十五年十二月新竹教育大學圖書館館訊三十四期）

學人作家對作者之評論

政治作戰學校法學博士
前永達技術學院學務長　徐光明

元史研究之評介兩則

一、簡評「近四十年台灣研究元史的回顧」

蕭啓慶院士大著「近四十年來台灣研究元史的回顧」，除列舉在台研究元史之第一代學者：姚從吾、札奇斯欽、孫克寬、李符桐、張興唐、李則芬、袁　冀（國藩）。與二三代學者：王民信、洪金富、黃清連、哈勘楚倫、唐　屹、李修澈、張中復、趙振績、丁崑健、王明蓀、胡其德、李天鳴、蘇振中、楊育鎂、蔣武雄、張瑞成、勞延煊、劉元珠、潘柏澄、鄭素春及蕭啓慶諸人外。並引論在台九十餘位，有關元史之著作。誠乃博覽瞻富，論證精密，頗能勾勒出，近四十年來，台灣元史研究之全貌，令人至爲敬佩。

蕭氏系出名門，爲哈佛博士。曾任教於明尼蘇達州立大學，國立台灣大學、新加坡國立大學、現任清華大學客座教授，中央研究院院士，乃著名之元史專家。文中對吾師袁　冀之著作，曾多所論列。且評之謂：在台研究元史，「逾三十年，著作甚多，涵蓋元代政治、軍事及文化等方面」。爲所列第一代七人中，最年輕之學人。蕭氏與吾師，既無一面之雅，更無門戶之見。益見其襟寬宏，難能可貴之名家風範。

至於對第一代與二三代，治元史學人之評論分析，蕭氏則謂：「第二三代學者，人數較第一代，增加不少。事實上，專治元史者少。元史界，較五、六〇年代，反而冷落。」「研究者人數不多，並不表示研究水準，停滯不進。中、青二代，在前輩學人，所留堅實基礎上，繼續發展。」復謂：「年輕學者，多經專業訓練，加以書刊資料，較易取得。近年發表論著，較前遠爲窮盡而綿密。」亦言簡意賅，深合治史求眞求實之精神。

二、網站中袁冀資料之評介

吾師袁冀，原名國藩，一九七三年，奉命更今名。故其著作，早年爲袁國藩，後期爲袁冀。雖爲二名，實則一人。亦由乎此。台灣 Google 搜尋有關其著作之資料，因而一分爲二。計袁國藩五一二條，袁冀九三一條，兩者共一千四百四十三條。

至於 Google 搜尋資料之內容，包括其著作出版之書局，如商務印書館、聯經出版事業公司等。發售之處所，金石堂、博客來網路書店等。論文發表之刊物，如大陸雜誌、東方雜誌等。典藏之圖書館，如師範大學、北京大學、廈門大學、西北大學、山西大學等。博碩士論文，參考引用其著作之名稱。如元太保藏春散人劉秉忠評述，元吳草廬詩文造詣考等。兩岸學者，參考引用其著作之名稱。如中央研究院院士姚從吾先生之「元朝史」，曾參考其「劉秉忠行事編年」、「試擬元史張易傳」。著名經濟學者侯家駒先生之「中國經濟史」，嘗引用其「從元代蒙人習俗軍事論元代蒙古文化」。大陸社會科學院歷史研究所研究員陳智超先生，有「眞大道教新史料——兼評袁國藩眞大道教考」等。以及分類資料索引中，如中國經濟論壇、中國社會史論文索引、蒙古國史料、眞大道史料鈎沈、中國交通史研究、教育史、wiki百科全書等，有關其著作之名稱。

上述Google網站搜尋之一千四百四十三條中，除極少數同名，非元史研究之著作，以及若干重復之內容，如一書有數處，出售之地點。此書典藏之圖書館，以有多處外。然屬吾師袁冀之資料，爲數仍多達數百條。於此，或差可概見，非世人重視其元史之研究，安能乃耳！

（原載民國九十八年一月一日中原文獻四十一卷一期）

袁冀印象

名記者兼作家陳鶴齡

八月盛夏，正是大草原鮮花爛漫，翠草如茵的最美時節。在這最美的時節，大青山前，刺勒川上的塞外名城呼和浩特來了十三個國家和地區的二〇〇多名蒙古學專家，第四屆國際蒙古學討論會在這裡召開。

我做爲中國民族報的記者對這次學術活動進行全程報導。正是在這次盛會上，我和台灣專攻《元史》的著名學者袁冀先生不期而遇。半年以來，袁老除給我寫信、寄書外，還經常打電話過來詢問我的工作和生活狀況，能得到這位年高過八秩，鶴髮童顏的長者的關注、關懷和關愛，我感到莫大的幸福。在這萬籟俱靜的夜晚，我強烈思念起遠在台灣的袁老，寫下些許文字，算是一種寄託吧！

第一次見到袁老是在第四屆國際蒙古學討論會的開幕式上。我端著一架相機，在會場裡走來走去，總想捕捉到令我感動的瞬間，但進入鏡的畫面總是有點兒不盡人意，最終我把鏡頭對準最後一排的一位長者，他的眉毛很長很白，有那麼一種飄逸感，陷得很深的眼睛緊緊盯在雙手托起的《主題報告》上，聚精會神地看著，這正是我想要的那種意境，按下快門的同時閃光燈也打了過去。顯然是閃光燈打擾了老人，他抬起頭將目光柔柔地投過來，那神情是少有的和善與慈祥，一派學者風範。趁會議間隙，我湊過去向老人道歉，他卻幽默而又詼諧地說：「沒什麼沒什麼，我已經被記者採訪幾十年了，我愛人早些年也是記者啊！」一席話拉近了我和老人的距離，通過聊天兒我知道面前的這位長者，就是作等身的台灣《元史》專家袁冀先生。

知道這位大家後，每每休會，我就去找他侃談，而袁老總能講出幾個風趣的故事，讓我從中感悟點兒什麼。

袁老成爲台灣《元史》研究的領軍人物，他說是被汗水泡出來的，被蚊子叮出來的。一九五五年，袁老選攻《元史》，當時他剛從軍隊下來，沒有合適的工作，沒有不菲的收入，沒有理想的環境，婚後十年收獲五個孩子，白天「這個哭那個叫，這個吵那個鬧」，根本沒有多少安靜的時間。只有晚上是屬於袁老的，因其家緊鄰稻田，在他開燈苦讀的同時，大大小小的蚊子成群結隊的前來湊熱鬧，你一口我一口的交替叮咬，每晚學習下來，身上要有上百處被蚊子「親吻」過的地方。這還不算，在悶熱的台灣，斗室宛如蒸籠，袁老的汗水滴滴答答和著蚊子的飛舞而不停地流淌，每晚他至少喝下兩公斤涼白開水，流出的汗水差不多是等同的。幼子長到六歲，操持家務十五年的妻子為生活所迫，到一所中學任國文教師，每天早出晚歸，一切家務又都在袁老身上，在妻子任教的十五年中，他的讀書時間仍然在晚上。前後凡三十年夜讀，沒有非凡的毅力，誰能堅持下來？

袁老治學《元史》有許多獨到之處，研究《元史》更要研究《元史》以外的詩文，他的好多研究成果都是借助元代詩文來完成的。在元史研究中能夠獨闢蹊徑是袁老的一大特點，他把元詩做為研究的「探頭」。他說，有許多節慶、許多風俗、許多飲食在正史、野史中都沒有記載或記載過於簡單，但常常可以在文人墨客的詩文中得以反映和體現，利用詩文這個「探頭」進行深入挖掘，往往會得到意想不到的收獲。這次他向大會提交的論文《元代宮廷大宴考》，就是在研究一〇九首元詩的基礎上完成的得意之作。袁老在《元史》研究中的另一個特點是敢於糾正前人的錯誤。《口北三廳志．藝文志》中收錄了清代以前有關口北三廳的詩文，是一部比較權威的專志。

但袁老考證中發現許多謬誤之處，諸如把「上苑」錯寫爲「沙苑」，把「拜達儿」改寫爲「白塔兒」，更爲嚴重的是把周伯琦的序言也任意增删。袁老從尊重歷史、尊重原著的角度出發，一一糾正了編纂者的錯誤，使其本來面目得以恢復。

袁老治學《元史》的著作已經出版十多部，發表《元史》研究的論文八十多篇。十月初，袁老從台灣給我寄來《元史論叢》、「元代蒙古文化論叢」兩部書，迄今我只是簡略地翻過幾次，沒有坐下來、靜下來認眞地細讀。而唯一的藉口就是忙，且如果秉承袁老堅持三十多年夜讀的苦學精神，八十多天讀完的豈止是兩部書？思想到這兒，我眞覺得有點兒汗顏！

月懸中天，時至午夜，遙想八十高齡的袁老或許仍在燈下孜孜以學，又有些激動起來。托月光捎去一個後學晚輩的牽掛與思念：「袁老，在做學問的同時一定要保重身體！」

月光能成爲信使，月光已成爲信使。

我和袁老同時擁有一輪浩月。

甲申十月十五

（原載陳氏所著縱酒踏歌——散文卷）

參加第四次蒙古學國際學術會議紀要

袁冀（國藩）

八月十五日，筆者有幸應邀，至呼和浩特市之內蒙古大學，參加為期四天之四次蒙古學，國際學術討論會，與會之中外學者，二百八十餘位。分別來自日本、韓國、外蒙古、俄國、烏克蘭、芬蘭、土耳其、波蘭、匈牙利、德國、英國等十三個國家。大會分蒙古語文、蒙古文學、蒙古歷史，與綜合四組討論，並發表論文二百三十餘篇。

元代宮廷大宴之情形，資料頗為缺乏。然元人文翰之吟詠中，卻保存殊多珍貴之記錄。其中尤以大宴之地點、衣著、儀禮、飲食、娛樂，與夫特有之習俗為然。故筆者據此，於大會中，提出「元代宮廷大宴考」之論文報告，不僅頗受大會所矚目，且亦間接說明，從史學觀點，以論元詩，不失為擴大蒙古學研究範疇、方向之一。

此次蒙古學國際學術討論會，所以能如此盛大，而又成功之因素有：一為內蒙古大學之蒙古學學院，具有優秀龐大之研究團隊。教授三十七人，副教授三十八人，講師三十五人。其中博士四十一人，碩士三十五人。既精通蒙文外語，復便於實地調查，與地下考古。以致其研究之成果，殊爲豐碩。六年中，發表論文八百三十五篇，出版專著與教材一百二十八種。不僅深受世界各國蒙古學研究之學者所敬佩，且已成爲世界蒙古學之研究中心，故能一經邀約，各地學者，無不欣然就道。

二爲有關大會之主辦人士，自其校長、副校長、蒙古學學院院長、蒙古學研究中心主任等，均待人熱誠謙和，其中尤以其副校長爲然。筆者曾三次與之同桌用餐，然他很少進食。時而與甲談，時而與乙聊。雖有女服務員在側，然仍殷殷親自爲大家勘酒勸飲。以大陸一百所重點大學副校長之崇高地位，望重士林，竟如此經尊降貴，以待來賓。自會遠近悅來，能廣邀世界各國之著名學者，參加此一盛大之學術學會。

由於筆者，蒙古學之研究，尙獲肯定，兼以年已八十有二，故頗受大會之禮遇與尊重。內蒙古自治政府副主席，約見大會代表六人，筆者爲其中之一。大會合照時，復受邀至第一排就坐。晚會結束，又與其他代表登台，向該校藝術學院，表演之全體同學，握手致謝，並攝影留念。

同時，蒙古學學院名譽院長，蒙古學泰斗，曾派專人，贈送其巨著，使筆者獲益非淺。德國波昂大學，研究所教授，斐慕眞博士，亦再三與筆者接觸，以謀深談。蒙古學研究中心主任，復譽之謂：「你的文學基礎深厚，我們正需要此種人才。」此外，大陸「中國民族報」、台灣「自由時報」，均有專訪之評論報導，分於九月二十四日、八月二十三日刊出。

凡此，雖屬兩岸學術之交流，在台同鄉活動之一端，然亦不無可供吾人深思之處！

（原載民國九十四年一月一日中原文獻三十七卷一期）

Google 中
所登錄有關作者各項資料之總計

Google　　袁冀 學術　　搜尋　進階搜尋 | 使用偏好

搜尋：◉ 所有網頁 ○ 中文網頁 ○ 繁體中文網頁 ○ 台灣的網頁

所有網頁　　△ 約有114,000項符合袁冀 學術的查詢結果，以下是第 1-10項。 共費0.02 秒。

Google　　元史+袁冀　　搜尋　進階搜尋 | 使用偏好

◉ 所有網頁 ○ 中文網頁 ○ 繁體中文網頁 ○ 台灣的網頁

所有網頁　　△ 約有17,700項符合元史+袁冀的查詢結果，以下是第 1-10項。 共費0.08 秒。

Google　　袁國藩　　搜尋　進階搜尋 | 使用偏好

搜尋：◉ 所有網頁 ○ 中文網頁 ○ 繁體中文網頁 ○ 台灣的網頁

所有網頁　　△ 約有512項符合袁國藩的查詢結果，以下是第 11-20項。 共費0.04 秒。

Google　　袁國藩 博碩士論文　　搜尋　進階搜尋

◉ 所有網頁 ○ 中文網頁 ○ 繁體中文網頁 ○ 台灣的網頁

網路工具　　顯示選項...

△ 約有117項符合袁國藩 博碩士論文的查詢結果，以下是第 1-10項。 需時 0.07 秒。

所有網頁　圖片　影片　地圖　新聞　翻譯　Gmail　更多▼　　網頁記錄 | 搜尋設定 | 登入

Google　　袁冀 博碩士論文　　搜尋　進階搜尋

◉ 所有網頁 ○ 中文網頁 ○ 繁體中文網頁 ○ 台灣的網頁

網路工具　　顯示選項...

△ 約有4,450項符合袁冀 博碩士論文的查詢結果，以下是第 1-10項。 需時 0.06 秒。

註：1. 此頁係由有關作者各項資料之總計，剪接而成。
2. 經查各項總計之數，雖非悉爲有關作者之資料，然大多數則爲如此。

袁冀傳略

袁冀，原名國藩，一九七三年，奉命更今名。一九二三年生，世居虞城縣舊縣城之東二街，東馬道，五處四合院中。城南十里之袁庄，則爲族人聚居之地。

祖父諱松嶺，深獲鄉黨鄰里敬愛，由昔日大門所懸之匾四幅，可以明證。因兄弟五人，故分居於五處宅院中。父諱茂昌，字瑞亭。善繪畫，工山水，復長於音樂。曾任縣立簡易師範，中小學美術音樂教師。王美、陳寶璋、蔡潤溪、李延朗、宋子芳等，均嘗從之受業。朱維清、陳次軒、盧濟若等，則爲訂交之知友。母劉氏，諱大節，持家勤儉，故能積爲小富。子女五人，一子在台，四女均已落戶，東北黑龍江省邊陲之地。母氏亦以高壽百歲，世逝於斯。

小學畢業，適逢抗日戰爭發。故初中、高中、大學，均在流亡中度過。復由於就讀之學校，不斷遷徙，以及升學之所需。故自開封，而豫東南之商城，豫西南之鎮平，內鄉之夏館，淅川之上集，內鄉之西峽口，而至四川之重慶。其間，顚沛流離之艱險，生活困苦之窘迫，僅從徒步奔波兩千餘里，即可概見。然得攬豫顎川陜，山川之壯麗，誠屬萬幸！

一九四八年，因緣際會，奉派爲本縣之縣中校長，時年僅二十五歲。以當時之情形，若要辦好學校，首要能聘請優秀之老師，以期確保教學品質之良好。次則須要尊重禮遇老師，使其甘於悉心教學，而心無旁騖。復因時局不靖，一定要按時發薪，以確保老師生活之安定，爲達成此三項目標，首先赴商邱，選聘因戰亂，山東各地，移居至此之優秀老師。蓋故邑乃偏僻之小縣，待遇不豐，唯有陷入困境之他們，始肯屈就。次則決定不支領校長之薪資，移作尊崇老師各項開支之用。如學期結束，宴請全體老師、職員，以答謝其悉心教學之辛勞。平時，老師之公私集會，購買茶點，以爲聯歡。生病不適，則買些雞、肉等補品，以爲慰問。因家境尚稱寬裕，又在家鄉任職，並不需要此一收入，以維生計，故能有此決定。三則斯時法幣，業已崩潰。縣府員工，已改發食糧。縣中老師，每月小麥三百斤。然因欠糧者衆，縣府時有欠薪之情形。因此，爲能按時發薪，遂向縣府請求，將縣南較富鄉鎮，一部份之稅糧，撥交縣中。由學校事務人員，及借調之縣警一人，自行徵收。並向欠稅之鄉親，愷切說明，此稅糧乃縣中老師之薪資。爲使家鄉之子弟，能獲的良師之教育，不可拖欠。若不繳納，老師之生活，無以爲繼，拂袖而去，將是對吾鄉子弟，最大之傷害。幸而，執行以來，尚能差強人意。

縣中學生，來台者約四十餘人。師生間，時相過從。其中范桂馨，留學美國，獲博士學位。李連生、王思虞、鄭培均，陳愛民，曹九連，升任上校軍官。李尚武，任公路局高雄站站長。王寶俊，任警界分駐所主管。周玉斌等，因從事建築而致富。他們來台之初，均甚年幼。小者僅十五六歲，大者亦不過十七八歲。赤手空拳，無任何憑藉，能有今日，誠屬難能可貴，令人讚佩。非艱苦奮鬥，安能至此！至於其他同學，亦各有工作，成家立業，均有良好之表現。

一九四九年，江南已朝不保夕，乃投效軍旅，隨軍來台。一九五一年，考入政戰學校研究班一期。畢業後，奉派編譯科科員。國防部辦理教官試教合格，遂改任戰鬥團教官。因該團成立伊始，毫無圖書設備。故一九五六年，請調空軍官校教官。蓋以其藏書甚豐，舉凡一九三六年以前，商務印書館、中華書局、開明書局，所出版之叢書、類書、方志，均曾加以典藏。

既任教官，當盡心教學，並力求能成爲一位，授業解惑之優良教師。當時認爲，爲達到此一境界，首要廣泛蒐集，與教材有關之資料，以求其博。如此，既可增加教學之深度、廣度。而且，遇學生提出問題，亦可對答如流，不至手忙腳亂。其次，對於教材，及其有關之資料，要能熟記，不必手執教材，邊看邊講。因熟能生巧，熟方能使龐雜之資料，靈活運用，揮灑自如，拈手即來。亦唯有熟，始能敘事清楚，說理明白。提綱挈領，條理分明。設若生澀，忘東忘西，許多資料，因臨時慌張，亦不能爲已所用。同時，因博而熟，授課時，雖不帶教材，亦可滔滔不絕。既不遺漏教材之內容，又有補助教材之增添，尤能獲得學生之信賴與尊敬。因有三分傻氣，故所有教材與相關資料，均能加以背誦。亦因此，三十年前之學生許巴萊，不唯已獲博士學位，且已腰纏萬貫，創業有成。仍記憶清新，並言：「上課從不帶教材，除增補之資料外，與教材一字不差。」大一中國通史，每週兩小時，接觸有限，竟能使之印象，如此深刻，當由乎此。

一九五六年，年已三十有三，乃決心致力於學。然力學，首須確立努力之方向。幾經深思，以爲自己，旣非科技出身，故無力從事理工方面之硏究。復因閱讀外文圖書之能力欠佳，兼以當時，旣無力，亦無法購得新出版之外文圖書。因此，凡源自西方之學術與思想，如政治學、經濟學等，亦不宜作爲選項之目標。最後，因圖書之易於取得，而閱讀寫作之能力，亦無問題，遂決定從事史學之研究。然通史，範圍太廣。斷代史中之先秦史、秦漢史、唐史、宋史等，名家輩出。故選擇少有人硏究之元史，作爲一生努力之目標。

方向旣定，遂檢閱空軍官校、陸軍官校、高雄市圖書館，有關元史之所有藏書，以備日後硏究之用。而李文田所注之元朝秘史，馮承鈞所譯註之馬可波羅行紀，張穆之蒙古游牧記，尤大有助於元史硏究目錄學之瞭解。

爲鞭策自己之努力，故當時將奔赴之目標，訂得頗高。希望有朝一日，自己能成爲深具建樹，頗有貢獻，地區性之著名學者。此舉雖屬狂妄，然由於法乎其上，得乎其中，故不得不將目標，力求其高。期能激勵奮起之勇氣、力行之決心。使來日，能近似而及之。

自長女出生，以至幼子六歲入學，十五年間，改採夜讀。每天自晚上七時，至凌晨二時乃止。幼子旣已就學，爲增加家庭之收入，妻遂至中學任教。由於兼任導師，早出晚歸。若仍委以家務，豈能荷負！所幸，斯時已升任副教授，課程不多，又無須上班，故接手全部家事。操持家務，雖不重，然繁瑣費時，加以又要騎自行車上課。故日間仍無法讀書，不得已，又夜讀十五年。三十年之苦讀，因有目標，故能不以爲苦。因有收穫，故能引以爲榮。欣然爲之，甘之如飴。然長期睡眠不足，又何以爲繼。故每天盡量設法，補睡兩小時。由於斯時年輕，又加疲乏。一經躺下，即能很快入睡，且睡得深沉。子女雖吵，亦影響不大。

經多年之努力，閱讀之範圍，日益廣。研究之領域，亦日益寬。故能於大陸雜誌、東方雜誌、國立編譯館館刊、中華文化復興月刊、中國邊政、中國內政、反攻月刊，中華婦女，發表有關元史之論文九十三篇。商務印書館、聯經出版事業公司、新文豐出版事業公司，文史哲出版社、大衆出版社、出版元許魯齋評述，元太傅藏春散人劉秉忠評述，蒙古戰史，元史探微，元史研究論集，元史論叢，元吳草廬評傳，程雪樓評傳，元代蒙古文化論集，元代蒙古文化論叢、補文淵閣四庫全書之元人別集十一種。且自一九六八年，至一九七四年，曾連續七年，均獲國家科學會之獎助，以從事元史之研究。在當時，除少數之名家外，能連續申請七次，均能獲得國家科學會之批准者，並不多見。此外，兩岸學者，如姚從吾院士、蕭啓慶院士，侯家騆教授、洪萬生教授、葉鴻灑教授、大陸白壽彝教授、王子今教授、羅賢佑教授、陳智超教授、徐吉軍教授、朱鴻林教授、劉紅博士、劉曉博士、姬沈育博士等，均曾參考其著作。且門人弟子中，陳盛文、孔學敏、任渝生等升任中將。邢有光、許巴萊、徐光明等，則爲獲得國內外博士學位之學人。

二〇〇四年之八月十五日，應邀至呼和浩特市之內蒙古大學，參加爲期四天之第四次蒙古學，國際學術討論會。與會之中外學者，兩百餘位。分別來自日本、韓國、外蒙古、俄國、烏克蘭、芬蘭、波蘭、土耳其、匈牙利、德國、英國等十三個國家。大會分蒙古語文、蒙古文學、蒙古歷史、與綜合四組討論，並發表論文兩百餘篇。

元代宮廷大宴之情形，資料頗爲缺乏。然元人文翰之吟詠中，卻保有殊多珍貴之記錄。其中尤以大宴之地點、衣著、儀禮、飲食、娛樂，與夫特有之習俗爲然。故據此，於大會中，提出「元代宮廷大宴考」之論文報告，不僅頗受大會所矚目，亦間接說明，從史學觀點，以論元詩，不失爲擴大蒙古學研究範疇，方向之一。

由於蒙古學之研究，深獲肯定，兼以年已八十有二，故頗受大會之禮遇與尊重。內蒙古自治區政府副主席，約見大會代表六人，即爲其中之一。大會合照時，復受邀至第一排就坐。晚會結束，又與其他代表登台，向該校藝術學院，表演之全體同學，握手致謝，並攝影留念。

同時，蒙古學院名譽院長，蒙古學泰斗，曾派專人，贈送其簽名巨著，使之獲益匪淺。波昂大學研究所教授斐慕貞博士，亦再三與之接觸，以謀深談。大陸教育部人文社會科學重點研究基地，內蒙古大學，蒙古學研究中心，教授兼主任，齊木德道爾吉博士，復譽之謂：「您文學基礎深厚，我們正需要此種人才。」此外，大陸「中國民族報」，台灣「自由時報」，均有專訪之評論報導，分於九月二十四日，八月二十三日刊出。二〇〇五年春，更承齊木德道爾吉博士讚之謂：「元代宮廷大宴考，非常具有特色，對我們的研究，有很大的幫助。」孟夏又言：「將預留篇幅，以待大作。」博士爲蒙古學國際馳名之學者，承蒙如此評論，深感榮幸之至。

今蒙古史研究第八輯，業於當年之六月，由中國蒙古史學會主編，蒙古學研究中心支助，內蒙古大學出版社出版。十六開本，計載中外學人之論文二十九篇，凡四百二十頁。且拙作「元代官廷大宴考」，爲去歲八月十五日，內蒙古大學、第四次蒙古學、國際學術討論會，所提報之兩百餘篇論文中，幸蒙全文刊出者。

治學，當然會遭遇諸多困難，三十餘年前，曾研究元代兩京間之交通。並據元詩，撰成「元代兩京間驛道之考釋」，載於一九六四年一月之政治學術季刊。復據秋澗大全集之「中堂記事」，完成「元王惲驛赴上都行程紀要」，刊於一九六七年六月之大陸雜誌。且此二文，曾爲內蒙古大學，蒙古學研究中心，所主編之「元上都研究文集」，加以轉載。雖擬據「扈從集」，再撰「元代兩京間之輦道考釋」，然輦道所經之若干地名，如黑石頭、頡家營、鄭谷店、泥河兒、雙廟兒、平陀兒諸地，雖遍閱大明一統志、讀史方輿紀要、古今圖書集成、嘉慶重修大清一統志、畿輔通志、察哈爾通志、口北三廳志、蒙古遊牧記、宣化府志、宣化縣志、赤城縣志、懷來縣志、龍門縣志、北征錄等，均不得其解。一九九一年，曾思趁赴大陸探親之便，加以實地考查。然因地處偏僻，交通、衛生、安全，均不無可慮，兼以年近七十，終未能成行。以致此文，三十餘年，無法完成。所以，治學，殊非易事。雖一生力學，仍有諸多力猶未逮之處。

一九五五年，在台結婚。妻趙肅莊，大學畢業，曾任記者，長於散文小品，爲東北名宿之長女。風行全國之「塞上風雲」，即以乃父之事功，所拍之電影。婚後家居，撫育子女。待幼子讀小學，復出任中學國文教師。因學養頗佳，復熱心教學，故學生甚爲愛戴。至今仍有學生，時時與之聯絡。退休後，習畫十餘年，成績斐然。同學同事親友、輒衷心讚譽，戲呼爲「才女」。

育有四女一子，四女均大學畢業，皆有頗佳之歸宿。長婿企管學士，家中富有土地，現任台灣著名工程公司經理。次婿美國電機碩士，現任美國國際著名半導體公司副總裁。三婿化學學士，企管碩士，現任德國化學公司，東北亞與中國地區總經理。四婿建築學士，家中富有，十餘年前，已投資移民加拿大。幼子宏道，美國電機碩士，台灣金經碩士，五年前，曾任美國電子公司，中國地區總經理，現任澳洲著名電子公司，台灣與中國地區總監。媳曾麗美，靜宜大學外文系畢業，曾任新竹市光復中學，高中部英文教師。孫女欣隅、祥齡，孫偉翔，分別就讀於高中、國中、小學、均聰慧活潑可愛。

一生雖飄泊四方，艱辛倍嘗。然任教，則爲大學教授，比敘高級簡任文官。治學，則著作甚豐，爲著名元史專家。加以耄年身體健康，生活寬裕。子女卓然成材，均屬高職位，高薪資之人員。故晚年，心情愉悅，老景堪慰。語云：「天道酬勤」，又謂：「勤能補拙」，誠其一生之寫照。